MAPAS DE LA PRÁCTICA NARRATIVA

MAPAS DE LA PRÁCTICA NARRATIVA

Michael White

Título del original en inglés: *Maps of Narrative Practice*
Copyright © 2007 by Michael White
"Para Michael y el lanzamiento de *Mapas de la práctica narrativa*" (2007)
Nueva York, W. W. Norton
Copyright © 2007 by David Epston

Traducción: Marcela Estrada Vega, Ítalo Latorre-Gentoso,
Carolina Letelier Astorga
Revisión técnica: Marcela Estrada Vega, Carolina Letelier Astorga, Ítalo
Latorre-Gentoso, Marina González Gutiérrez, Alfonso Díaz Smith

Coordinación editorial: Amandine Semat
Edición: Ramón Vera-Herrera, Mónica Nepote
Diseño de portada y diagramación: Gabriela Diaz
Primera edición: marzo de 2016, Santiago de Chile.

© de todas las ediciones en castellano, PRANAS Chile Ediciones
PRANAS Chile Ediciones es una editorial independiente,
ubicada en Santiago de Chile.
pranas@pranaschile.org
pranaschile.org

Esta edición fue desarrollada en colaboración con:
Colectivo de Prácticas Narrativas, México
info@colectivo.org.mx
colectivo.org.mx

Casa Tonalá, México
info@casatonala.com
casatonala.com

ISBN: 978-956-9719-01-1

Impreso en Chile y México – *Printed in Chile and Mexico*

*Dedico este libro a mi madre, Joan, amorosa
y generosa siempre, e infatigable en el intento
de que sus hijos tuvieran en la vida las oportunidades que ella no tuvo.*

ÍNDICE

Prefacio

Ítalo Latorre-Gentoso y Carolina Letelier Astorga[1]

ALGUNOS DESAFÍOS

Cuánto nos hubiera gustado que el mismo Michael White escribiera una introducción a esta versión en castellano, pues para él la traducción no era un tema neutral: "hay algo en relación con otra dimensión de las descripciones que emerge desde la traducción", dijo en el contexto de una conferencia[2] en inglés acompañada con traducción simultánea. Su amigo y colega David Epston también ha reflexionado al respecto (2005):[3]

> Cada vez que hablábamos de traducir nuestros libros a otros idiomas, nos maravillábamos en un principio por lo asombroso del asunto, pero luego hablábamos con más seriedad de nuestras preocupaciones acerca de la exportación del saber. ¿Se volvería la terapia narrativa otra marca global más? ¿Era posible "aculturar" la práctica narrativa según la cultura, política y circunstancias materiales de sus receptores?

1 Carolina e Ítalo desarrollaron Pranas Chile y Pranas Chile Ediciones, proyectos en los que trabajan actualmente.
2 The Evolution of Psychotherapy, Anaheim, California, EUA, 2005.
3 White, M. (2005) *Práctica narrativa. La conversación continua.* Santiago de Chile. Pranas Chile Ediciones.

De esto siempre hemos tenido plena conciencia. Este libro es el resultado de dos desafíos en la traducción: honrar la voz de Michael y procurar una traducción no literal, lograr que emerja esa otra dimensión de las descripciones, que nos acerca a quienes somos hispanohablantes. El castellano no es uno solo, tiene múltiples colores, formas y usos: complejidades particulares a las que intentamos responder lo mejor posible.

Desde 2009, en Pranas Chile nos comprometimos a colaborar con el proceso de construcción de una comunidad latinoamericana de prácticas narrativas, a armar lugares de encuentro y conversación en torno a éstas y a promover el proceso de "aculturación" que menciona Epston. Un ámbito de la traducción que nos interesa es el que ha tenido como resultado el desarrollo de este libro y de *Práctica narrativa: la conversación continua*, que publicamos en 2015. Otro ámbito es el de poder hablar la terapia narrativa en esos múltiples colores que nos ofrece el castellano. En este sentido, uno de los desafíos más importantes en el proceso fue la traducción de las conversaciones que aparecen en el libro. Como menciona Epston en la presentación, "son el verdadero corazón de este libro". ¿Cómo honrar ese corazón hablado en inglés, con toda la riqueza que implica el acto cotidiano de hablar y traducirlo a un castellano que sea comprensible para todas las personas hispanohablantes? ¿Cómo traducir una conversación hecha en un lenguaje local dentro de una cultura y tiempos determinados a otro lenguaje, cultura y tiempo? La traducción de las conversaciones en este libro, tendrá algunos toques chilenos y otros mexicanos y eso nos gusta, pero sabemos que no es un castellano universal ni neutral, pues también sabemos que eso no existe a la hora de conversar. Estas conversaciones no son de personas hablantes del castellano, por lo tanto puede notarse cada tanto un aire anglo y eso también nos agrada. Lo que nos parece importante sugerir a quien lee es, luego de la lectura, plantearse: ¿cómo formularía yo esa pregunta considerando el contexto cultural, político y de circunstancias materiales de las personas con quienes trabajo? ¿Qué palabras utilizaría para expresar la misma intención, pero en mi propia lengua castellana y la de las personas con quienes me encuentro en terapia? El desafío que se nos plantea ahora es el hecho de que estos mapas fueron dibujados en otras geografías, territorios distantes, muy distintos a los nuestros, por lo que será necesario apropiárnoslos y transformarlos según las voces, colores y tesituras propios para quienes el castellano es la lengua materna, con toda la diversidad que hay en ésta y los mundos que hemos creado alrededor suyo. Cada lugar necesita su mapa. Tendremos que echar mano de la libertad de crear, de la riqueza de nuestra historia —que sabe de emancipaciones— y de la infinita imaginación que habita Latinoamérica. "Practicar, practicar, practicar" era una de las frases famosas de Michael y creemos que en la creación y la apropiación está la *práctica* continua, nuestras conversaciones con quienes nos consultan, con colegas y con libros como éste: comenzar copiando para originar lo propio, lo particular, lo único. Volvemos a citar a Michael (1989-90):[4]

> No tenemos mucha más opción que empezar con copias. No podemos actuar los significados en nuestras vidas sin situar nuestras experiencias en relatos. Son los relatos lo dado en primer lugar. Como sea, es la relativa indeterminación —la ambigüedad y la incertidumbre— de todos los relatos que podemos únicamente negociar recurriendo a nuestra experiencia de vida y nuestra imaginación, y esto requiere que nos involucremos en el proceso de "originar" (p. 83).

---

4 White, M (1989-90, verano) "Family therapy training and supervision in a world of experience and narrative". Adelaide: Dulwich Centre Newsletter. Reimpreso en: Epston, D; White, M. (1992) *Experience, contradiction, narrative & imagination*. Adelaide: Dulwich Centre Publications.

Otro de los desafíos que encontramos en el camino desató varias conversaciones en el equipo de trabajo fueron las consideraciones de género. El castellano permite —no así el inglés— considerar el género femenino al momento de hablar. Del mismo modo, en el uso formal y cotidiano, sirve para marginarlo. Basta que haya un solo hombre en un grupo de mil mujeres para que se sustituya el nosotras por nosotros. Éste es un desafío que va mucho más allá de nuestras posibilidades, sin embargo quien lea podrá percatarse de nuestro esfuerzo por construir esta edición con base en un lenguaje incluyente y respetuoso, como Michael procuraba siempre, atento a las tecnologías de poder que promueven el privilegio de algunas personas y ponen en desventaja a otras.

ACERCA DE LOS MAPAS: POSIBLES CAMINOS DE ACCIÓN

En su interés pedagógico y su generosidad para compartir el camino recorrido en años de práctica terapéutica y reflexión acerca de la misma, Michael White nos ofrece estos mapas y nos invita a lanzarnos a la aventura que representa adentrarnos en los relatos de vida de las personas con las que trabajamos: explorar, tomándonos de su mano, los territorios vividos, claramente presentes en la memoria y sobre todo, aquellos que han quedado subyugados por el peso de historias y discursos dominantes que han tenido mayor espacio para expresarse en personas legitimadas de antemano.

Tenemos la certeza de que disponer de este material en castellano será un tremendo aporte para la formación de quienes les interesa el trabajo con personas desde la convicción de que "la persona no es el problema, el problema es el problema" y que quienes nos consultan son las únicas "expertas en sus vidas". Que nuestro papel es más parecido al de acompañar un viaje que sostener verdades sobre la vida.

Los mapas pueden ser una herramienta que nos facilita el viaje, son una guía para tejer los relatos de manera enriquecida. Contar con ellos, por las posibilidades que nos abren, ha sido un sueño desde el inicio mismo de Pranas, un sueño que contiene la esperanza de transformar los "modos de hacer", de subvertir las prácticas tradicionales de las profesiones vinculadas: la salud, la educación y el trabajo comunitario. Estos modos se caracterizan las más de las veces por la verticalidad, el autoritarismo y la deslegitimación de los saberes de vida y las habilidades que las personas han desarrollado en el curso de sus vidas. Nuestra esperanza es transformarlos en otros más respetuosos de la complejidad y la diversidad, alejados del mandato de vigilar y controlar, que desafíen directamente las prácticas normalizadoras que se ejercen a diario.

Sería un rotundo error entender estos mapas como un manual que se debe seguir de manera literal, o como una herramienta universal que puede prescindir del contexto. La práctica narrativa es resultado de un modo particular de comprensión de la vida y de nuestras identidades individuales y colectivas. Michael (2002)[5] responde a este sentido:

> Este trabajo ¿se define mejor como una visión del mundo [más que como un enfoque]? Quizá, pero ni siquiera esto es suficiente. Quizá sea una epistemología, una filosofía, un compromiso personal, una política, una ética, una práctica, una vida, etcétera (p. 42).

ESPERANZAS

Michael White ya no pudo escribir un prólogo a esta edición, pero ocurrió algo maravilloso cuando nos encontramos con David Epston

---

5 White, M. (2002) *Reescribir la vida. Entrevistas y ensayos.* Barcelona: Gedisa.

en Chile en 2015: David estuvo encantado con la posibilidad de incluir su presentación para el lanzamiento original en la Conferencia Internacional de Kristiansand, Noruega, en junio del año 2007. Esto ha sido un honor para quienes participamos en la traducción, revisión y edición de esta versión y será un privilegio para quien tenga este libro en sus manos ahora.

Además, nos emociona enormemente tener la oportunidad de presentar este libro como parte de la colección que comenzó con *Práctica narrativa. La conversación continua*, sigue ahora con este volumen y finalizará con *Prácticas de terapia narrativa. Tejiendo relatos preferidos con voces latinoamericanas.*

Esperamos que este trabajo honre lo que Michael White expresó en la versión original de su libro. Nunca lo sabremos. Lo único que podemos saber es que Michael tenía un gran interés por comenzar una colaboración con grupos latinoamericanos interesados en estas ideas, tarea que el *Narrative Practices Adelaide* —último proyecto fundado por Michael White y continuado por Shona Russell, Maggie Carey y Rob Hall— adoptó como propia, apoyando el trabajo del Colectivo de Prácticas Narrativas en México y de Pranas en Chile.

Ojalá este libro posibilite esos encuentros de colaboración que muchas y muchos no pudimos tener directamente con Michael y que su presencia a través de este libro, alimente la curiosidad y la reflexión constantes en torno a las prácticas en las que nos involucramos con personas, y la posibilidad de desarrollar nuevas ideas que contribuyan a colaborar con ellas en el tejido preferido de relatos así como en el enriquecimiento de sus vidas. Por su naturaleza misma, nos consta que estas ideas llegarán a territorios donde resonarán vivamente y podrán ser acogidas con el corazón. Para desde ahí, transformarse y multiplicarse.

AGRADECIMIENTOS

Nada de esto existiría en castellano sin el trabajo hombro a hombro de quienes formaron parte de estos proyectos y de éste en particular: Marcela Estrada, nuestra amiga, colega e incansable compañera de viajes; Alfonso Díaz, del Colectivo Prácticas Narrativas México, con quien hermanamos organizaciones, pero sobre todo vidas; Marina González, de Casa Tonalá, amiga y colega, responsable de la traducción de *Práctica narrativa. La conversación continua* siempre presente en cada uno de los pasos dados; Amandine Semat y Ramón Vera-Herrera, a quienes conocimos en Oaxaca durante una intensa semana de enclaustramiento, traduciendo, conversando, discutiendo, con quienes compartimos comidas y algún mezcal, y quienes han puesto toda su experiencia, saberes y corazón grande en estos proyectos; Mónica Nepote, querida colega que también ha puesto su ojo agudo en cada palabra, cada frase y Gabi Diaz quien nos ha inspirado con sus diseños y diagramación. Queremos también mencionar a Javier Alcaraz por su trabajo minucioso y preciso de diseño y diagramación en *Práctica narrativa. La conversación continua* y *Prácticas de terapia narrativa. Tejiendo relatos preferidos con voces latinoamericanas.*

Nos toca agradecer el apoyo de marcela polanco quien muy temprano en el desarrollo de este proyecto, nos facilitó su traducción de *Mapas de la práctica narrativa*, además de siempre compartir con ella interesantes conversaciones y una bonita amistad.

Presentación

David Epston

Para Michael y el lanzamiento de *Mapas de la práctica narrativa* (2007)
Nueva York, W. W. Norton[1]

Sospecho que muchas y muchos de ustedes también oyeron aquel rumor que decía que Michael estaba preparando un manuscrito para W. W. Norton en Nueva York. Seguro se preguntaron cómo podía ser, incluso con la mejor voluntad del mundo: conocemos las considerables labores docentes en el extranjero, los viajes que implican y las pesadas cargas de práctica y docencia en Adelaida. Aunque la curiosidad sacara lo mejor de ustedes, no se atrevieron a preguntar: "¿Michael, cómo te va con el libro? Sería como el colmo de la insolencia".

Anhelé tanto tiempo que Michael publicara en una editorial más visible. ¿Por qué? Desde que Norton publicó *Medios narrativos para fines terapéuticos* en 1990 me sentí cada vez más turbado. Aunque citaran este trabajo de Michael en textos fuera de nuestro "pequeño mundo" de publicaciones y ediciones de la terapia narrativa, casi nunca vi referencia alguna a algo que hubiera escrito después. Para la mayor parte del "mundo" Michael había estado mudo desde los *Medios narrativos*. Nada más alejado de la verdad. Desde aquel entonces siguió publicando con regularidad, solo o en colaboración con otras

---

1 Escribí este texto y lo presenté en el lanzamiento oficial del libro *Maps of Narrative Practice* en la Conferencia Internacional de Kristiansand, Noruega, en junio del año 2007.

personas; la editorial del *Dulwich Centre*, en la remota Adelaida, Australia, publicó libros en 1992, 1995, 1997, 2000, 2004 y 2006.

Todos y todas le debemos mucho a la independencia de Cheryl White, de David Denborough y de Jane Hales de la editorial del *Dulwich Centre*. Ha sido y seguirá siendo la "voz" de la terapia narrativa y del trabajo comunitario. Y pensar que todo empezó en los años ochenta, con un boletín titulado *Coming Events* —o algo así—, que anunciaba las conversaciones por venir de los viernes en la tarde, en el *Dulwich Centre*, en Adelaida. Sin esta editorial independiente, creo que la terapia narrativa no habría podido "hablar" con la fuerza que lo hizo en su modo propio y de los asuntos muy peculiares que la ocupan.

Pero para el resto del mundo Michael se había quedado allí. Las personas que conocen a Michael estarían de acuerdo en que eso sería tan inverosímil como decir que el óxido se está quieto. El óxido nunca descansa. Michel Foucault habría dicho: "Cada uno de mis trabajos es parte de mi biografía". Si es así para Michael, faltan muchas cosas por registrar de lo que voy a mencionar de su práctica académica. Estoy seguro que muchas y muchos de sus seguidores tratamos de insistir con nuestros colegas para que leyeran las publicaciones "independientes" de Michael pero hay que admitir que nuestros esfuerzos no resultaron casi.

Por este motivo sobre todo me emocioné mucho cuando me enteré —quizás fue otro rumor— que un libro estaba en prensa y se publicaría pronto. ¿Cuánto tendríamos que esperar? Encargamos nuestros ejemplares con mucha antelación y como que lo olvidamos hasta que un día, temprano en la mañana llegó un mensajero con una caja de libros. No se imaginan lo emocionado que estaba por volver del trabajo y ponerme a leerlo. Empecé como a las ocho de la tarde y el texto me atrapó. ¡No podía dejar de pasar las páginas! Ya estaba oscuro cuando mi compañera Ann empezó a insinuarme amablemente: "¿Qué horas son?". Regresó un poco más tarde: "¿Cuándo vas a apagar la luz?". Y todavía más tarde: "¡Por el amor de Dios, apaga la luz! ¡No puedo dormir!". Me mantuve insensible a su queja, mientras pasaba una página tras otra. Al final le dije que no podía dejar el libro de Michael. Lo entendió enseguida y se quedó profundamente dormida.

No era como si estuviera buscando algún tesoro enterrado. Era más como si Michael me invitara, como compañero, a un viaje por su vida y su trabajo. Podía escuchar su voz inimitable y su extraño vocabulario, que lleva a la lengua inglesa a su punto de quiebre. Son tantas innovaciones lingüísticas y neologismos que el diccionario de Oxford aún no registra; estoy seguro que lo harán a su debido tiempo. Mi neologismo favorito es *"knowledged"* ("con saberes"). Estoy seguro que todas y todos adoptamos algunos de estos "whiteismos" que refresquen nuestro pensamiento. Gracias a su vocabulario poético podemos apreciar mejor la sutileza y lo innovador de su pensamiento.

Cuando leí las transcripciones, que para mí son el verdadero corazón de este libro, pude sentir de un modo muy íntimo el disfrute con que Michael se encuentra con las personas que lo consultan y cómo ellas a su vez saborean esos encuentros. Me llevó a sentir de nuevo cuán enriquecedor es nuestro trabajo para nuestras vidas. Es la "calle de doble sentido" a la que alude Michael.

Siempre consideré que Michael fusiona esa extraña combinación entre la práctica y la academia. Lo que sí es que siempre se asegura de que su práctica anteceda lo académico. Esto irradia por todo el libro y se vuelven comentarios de su propia vida en la práctica y en la academia. Queda muy claro que sus intenciones reflejan su modestia —logra que sus prácticas y las ideas que las sustentan nos sean más accesibles, para que las podamos valorar y que nos volvamos aprendices, si lo decidimos.

Puede que por su humildad haya dejado fuera el genio y algunas veces la verdadera magia que todas las personas que tuvimos la suerte de estar con él más de una vez pudimos presenciar. Pero no creo que debamos seguir ese modo suyo de presentarse a la hora de lanzar este libro.

¿Les ha pasado que les hipnotice un video como me pasó a mí, y que de repente se den cuenta que la conversación cruzó una especie de puente a la esperanza, más allá de la desesperación? ¿Se han preguntado si perdieron la conciencia por una fracción de segundo, porque no lo habían visto? ¿Giró tan rápido la moneda desde la cara explícita a la implícita que, como yo, juraron que fue magia?

En este libro Michael se esmera en legarnos su práctica y sus conocimientos académicos. De allí que para mí este libro sea tan importante. Michael usa los "mapas" para develar los caminos que toma y los motivos que lo llevarían a tomar otros rumbos. Nos advierte a la vez que podría haber tomado muchos otros caminos. O que los podríamos tomar nosotros. Esto no es un manual… no es Macdonalización: se trata de un artista revelando de la forma más agradable su maestría y su arte. Al mismo tiempo, promete que el arte de cada quien precede y permite la originalidad del arte de las personas que leen.

Para mí, el trasfondo de este libro es la soltura con la que Michael navega entre grandes ideas académicas y particularidades íntimas de su práctica. Lo conozco desde hace veintisiete años y no creo que muchas personas en nuestro campo puedan navegar de un extremo a otro sin encontrarse con una serie de barreras en el camino. Y parece que para mucha gente, el precio que pagar por cruzar estas fronteras es muy alto. Cuando el académico, la académica llega a la práctica, con frecuencia le cuesta tejer vínculos entre ambas cosas. A veces, parece mera fachada.

Pareciera que Michael viaja de un campo a otro sin impedimentos que no sean algunos reductores de velocidad. Siempre me ha parecido asombroso y un homenaje a un espíritu extraordinario aunado a una gran erudición. En *Mapas*, las dos cosas están tan entrelazadas que pareciera que no hay costuras. Lograrlo no es nada fácil.

Soy una persona que todo lo lee en un libro. Me pareció tan apropiado que Michael le dedicara este libro a su madre, Joan. Para mí, ella fue siempre la madre de Michael o la Sra. White. La Sra. White es la persona más amable que haya conocido en mi vida, lo digo sin la menor duda. Siempre pensé que habita cada libro de Michael… y cada una de sus biografías si seguimos a Foucault. Ella fluye al hilo de este libro así como fluyen los meandros del Río Murray por el sur de Australia, para encontrase con el mar en Adelaida.

En 1981, me pidieron que presentara a Michael y a algunos colegas en un taller que impartimos en la segunda Conferencia Australiana de Terapia Familiar en Adelaida, su ciudad. Recuerdo estar sentado ahí, aturdido. Me pasé los dos años de mi maestría leyendo todo lo que se había escrito sobre terapia familiar en años anteriores. Por suerte, la terapia familiar era algo nuevo y no había tanto que leer. Recuerdo que me fulguró la idea de que estaba viviendo el nacimiento de una "nueva escuela" de terapia familiar. No sé muy bien lo que pasó pero me empeñé en pararme de inmediato cuando terminaron, y anuncié lo que me parecía una conclusión ineludible: había nacido una nueva "escuela" de terapia familiar y todas y todos lo atestiguamos aquel día.

Varios años después participé en otro evento. No recuerdo la fecha, pero en el momento estuve muy consciente de su importancia. Así fue como sucedió todo. En los años ochenta, siempre que viajaba a Australia a impartir clases o a escuchar alguna conferencia, me quedaba unos días más y veía a Michael en el viejo *Dulwich Centre*, en la calle Fullarton. Pasábamos el día encontrándonos con familias, personas y parejas —diez u once al día, aunque parezca mentira. El resto del tiempo, compartíamos nuestros apuntes. Siempre nos hacíamos la misma pregunta: "¿Qué cosas nuevas estás haciendo en tu práctica?". Michael agregaba algunas de sus indagaciones: "¿Qué crees que sea diferente en lo que hago?". Esta vez se me hizo muy fácil responder, porque la diferencia que había observado era muy obvia. Le contesté: "Estás haciendo algo muy diferente". "¿Como qué?", me preguntó. "Bueno, lo único que haces es elaborar preguntas". No se veía que a Michael le pareciera tan extraordinario como a mí; parecía un tanto decepcionado de lo que supuse consideró la obviedad de mi observación. "Sí", respondió. "¿Pero cómo diablos le haces?". Me contestó con la humildad que acostumbraba: "Bueno, ¡lo que pasa es que cuando voy a afirmar algo, lo transformo en pregunta!". Como muchas personas aquí, seguí sus consejos para estos asuntos y sé que cambió mi práctica para siempre.

Cito a continuación un programa de una radio pública estadounidense llamado "Hablar de Fe". Retomo estas palabras de una entrevista entre Krista Tippett y Avivah Zornberg, una renombrada intérprete de tradición rabínica judía.

"Para mí, se trata de preguntas". Creo que en la tradición judía existe el sentimiento de que todo se mueve como resultado de un problema, de una pregunta. Eso es lo que suscita las cosas… Incluso una pregunta quejumbrosa es mejor que no tener pregunta alguna, porque nos lleva a los límites del tipo de conspiración silenciosa de la forma en que deben ir las cosas. Podríamos decir que la pregunta es una expresión del deseo. Cuando hay pregunta, hay posibilidad de movimiento. Y cuando llegamos al tema de la libertad, entonces creo que lo que realmente motiva son las preguntas, lo que pone las cosas en movimiento. Krista Tippett pregunta: ¿Una pregunta siembra un anhelo, verdad? Zornberg responde entusiasmada: ¡Sí, es un anhelo!

Veinticinco años después, siento que hay una conclusión de la que no podemos escapar respecto a *Mapas de la práctica narrativa* como lo sentí hace tiempo en Adelaida, en la conferencia que mencioné. La terapia narrativa ha crecido como una práctica de lo más elegante, considerada y conmovedora. Mi deseo es que este libro se lea a lo largo y a lo ancho, que se debata arduamente, se lea entre líneas, que se cite fuera de "su propia comunidad". Estoy convencido que este trabajo merece más amplia y profunda consideración fuera de su "comunidad" de lo que ha recibido hasta ahora. Y deposito mis esperanzas en que los *Mapas de la práctica narrativa* sirvan este propósito.

Agradecimientos

Hace tiempo W. W. Norton me invitó a escribir un texto introductorio a la práctica narrativa, un libro que informara a los lectores y a las lectoras muy familiarizados con este tema. Me entusiasmó mucho la idea y acepté la invitación. Ahora, tres años después ya está concluido. Me gustaría agradecerles a algunas de las personas que me ayudaron a culminar este proyecto.

Antes que nada, gracias a Cheryl White quien creyó en la existencia de este libro mucho antes de que escribiera una sola palabra y me alentó durante este proyecto de escritura. Le agradezco a David Denborough el incansable interés que depositó en el desarrollo del proyecto, su lectura y respuesta entusiasta a las primeras versiones de los capítulos. Sin las contribuciones de Cheryl y de David, este libro no existiría.

También quiero darles las gracias a Susan Munro —instigadora del proyecto cuando era editora con W. W. Norton— y a Deborah Malmud por su apoyo en general y por aprobar los primeros borradores de estos capítulos. La confianza de Susan en este proyecto y la aprobación de Deborah confirmaron y sostuvieron mis esfuerzos.

Por fin quiero agradecerle a Casey Ruble sus esfuerzos en la edición. Valoro mucho su vital interés por este manuscrito. Sus sugerencias y propuestas atentas en cuanto a la reestructuración de algunos apartados mejoraron mucho este libro.

Introducción

Este libro aborda los mapas de la práctica narrativa. ¿Por qué "mapas"? En lo personal, siempre me han fascinado otras latitudes. Crecí en una familia de clase obrera, en una comunidad que pertenecía casi en su totalidad a esta clase, y aunque el acceso a otros mundos de vida me estuviera restringido, siempre me dieron mucha curiosidad. De niño, los mapas fueron los que me permitieron soñar aquellos mundos y transportarme desde la imaginación a otros lugares.

Cuando cumplí diez años, me regalaron una bicicleta. Hasta hoy no me han brindado regalo que me significara tanto —hasta la fecha no puedo vivir sin una. Con ese regalo, obtuve los medios para explorar otros mundos. Guiado por mapas y acompañado por mi hermano menor, nuestros amigos y nuestro perro Prince, anduve días enteros los mundos que colindaban con mi comunidad —esos mundos que me fascinaban, pero que apenas podía alcanzar. Aún recuerdo mi asombro la primera vez que fui en bicicleta a un mundo de clase media que parecía el "sueño americano" de los años cincuenta, con el que me había familiarizado gracias a la radio, los anuncios publicitarios y algunas revistas que conseguía.

La aventura más importante fuera de mi mundo sucedió cuando tenía trece años. Mi papá adquirió un "buen" auto; empacamos y nos fuimos a unas vacaciones de ensueño —acampamos por el Sur de Australia y llegamos a Melbourne, Victoria (el estado que colinda al este) por la Gran Carretera del Océano. No estaba nada preparado para la inmensidad del mundo que conocí en ese viaje. Fui tocado por paisajes geográficos y territorios de vida que no podía haber imaginado y viví aventuras que todavía perviven en mi memoria.

Cada noche, me sumergía en los mapas a la luz de una lámpara de keroseno. Esto alimentó mucho mis esperanzas de aventuras por venir y agudizó mi desvelo en esas vacaciones. No recuerdo que hayamos tenido un plan en específico. No eran más que algunos posibles destinos, sin rutas predeterminadas. Nuestro principal objetivo era encontrar los caminos con las vistas más asombrosas.

Estas excursiones a los mundos que colindaban con la comunidad en la que crecí y el viaje memorable de Adelaida a Melbourne por la costa sur pertenecen para mí a un pasado remoto. Pero todavía disfruto la oportunidad de sumergirme en mapas cuando viajo por cuestiones de trabajo o cuando preparo mis vuelos por el país en avionetas Cessna y Piper. Mi eterna fascinación por los mapas me ha llevado a mirarlos como una metáfora para mi trabajo con las personas que me consultan sobre un rango de preocupaciones, dilemas y dificultades. Cuando nos sentamos esas personas y yo sé que nos embarcamos en un viaje cuyo destino no se puede definir con precisión. Sé que nos encaminamos por rutas que no podemos prever, que para alcanzar estos destinos desconocidos es muy probable que tomemos algunos caminos con vistas maravillosas. Sé que a medida que nos acerquemos a esos destinos, nos adentraremos a otros mundos de experiencias.

También sé que las aventuras que hallaremos en estos viajes no tendrán que ver con confirmar lo que ya sabemos sino con expediciones hacia lo que las personas pueden aprender de sus vidas. Esto se evidencia de tantas maneras. Por ejemplo, en el contexto de las conversaciones terapéuticas, las personas modifican invariablemente sus metas o abrazan objetivos que de repente cobran importancia para ellas para generar cambios que no podrían haber previsto en un inicio. Cuando empieza una conversación terapéutica puede que la persona se proponga llegar a ser más independiente, y descarte esta propuesta, al hilo de la conversación, para voltear hacia la meta de abrazar más abiertamente una ética de compañerismo en sus actos de vida. O puede que una pareja muestre en un inicio el deseo de resolver diferencias, pero que en medio de la conversación terapéutica, decida reconocer y celebrar las diferencias en su relación.

Los mapas que reviso en este libro son, como todos los mapas, construcciones que podemos usar como referencia para guiar nuestros viajes —en este caso, los viajes con las personas que nos consultan por las dificultades y problemas de sus vidas. Como con los otros mapas, los podemos usar para que nos ayuden a hallar sendas hacia destinos que no podíamos haber determinado en el camino y a recorrer rutas que no podíamos haber previsto. Los mapas de este libro contribuyen, como cualquier otro mapa, a que estemos muy atentos a la diversidad de caminos que se nos abren para alcanzar nuestros destinos preferidos; estos caminos se pueden trazar y volverse familiares. Le elaboración de estos mapas al hilo de los años surge sobre todo en respuesta a las peticiones que me hicieron de volver más transparentes los procesos terapéuticos que he desarrollado. Quiero enfatizar aquí que los mapas de este libro no son *los* mapas de la práctica narrativa o una "verdadera" guía, una guía "correcta" para la práctica narrativa, sea lo que sea que consideremos como práctica narrativa.

Como soy el autor de estos mapas, quiero enfatizar que no los uso para vigilar mis conversaciones con las personas que llegan a consulta. Las conversaciones terapéuticas no se pueden sistematizar; no me esmero en definir mis respuestas a lo que expresan las personas antes de que lo expresen. Sin embargo estoy consciente que los mapas como los que se presentan en este libro me ayudan a responderles en modos que permiten explorar aspectos de sus territorios de vida que habían dejado de lado. Se abren sendas de posibilidades para abordar los problemas de sus vidas en formas que no hubieran imaginado.

Este tipo de mapas conforman una indagación terapéutica donde las personas se encuentran de pronto interesadas en novedosos modos de entender lo que sucede en sus vidas. Se vuelven curiosas en cuanto a aspectos de sus vidas que habían abandonado, se fascinan por territorios de identidad que habían dejado de lado y a veces las asombran sus propias respuestas ante las dificultades de su existencia. También creo que este tipo de mapas conforma una indagación terapéutica que contribuye al enriquecimiento de nuestros relatos como terapeutas en lo que atañe a nuestro trabajo y vida en general, y esto puede ser una fuente de inspiración. No me cabe ni la menor duda que fue lo que pasó en mi caso.

A veces, cuando imparto talleres o clases, me preguntan por qué es necesario tener mapas para la práctica terapéutica. Contesto que: "No es necesario en absoluto". Lo que sí creo es que todos recurrimos a ciertas ideas que orientan el desarrollo de las conversaciones terapéuticas, aunque muy a menudo asumimos y aceptamos estas ideas hasta el punto de invisibilizarlas; ya no están disponibles para alcanzar una reflexión crítica. Y creo que es peligroso ya que nos puede limitar a reproducir lo que nos es familiar en nuestras prácticas sin que lo cuestionemos, sin que atendamos las consecuencias que pueda tener en las vidas de las personas que nos consultan. Ahora bien, entiendo perfectamente que no todo el mundo se sienta cercano a las metáforas del "mapa" y del "viaje", que existe un mundo de metáforas que se pueden usar para caracterizar las prácticas terapéuticas. Agradezco los esfuerzos por traducir las prácticas descritas en este libro en términos asociados con otro tipo de metáforas.

Debo anotar además que las terapeutas y los terapeutas que no estén familiarizados con los mapas descritos aquí pueden encontrarlos extraños en un inicio, poco naturales; pueden sentir que su uso no es tan espontáneo. Esto es de esperarse. Cuando nos adentramos a nuevos territorios de conversaciones terapéuticas, puede que nos requiera mucho tiempo familiarizarnos con dichos territorios y volvernos competentes en las destrezas asociadas con estas exploraciones. La clave es practicar, practicar y practicar.

Me parece muy interesante ver que una práctica rigurosa es la que nos permite espontaneidad —las expresiones de vida que nos parecen más espontáneas son aquellas que más practicamos. Como en el caso de los músicos que improvisan con gran destreza, las buenas improvisaciones en el contexto de nuestras conversaciones se basan en una atención meticulosa al desarrollo de las habilidades terapéuticas. La posibilidad de seguir desarrollando nuestras habilidades nunca termina.

Percibo mi propia práctica como un aprendizaje infinito; sé que nunca llegaré a un lugar donde estar plenamente satisfecho de mi contribución a conversaciones terapéuticas eficientes. No ha habido hasta hoy ni una ocasión en la que haya podido decir: "si pudiera volver a empezar, no cambiaría nada de mis contribuciones a la conversación terapéutica". Cuando reconozco lo anterior, no es que juzgue negativamente mi papel en estas conversaciones ni que lo devalúe. No le resta nada al disfrute que viví en ellas. Se trata más bien de mantener una perspectiva reflexiva sobre mi quehacer como terapeuta.

Emprender un viaje hacia lo desconocido con un mapa en mano siempre me llena de esperanzas. Espero que en la escritura de este libro pueda transmitir ese sentimiento de placer y de fascinación que suelo experimentar en los viajes que emprendemos en las conversaciones terapéuticas. Espero que los mapas que presento en este libro les sean útiles, lectora y lector, en las exploraciones de su práctica terapéutica.

1

Conversaciones de externalización

Muchas personas que llegan a terapia creen que los problemas que encuentran en sus vidas son un reflejo de su propia identidad, de la identidad de otras personas o un reflejo de la identidad de sus relaciones. Este modo de entender moldea sus esfuerzos por resolver sus problemas y por desgracia, tales esfuerzos tienen el efecto invariable de exacerbar los problemas. Esto, a su vez, las lleva a creer todavía más que sus problemas de vida reflejan ciertas "verdades" acerca de su naturaleza y su carácter, de la naturaleza y carácter de otras personas o acerca de la naturaleza y carácter de sus relaciones. En resumen, terminan por creer que sus problemas son problemas internos a su propio ser o al de otras personas —que ellas o las demás personas son, de hecho, el problema. Esta convicción no hace más que hundirlas en los problemas que intentan resolver.

Las conversaciones de externalización pueden proporcionar un antídoto para estos entendimientos internos porque objetivan el problema, al emplear prácticas de objetivación del problema a contracorriente de las prácticas culturales que objetivan a las personas. Esto permite que las personas experimenten una identidad separada del problema: el problema se vuelve el problema, no la persona. En el contexto de las conversaciones de externalización, el problema deja de representar "la verdad" acerca de la identidad y de repente las opciones de resolución se vuelven visibles y accesibles.

JEFFREY

Iba bajando las escaleras con una pareja con la que me acababa de reunir cuando me percaté de un alboroto en la sala de espera. Entre todo el revuelo, escuché la tranquilizadora voz de nuestra recepcionista. Se amainó el alboroto y supuse que, fuera lo que fuera, alguien se había hecho cargo de resolverlo. La pareja hizo otra cita mientras consultaba mi agenda para ver mi siguiente cita. Me iba a reunir con una familia: Beth, Andrew y su hijo Jeffrey. Era su primera visita. Entré a la sala de espera pero no encontré a nadie.

Entonces escuché unos gritos que venían de la calle. Decidí investigar lo que pasaba. Estaba a punto de salir cuando casi me empujó una mujer que corría hacia el otro lado: "¡Lo siento, lo siento!", dijo abrupta. "¿Usted es Michael White?". Vacilé un momento, un poco preocupado por las consecuencias de reconocerlo pero contesté que sí, que era yo. Apurada, la mujer me explicó que su hijo Jeffrey se había escapado con el caballito mecedor de la sala de espera. Quién sabe cómo se había enterado que al final de la calle había un hipódromo y, era obvio, lo quería probar. Beth, Andrew y nuestra recepcionista salieron corriendo tras él, tratando de convencerlo de que no era el momento adecuado para embarcarse en este tipo de aventura. Luego, se deterioró la situación y se volvió pelea, pero Beth me aseguró que ya estaba todo bajo control y que pronto llegaría el resto del grupo.

Claro, pronto estuvimos todos sentados en mi consultorio —Beth y Andrew en unas sillas y Jeffrey en el caballito que se había conseguido un par de patas más y que al parecer se había vuelto miope porque chocaba con casi todo lo que podía atropellar. Lo encontré peculiar pero traté de centrarme en Andrew y Beth para entender a qué venían. En respuesta a mi pregunta, Andrew brincó de repente de su silla hacia mí —al principio pensé que se había abalanzado sobre mí y que había fallado, supuse que tal vez era un poco miope. Por fortuna, resultó que en su maniobra no había malicia sino el intento por evitar que la pizarra blanca que estaba detrás de mi silla me cayera encima. Aunque por un instante me sentí un poco desconcertado por lo que había pasado, le agradecí sus esfuerzos. Al poco rato, los intentos de Andrew y Beth por poner algo de orden en la sala obtuvieron algo de éxito, así que aproveché para preguntarles de nuevo el motivo de su visita.

Andrew: Pensé que te darías cuenta rápido.

M: ¿Tiene problemas de vista?

Andrew: ¿Cómo?

M: No, nada. Creo que estaría mejor que me explicaran con sus palabras.

Andrew: Muy bien. Seguro ya adivinaste que pasamos momentos muy difíciles con Jeffrey. Tiene TDAH [Trastorno por Déficit de Atención e Hiperactividad]. Nos lo confirmaron dos pediatras y una psicopedagoga.

Beth: Sí, ha sido bastante intenso. Lleva casi toda su vida así. Y hasta hace poco no sabíamos con qué lidiábamos. Nos acabamos de enterar que tiene TDAH.

M: ¿Entonces el diagnóstico es muy reciente?

Beth: Lo sabemos a ciencia cierta desde principios de año —hace unos ocho o nueve meses. Pero lo sospechábamos hace mucho tiempo.

M: ¿Y cómo se sienten con el diagnóstico?

Beth: Ha sido un gran alivio, ¿verdad, Andrew?

Andrew: Sí, a los dos nos alivia al menos poder nombrarlo.

M: Y dónde encajo yo.

Andrew: Acabamos de ver a otro pediatra porque teníamos dudas del medicamento y nos sugirió que hiciéramos una cita contigo.

Dijo que habías visto a muchos niños y niñas como Jeffrey y que quizás tendrías algo que proponernos.

M: Cuáles son sus dudas del medicamento.

Beth: Para nosotros y para muchas otras personas es mucho más fácil que esté medicado, pero hay cambios en su personalidad que nos preocupan a ambos, ¿verdad Andrew?

Andrew: Sí. Nos preocupa que estemos perdiendo algo, así que quisimos dar marcha atrás un poco. La otra es que pensamos que no hemos agotado todas las posibilidades. Por eso estamos aquí.

M: ¿Sabe Jeffrey que tiene TDAH?

Beth: Sí, le dijimos todo lo que sabemos. Pensamos que es importante que sepa, porque se trata de su vida.

M: ¿Dijeron que sienten que no han agotado todas las posibilidades?

Andrew: Hemos intentado muchas cosas, incluso lo que llaman "métodos conductuales". Te vinimos a ver porque esperamos que se pueda hacer algo más.

Beth: O que quizá puedas llegar hasta él.

M: Está bien.

Jeffrey estaba ahora debajo de mi silla. Golpeaba el asiento por debajo con su espalda, simulando un caballo de rodeo. Me preocupaba que se lastimara la espalda y que mi posición en este escenario era muy precaria. Así que interrumpí mi conversación con sus padres para alentarlo a ser un camello. Esperaba que funcionara mejor. Mientras, le pregunté a Jeffrey si era cierto que tenía TDAH. No me contestó la pregunta pero sí parecía querer saber más cosas de lo que podría hacer si fuera un camello. Luego Andrew preguntó, "y entonces, ¿qué vamos a hacer?".

M: *(volteando a ver a Beth y Andrew)* Por ahora, no sé muy bien qué podamos hacer.

Andrew: Qué más te podemos decir para ayudarte. Qué más quieres saber. Tan sólo tenemos que encontrar un modo de avanzar. Nos dijeron que ves a muchos niños como Jeffrey.

M: Bueno, para empezar, me ayudaría saber qué tipo de TDAH tiene.

Beth: ¿Qué tipo de TDAH tiene? Quieres decir que hay diferentes tipos…

M: Sí, son muchos y hasta que no sepamos qué tipo de TDAH tiene Jeffrey, no podemos hacer gran cosa. Vamos a estar errando el camino.

Beth: (*volteando hacia Andrew; bastante indignada*) ¡Nadie nunca nos lo dijo! ¡Ni una sola vez nos dijeron algo así!

Andrew: Bueno, tal vez Michael nos pueda decir…

M: Hacer diagnósticos no es mi especialidad.

Andrew: Pero seguro has visto mucho al respecto y quizás podrías…

M: Sí, he visto cantidad de niñas y niños a quienes les diagnosticaron TDAH. Pero mi trabajo no ha implicado hacer diagnósticos.

Andrew: ¿En serio? ¿Hablas en serio? (*Volteando a hacia Beth*) Entonces, qué vamos a hacer.

M: Tengo algunas ideas de cómo averiguar el tipo de TDAH que les está fastidiando.

Beth: (*con cara de "esto promete"*) Bueno, vamos a ver.

M: (*volteando a mirar a Jeffrey, que acaba de desparramar una caja de crayolas*) Jeffrey, ¿qué tipo de TDAH tienes?

Jeffrey alza los hombros.

M: Bueno Jeffrey, dime, sólo quiero saber una cosa. ¿De qué color es tu TDAH?

Jeffrey: (*por un instante desconcertado, voltea hacia sus padres, quienes alzan los hombros. Luego voltea hacia mí*) No sé.

M: ¡Ajá! ¡Lo sabía! Ahora entiendo por qué el TDAH de Jeffrey ha tenido rienda suelta para destruirlo todo. ¿Cómo podría Jeffrey hacer algo para detenerlo, si ni siquiera sabe a qué se parece su TDAH? Jeffrey, ¿qué podrías hacer con lo que trama tu TDAH?

Jeffrey me mira, perplejo, mientras Andrew y Beth intercambian miradas en silencio: se preguntan si están o no en el sitio adecuado para la consulta. Luego Beth alza los hombros como para decir: "Bueno, ya estamos aquí, así que mejor sigamos el juego a ver a dónde llegamos".

M: De hecho, creo reconocer algo. Me suena. ¡Sí! Creo saber qué tipo de TDAH tiene Jeffrey. Estoy seguro de haberlo visto antes.

Andrew: Qué bien, qué bien, esto es alentador. ¿Qué es?

Jeffrey parece ilusionado.

M: Jeffrey, ¿tienes un hermano menor, verdad?

Jeffrey asiente.

M: ¿Cómo se llama?

Jeffrey: Christian.

M: No conozco a tu hermano Christian. Pero así como tú tienes un hermano, creo que tu TDAH también tiene un hermano y yo lo conozco. ¿Quieres saber quién es?

Jeffrey: Dime, dime.

M: ¿Sabes qué son los gemelos?

Jeffrey: Sí.

M: Bueno, creo que tu TDAH tiene un hermano gemelo también y yo lo conozco. Sí, lo conocí aquí mismo, en este mismo cuarto hace apenas unas semanas. Este gemelo hacía exactamente lo mismo que tu TDAH. Los mismos trucos, se estrellaba contra todo, se pegaba con la pizarra, simulaba ser un caballo y tiraba las cosas por todas partes. Así fue cómo reconocí a tu TDAH. ¡Ya lo he visto antes!

Jeffrey está ahora claramente involucrado. Beth y Andrew sonríen. Parecen aliviados. Asienten con la cabeza para que siga.

M: ¿Quieres ver una foto del gemelo de tu TDAH?

Jeffrey asiente, sin palabras.

M: Mira, conocí a un niño con un nombre parecido al tuyo. Se llamaba Jerry. Y Jerry tenía este TDAH que molestaba a todo el mundo y destrozaba todo. Jerry tampoco sabía cómo era su TDAH y ya no sabía qué hacer con ese TDAH que hacía todo lo que quería. En fin, una noche Jerry decidió tomarle una foto. ¿Y sabes lo que hizo?

Jeffrey: ¿Qué?

M: Jerry tuvo una gran idea. Se despertó en plena noche y miró a su TDAH con mucha atención. Su TDAH estaba de vago, con los pies alzados, fumando un cigarrito. Planeaba nuevas tretas para aprovecharse de Jerry. Esperaba a que éste se despertara para ponerlas en marcha. En fin, antes de que el TDAH pudiera volver a brincar dentro de él, Jerry le sacó una foto con su mente y a la mañana siguiente lo dibujó. Puedo mostrarte cómo se ve el TDAH de Jerry porque me pintó una copia y me la dio. Espera que voy y la traigo.

Jeffrey: *(ahora muy atento, con los ojos muy abiertos)* ¡A ver! ¡A ver!

Beth: Espera, espera, Michael tiene que ir por ella.

M: *(sale del consultorio hacia su oficina y regresa con un gran dibujo del TDAH de Jerry, que se ve asombroso)* ¡Míralo!
(Jeffrey le arranca el dibujo)

M: ¡Cuidado! ¡Con cuidado! ¡Agárralo bien! Quién sabe qué pueda pasar si este TDAH se escapa. Si tu TDAH y el de Jerry estuvieran sueltos y se aliaran, quién sabe lo que pasaría con todo este edificio, ¡o con el vecindario entero!

Andrew: Tendríamos que huir.

Beth: Así que agárralo fuerte, Jeffrey. A ver, te ayudo.

Jeffrey agarra el dibujo con firmeza y lo examina, muy atento.

M: Pero Jeffrey, no estoy seguro del todo de que sea el hermano gemelo de tu TDAH. Si queremos hacer algo, tenemos que estar seguros.

Beth: ¿Cómo podríamos saber?

Jeffrey: *(entusiasmado)* Sí, sí, ¿cómo podemos saber?

M: No sé. Les iba a preguntar a ti, a tu mamá y a tu papá.

Andrew y Beth empezaron a especular sobre lo que podrían hacer para confirmar si eran gemelos. Jeffrey rechazó categóricamente todas sus propuestas, pero a mí me interesaron varias de ellas y les pedí permiso para anotarlas y usarlas en mi trabajo a futuro con otras familias. De repente se le ocurrió algo a Jeffrey:

Jeffrey: ¡Ya sé! ¡Ya sé!

M: ¿Qué?

Jeffrey: ¡Me voy a despertar en la noche y le voy a tomar una foto a mi TAH antes de que vuelva a brincar dentro de mí! Es lo que voy a hacer. Lo voy a hacer. *(En este momento descubrí que Jeffrey siempre obviaba la D en su descripción. Al fin y al cabo no tenía TDAH, sino TAH).*

Beth: ¡Es una gran idea, Jeffrey! Luego lo podrías dibujar en la mañana y traérselo a Michael para que lo viera.

Andrew: Sí, es una muy buena idea. ¿Cuándo lo vas a hacer?

Jeffrey: Hoy en la noche. Me voy a despertar por sorpresa y le voy a tomar una foto al TAH. No importa qué tan rápido sea el TAH, voy a ser más rápido aún.

M: Suena muy bien.

Andrew: ¿Qué podemos hacer para ayudar? ¿Le recordamos a Jeffrey el plan antes de que se vaya a dormir?

M: Les recomiendo que no digan nada, que no lo mencionen. TAH podría enterarse y tratar de burlar a Jeffrey. No queremos darle a TAH ninguna señal de los planes de Jeffrey. Los TAH pueden ser muy tramposos, ¿verdad Jeffrey?

Jeffrey: ¡Claro que lo son!

Andrew: Bueno, es un alivio, la verdad. Quieres decir que podemos relajarnos y...

M: Lo que pueden hacer es lo siguiente. En el desayuno, tú y Beth pueden sencillamente preguntarle a Jeffrey, "¿lo hiciste?". Si Jeffrey dice que sí, pueden celebrarlo de alguna manera y ayudarle a dibujar su TAH. Si pregunta, "¿hacer qué?", le pueden decir: "Nada, olvídalo". Y pueden hacer esto cada mañana hasta que Jeffrey lleve su plan a cabo.

Andrew: Es fácil.

M: No del todo, porque estaría bueno que Beth y tú se pusieran de acuerdo. Incluso podrían practicar antes de salir de aquí.

Beth y Andrew se ríen.

Nos volvimos a reunir a las tres semanas, esta vez en circunstancias muy diferentes. Todo estaba tranquilo en la sala de espera y me pregunté si la familia estaría retrasada para la cita. Pero no, Jeffrey, Andrew y Beth estaban allí. Más bien todos parecían ilusionados. Jeffrey traía algo detrás de la espalda, algo que sonaba a papel. Caminamos hacia el consultorio, Jeffrey un tanto cauteloso. Beth, Andrew y yo nos sentamos antes de que entrara Jeffrey. Yo estaba frente a la puerta y de repente, para mi horror, apareció un TAH espantoso que en un principio parecía andar suelto.

M: *(saltando de mi silla, espantado)* ¡¿Ay no, qué es esto?! ¡Socorro! ¡Socorro! ¡Ayúdenme por favor! ¡Hay un TAH suelto en mi consultorio!

Beth: ¡Ay no! ¡Jeffrey! ¡Ayúdanos!

Jeffrey: *(de repente se asoma detrás del dibujo con una gran sonrisa)* ¡Los engañé!

M: ¡Qué susto! ¡Eres tú, Jeffrey! Sí que me engañaste. Pero agarra bien esa cosa, no dejes que se escape.

Jeffrey: La tengo, está bien, yo la tengo.

Examinamos juntos el TAH de Jeffrey y lo comparamos atentamente con el TDAH de Jerry. Todos estuvimos de acuerdo en que era el gemelo del TDAH de Jerry, pero que el de Jeffrey era una mutación del de Jerry —una versión "ninja mutante" con la que era más difícil de lidiar. Jeffrey estaba bastante animado, nos contó historias acerca de algunas de las trampas del TAH y de cómo había logrado interceder para salvar la situación. Esto me permitió hacer preguntas sobre algunas de las consecuencias de las actividades del TAH:

M: Ya sabemos quién es tu TAH, ahora veamos lo que le hizo a tu vida. ¿Con qué podemos empezar?

Beth: Es una buena pregunta. Hay tanto que decir. TAH rige nuestras vidas de muchas maneras.

Andrew: TAH se ha metido en el camino de Jeffrey en la escuela, le ha causado muchísimos problemas. El TAH te ha metido en muchos problemas en la escuela, ¿verdad, Jeffrey?

Jeffrey: *(ocupado en dibujar otro retrato de su TAH)* Seguro.

Andrew: También hizo que les diera dolores de cabeza a los maestros, ¿verdad, Jeffrey?

Jeffrey: Sí.

Beth: TAH también complicó un poco las cosas con otros niños, con otras niñas, y logró que Jeffrey se peleara, ¿verdad, Jeffrey?

Jeffrey: Así es.

M: ¿Cómo te complicó las cosas con otros niños, Jeffrey?

Jeffrey: Me dejan solo.

M: ¿Y qué tal con tu mamá y con tu papá, Jeffrey? ¿TAH se metió entre tú y tu mamá y tu papá? ¿Les ha estado dando problemas?

Jeffrey: Sí.

M: ¿Qué tipo de problemas?

Jeffrey: También te da dolores de cabeza, ¿verdad, mamá?

Beth: Sí, así es. Y me agota.

M: ¿Y con tu papá?

Jeffrey: Ah… bueno, lo pone de muy mal humor, ¿verdad, papá?

Andrew: Es verdad. Y no me siento muy bien conmigo mismo por eso.

M: TAH enreda las cosas entre Jeffrey y sus profesores, y con otros niños, y con ustedes dos. ¿Qué les dice del TAH? ¿Qué nos cuenta del TAH?

Andrew: Quizás que es un poco malo.

M: Jeffrey, ¿crees que tu papá tenga razón, que TAH es malo?

Jeffrey: Sí, es malo. Y es travieso.

M: Dijiste que TAH es muy tramposo. Cuéntame más de sus tretas.

En la conversación que siguió, Jeffrey describió las tácticas y estrategias de TAH con palabras que le hacían sentido. Observamos con detalle algunas de las consecuencias de estas tácticas y estrategias, lo que nos ayudó a ahondar en los planes de TAH para la vida de Jeffrey. Luego pregunté a Jeffrey y a sus padres lo que pensaban de las consecuencias de las acciones de TAH y de sus planes para la vida de Jeffrey.

M: Ya me queda más claro lo que hizo TAH. Enredó las cosas entre Jeffrey, su mamá y su papá, entre Jeffrey y otros niños y niñas, y entre Jeffrey y sus profesores. También veo que hizo que Jeffrey se sintiera raro en su pancita. También molestó a su mamá y a su papá. Ya entiendo mejor los planes de TAH para el futuro de Jeffrey: quiere ser su único amigo y tenerlo para él solo.

Andrew: Es la primera vez que hacemos un recuento de todos los problemas que causa el TAH. Jeffrey, ¿verdad que es la primera vez que tenemos un buen panorama de lo que el TAH ha hecho?

Jeffrey: Sí, es verdad.

M: Entonces ¿qué es esto para ustedes? Quiero decir, ¿están de acuerdo con lo que trama TAH?

Beth: No, para nada. No me hace nada feliz.

Andrew: A mí tampoco. Queremos que nuestra familia se libre de TAH, ¿verdad, Jeffrey?

Jeffrey: Sí, queremos que regrese nuestra familia, ¿verdad, papá?

M: ¿Y qué dicen de los planes de TAH para la vida de Jeffrey? Sus planes de ser su único amigo. Jeffrey ¿te da gusto ser parte de estos planes?

Jeffrey: No, claro que no.

Beth: La vida de Jeffrey sería muy triste con estos planes y Jeffrey no quiere que sea así, ¿verdad, Jeffrey?

Jeffrey: Para nada.

M: Entonces ¿no hay nadie en este cuarto que esté feliz con lo que hace TAH?

Jeffrey: Sí, hay alguien.

M: ¿Quién?

Jeffrey: A TAH sí le da gusto. *(Todos nos reímos)*.

M: Muy bien. Entiendo que aparte de TAH, no hay nadie en este cuarto que esté feliz con lo que TAH ha hecho y creo que a nadie le hace bien seguir los planes de TAH.

Beth: Es cierto.

Jeffrey: No está bien.

M: Muy bien, esto ya está. Ahora me gustaría saber todo lo que me puedan decir para ayudarme a entender por qué lo que hizo

TAH no está bien para ustedes. También me gustaría saber por qué los planes de TAH no les gustan.

A medida que avanzaba nuestra conversación me enteré de las relaciones que Jeffrey y sus padres querían tener entre ellos y en las que TAH estaba interfiriendo, de las conexiones que Jeffrey quería tener con otros niños, niñas y profesores y que TAH estaba coartando, de algunos de los planes que Jeffrey tenía para su propia vida y que no encajaban con lo que TAH soñaba para su futuro. En el transcurso de esta conversación, Andrew y Beth hicieron notar que era la primera vez que escuchaban a Jeffrey verbalizar algunas de las ideas que tenía para su propia vida.

Al final de este segundo encuentro, hablamos del tipo de iniciativas que podrían subvertir las actividades de TAH. Estas iniciativas encajaban con algunas de las intenciones que habían definido al revisar su insatisfacción por la influencia de TAH. Jeffrey contribuyó con siete propuestas y nos dejó bien claro que sus intenciones eran poner a TAH en su lugar —quería conservarlo como un amigo especial pero ya no quería, de ningún modo, que TAH rigiera su vida.

En nuestra tercera reunión me enteré que Jeffrey había logrado cumplir un par de las iniciativas que había propuesto. Entrevisté a la familia acerca de estas iniciativas y se hicieron visibles algunos de los saberes y habilidades de Jeffrey. Cuando Jeffrey identificó estos saberes y habilidades y el modo en que los puso en práctica para seguir con sus planes de vida, se sintió orgulloso. Beth y Andrew ayudaron al brindar una coyuntura favorable para estas iniciativas. También sintieron que lograban lo que se habían propuesto para alcanzar el tipo de relaciones que querían entre ellos y con Jeffrey.

Me reuní con esta familia en otras seis ocasiones en un periodo de tres meses y en este tiempo, Jeffrey y sus padres desarrollaron aún más la habilidad de restringir las actividades de TAH. También se volvieron más hábiles para orientar sus acciones siguiendo lo que era importante para ellos. Beth y Andrew se reunieron con la maestra de Jeffrey y le explicaron su nueva forma de abordar las actividades del TAH: el papel de la profesora fue muy importante a la hora de establecer las condiciones propicias para lograrlo en el contexto escolar.

En las sesiones de seguimiento, me enteré que todo iba de acuerdo al plan que habíamos trazado. A veces TAH podía volverse muy presente pero hubo progresos en la capacidad de Jeffrey para responder a los esfuerzos que sus padres hacían por ayudarlo a atravesar estas crisis. Comenzó a prever mejor las consecuencias de sus actos. Se llevaba mejor con sus compañeros y la profesora dijo que mejoró bastante su cooperación en el salón de clases y su capacidad por concentrarse en las tareas escolares.

UNA MIRADA RETROSPECTIVA: EL GÉNESIS DE MI INVESTIGACIÓN SOBRE LAS CONVERSACIONES DE EXTERNALIZACIÓN

Han pasado más de veinte años desde que escribí mi primer artículo sobre las conversaciones de externalización (White, 1984). En el periodo que antecedió la escritura de este artículo, exploré la relevancia de las conversaciones de externalización en mi trabajo con muchas de las familias de niños y niñas. Me referían a estos niños por una serie de problemas considerados crónicos e insolubles. Estas exploraciones de las conversaciones de externalización me parecieron fascinantes y las respuestas de niños, niñas y sus familias fueron muy gratificantes y reforzaron mucho mi trabajo. Cuando decidí publicar estas indagaciones, el primer tema que elegí fue la defecación involuntaria, que suele despertar sentimientos de fracaso, vergüenza, desesperanza y derrota y siempre está rodeada por conflictos, frustraciones y un agotamiento considerable. Quise ilustrar la capacidad que tienen las conversaciones de externalización de brindar un contexto donde los miembros de una familia, distanciados unos de otros, podían juntarse para emprender de un modo colaborativo iniciativas de resolución de sus problemas en común. Quería ilustrar el modo en que las conversaciones de externalización pueden ayudar a desarrollar una definición interactiva de los problemas y a solucionar estos problemas. También quise ilustrar el modo en que los problemas —que se consideraban crónicos e insolubles, desagradables y con graves consecuencias sociales— se podían abordar de manera lúdica, liviana y divertida.

No podía haber previsto el gran interés que despertó este artículo en la comunidad profesional. Esto me animó a ahondar en mis exploraciones de las conversaciones de externalización acerca de distintos problemas y en una gran variedad de contextos, y me alentó a publicar más artículos al respecto. En aquella época, muchas y muchos terapeutas también empezaron a trabajar las prácticas de externalización con niñas y niños, con gente joven y adulta, en contextos de terapia individual, de pareja, de familia y de grupo. Al poco tiempo, muchos profesionales contribuyeron a que brotara gran cantidad de literatura sobre el tema, que daba cuenta de maravillosas innovaciones.

En este capítulo me planteo cuatro objetivos. Primero, un resumen de las ideas que nutrieron el desarrollo de las conversaciones de externalización. Después, la postura en torno a las conversaciones de externalización, de las personas que brindan terapia. Tercero, las metáforas utilizadas para ayudar a la gente en sus esfuerzos por encarar sus problemas de vida. Cuarto, un mapa de las conversaciones de externalización según cuatro categorías de investigación.

LAS IDEAS QUE NUTREN EL DESARROLLO DE LAS CONVERSACIONES DE EXTERNALIZACIÓN

Muchas de las personas que llegan a terapia creen que los problemas de sus vidas reflejan su propia identidad o la identidad de otras personas. Cuando ocurre esto, sus esfuerzos por resolver los problemas suelen tener el efecto de exacerbarlos. Esto las lleva a convencerse aún más de que sus problemas en la vida reflejan ciertas "verdades" sobre su naturaleza y su carácter, o sobre la naturaleza y el carácter de otras personas —creen que estos problemas son internos a su sí mismo o al sí mismo de otras personas.

Hay algo irónico allí. Muy a menudo, estos mismos entendimientos internos (y las acciones que conforman) están, desde un inicio, implicados de manera primordial en el desarrollo de los problemas. El hábito de pensamiento que construye estas formas internas de entender la vida es ante todo un fenómeno cultural y muchos de los problemas por los que la gente consulta a terapeutas son culturales en su naturaleza. Muchos historiadores del pensamiento han trazado la historia de este fenómeno cultural, Michel Foucault incluido (1965, 1973). No pretendo en este capítulo relatar en detalle las contribuciones de Foucault a la comprensión de este fenómeno; ya lo hice en otras ocasiones. Unos cuantos comentarios al respecto bastarán aquí.

Foucault trazó los orígenes de estos entendimientos internos de vida e identidad en la cultura occidental, y los situó a mediados del siglo XVII. Y propuso que esto fue el resultado, en parte, del desarrollo de:

- Las "prácticas de fragmentación" que mediante la *adscripción* o *asignación* de una identidad deteriorada, escindieron del resto de la población a las personas que no tenían techo, a las personas pobres, locas y enfermas.

- La cosificación de los cuerpos de las personas mediante la localización y la clasificación de trastornos en estos cuerpos.
- Los "juicios normalizadores" como mecanismos de control social que incitan a las personas a medir sus acciones y pensamientos y los de otras personas según las normas de vida y de desarrollo construidas por las disciplinas profesionales.

El desarrollo de estas prácticas de división, de esta clasificación científica y de los mecanismos de juicio normalizador provocan la cosificación de la identidad de las personas: muchos de los problemas que las personas encuentran en sus vidas terminan por representar la "verdad" acerca de sus identidades. Por ejemplo, en el contexto de las disciplinas profesionales, es muy frecuente que las personas que brindan terapia se refieran a las personas como "trastornadas" o "disfuncionales" y en la cultura en general, es muy común que las personas se consideren a sí mismas o consideren a otras personas como "incompetentes" o "inadecuadas" por naturaleza.

Las conversaciones de externalización donde el problema se vuelve el problema —donde el problema ya no es la persona— se pueden considerar como contra-prácticas, prácticas que contrarrestan aquéllas que cosifican la identidad de las personas. Las conversaciones de externalización emplean prácticas que cosifican el problema, en sentido contrario a las prácticas culturales que cosifican a las personas.

Cuando el problema se vuelve una entidad separada de la persona, cuando las personas no están atadas a "verdades" que restringen su identidad ni a "certezas" negativas sobre sus vidas, surgen nuevas alternativas para actuar y enfrentar las dificultades de su vida. Separar la identidad de la persona de la identidad del problema, no hace que esta persona se deslinde de su responsabilidad de enfrentar los problemas que encuentra, más bien permite que se responsabilice.

Si la persona es el problema, no puede hacer gran cosa sino actuar de forma auto-destructiva. Pero si se define con más nitidez la relación de la persona con el problema, como ocurre en las conversaciones de externalización, se abre un abanico de posibilidades para modificar esta relación.

Desentrañar las conclusiones negativas de identidad

Las conversaciones de externalización también permiten que las personas desentrañen algunas de las conclusiones negativas de identidad a las que llegan por lo general bajo la influencia del problema. Por ejemplo, me consultó una joven, Sarah, quien tenía una historia de depresión y cortarse la piel, convencida de ser "detestable". Se odiaba a sí misma. Este odio hacia sí misma era un rasgo predominante de su experiencia. Pronto nos metimos a indagar lo que este "odio a sí misma" la había persuadido de creer de su identidad ("no valgo nada, no sirvo para nada, me merezco todo esto); de lo que le exigía hacerle a su cuerpo ("tratar mi cuerpo con rechazo y castigo"); de lo que planeaba para sus relaciones con otras personas ("aislarme de los demás") y así.

Esto nos permitió caracterizar el "odio a sí misma" más a fondo: le pedí a Sarah que me contara lo que las acciones implicadas en el odio a sí misma reflejaban de actitudes que tenía hacia su vida. También le pedí que me contara el modo en que el odio a sí misma hablaría, si fuera una voz del mundo externo. Esta caracterización más contundente del odio a sí misma sentó las bases de una indagación que rastreó los ecos de esas actitudes y de esa voz en la historia de Sarah: por primera vez pudo relacionar su experiencia de odio a sí misma con las actitudes y las voces de las personas que la maltrataron en la infancia. Las conversaciones de externalización que facilitaron el desentrañamiento de estas conclusiones acerca del odio también crearon el espacio para desarrollar conversaciones de re-autoría (ver Capítulo 2). El desarrollo de estas conversaciones fue de la mano con la rápida disminución de las lesiones y la depresión que habían estado tan presentes en la vida de Sarah.

Es bastante común que este proceso de desentrañamiento revele la historia de los aspectos políticos de los problemas que traen a las personas a terapia: es la historia de las relaciones de poder a las que las personas han sido sujetas y que conformaron las conclusiones negativas acerca de sus vidas y sus identidades. Este desentrañamiento despoja estas conclusiones de su estatus de "verdad" y las cuestiona. Las personas ven entonces que sus vidas ya no están atadas a estas conclusiones negativas y esto las ubica en una posición desde donde explorar otros territorios de vida. En esas exploraciones siempre llegan a conclusiones de identidad más positivas. Me parece que este tipo de desentrañamiento o de deconstrucción de las conclusiones negativas de las personas sobre su vida es un aspecto muy útil de las conversaciones de externalización.

NUESTRA POSTURA COMO TERAPEUTAS

Podemos comparar la forma de indagar de las conversaciones de externalización con el periodismo de investigación cuya primera meta es revelar la corrupción relacionada con los abusos de poder y los privilegios. Aunque los periodistas que investigan no son personas neutrales políticamente sus investigaciones no se adentran en los dominios propios de la solución de problemas. Tampoco los llevan a proponer reformas, ni a involucrarse en luchas de poder directas con las personas que perpetran abusos de poder o privilegio. No se involucran de un modo "acalorado" con los sujetos de sus investigaciones sino que su actuar suele reflejar un compromiso relativamente "desapegado".

En respuesta a nuestras preguntas, las personas que llegan a terapia también asumen una postura de periodistas: ayudan a revelar el carácter del problema, de sus operaciones y actividades y de las metas que las configuran. En esta etapa, no alentamos a las personas a centrarse en esfuerzos por resolver o enmendar el problema, ni a involucrarse en una lucha directa con el problema.

Puede llegar a consulta una persona a quien le diagnosticaron esquizofrenia y que consideran como enferma crónica. Al inicio del primer encuentro, provocamos un relato de lo que más preocupa: las personas hablan en general de las experiencias más apremiantes de su vida cotidiana, pero raras veces las describen en términos de "esquizofrenia". Puede que expresen estas preocupaciones como problemas que tienen que ver con su calidad de vida, como sentimientos de fracaso o inadecuación, o como experiencias de tiranía perpetradas por "las voces hostiles" (alucinaciones auditivas).

Por ejemplo, me reuní con Harold. Su mayor preocupación era el hostigamiento de las voces adversas. Las conversaciones de externalización que desarrollamos al respecto no lo alentaron a enfrentar con vehemencia estas voces. Tampoco lo alentaron a confrontarlas, a disciplinarlas, ni a pelear en su contra, sino que lo llevaron a caracterizarlas tipificando sus formas de hablar, describiendo las tácticas de poder que usaban para dominarlo, identificando las estrategias utilizadas para establecerse como autoridad sobre los motivos de otras personas, y describiendo las agendas y los objetivos que todo eso expresaba.

Muchos de los aspectos de este tipo de exposición contribuyen a amainar la influencia de las voces que perciben las personas. Por ejemplo, desarrollar un relato de las tácticas y estrategias de poder de las voces tiene el efecto de reducir ese poder. Cuando se visibiliza la naturaleza muy parcial de sus declaraciones, pierden su estatus de "verdad" incuestionable. Esta descripción también marca el camino para que las personas puedan identificar otros propósitos que tienen para su vida y lo que valoran y eso contradice los planes de las voces hostiles.

Entonces se abren espacios para conocer mejor estas otras metas y valores, para rastrear su historia y desarrollar planes de acción que armonicen con estas metas y valores. A veces estos desarrollos también permiten que las personas identifiquen voces que pueden ayudar estas otras metas y valores, o voces que no han tomado partido y que pueden reclutar como "amigas invisibles". Según mi experiencia, si logramos modificar la relación de la persona con las alucinaciones auditivas, siempre hay efectos muy positivos en su calidad de vida y siempre se reduce la vulnerabilidad ante la experiencia psicótica. Fue el caso con Harold: la transformación de su relación con las voces de la esquizofrenia fue un punto de inflexión en su vida.

Cuando enfatizo la importancia de un compromiso más "desapegado" con los problemas y preocupaciones que las personas traen a terapia, no sugiero que las conversaciones terapéuticas deban carecer de emociones, ni que deban desconectar a las personas de sus experiencias con estos problemas y preocupaciones. Al contrario, me parece que las conversaciones de externalización suelen ayudar a las personas a expresar un rango de experiencias de vida que no habían podido expresar antes.

En el compromiso "desapegado" que caracteriza los inicios de las conversaciones de externalización, la persona puede trascender el "campo de acción" del problema —es decir lo puede encarar en un territorio que no es el del problema. Al hacerlo, las personas perciben por lo general que se debilitan los sentimientos de vulnerabilidad hacia los problemas de sus vidas y empiezan a sentirse menos estresadas por sus circunstancias. Este resultado es fundamental en las situaciones donde existe un elemento de presión, procedente del estrés relacionado con los problemas por los que las personas nos consultan. En lo que atañe a la esquizofrenia, existe una correlación muy clara entre el estrés y los episodios psicóticos. Es evidente que cualquier conversación terapéutica que aliente un involucramiento "acalorado" con las voces de la esquizofrenia —que promueva una confrontación directa con estas voces— hace que las personas se vuelvan más vulnerables a las experiencias psicóticas.

Llegado un cierto punto en el despliegue de estas conversaciones de externalización, propias de un reportero investigador —cuando las personas experimentan un cierto grado de distanciamiento hacia la definición de su identidad procedente del problema, y cuando empiezan a verbalizar intenciones y valores que contradicen aquellos asociados con los problemas— solemos adoptar una segunda postura en relación con el problema, a menudo en alternancia o conjunción con la postura de reporteros o reporteras de investigación. Es una postura en la que las personas empiezan a actuar para disminuir la influencia del problema y persiguen aquello que identificaron como importante para ellas.

Las metáforas que usan las personas para caracterizar la influencia del problema conforman de modo muy fuerte la postura de esta segunda etapa y las acciones que se desprenden de ella. Por ejemplo, si las personas caracterizan esta influencia como opresiva, asumen una postura de oposición y actúan para "liberar" sus vidas del problema. Si las personas caracterizan esta influencia como injusta, asumen una postura moral y actúan para enmendar las injusticias. Si caracterizan la influencia como ignorante, asumen una postura de enseñanza y actúan para educar al problema según lo que más les beneficia en sus vidas.

A pesar de la multiplicidad de metáforas usadas para representar la influencia de los problemas, a veces nuestra literatura asume que estas metáforas son sobre todo las que motivan que las personas se involucren en "luchas" o "batallas" por "derrotar" o "vencer" estos problemas. Las críticas a las conversaciones de externalización se basan a menudo en la percepción de que estas conversaciones proponen el uso rutinario de metáforas de confrontación. Estas críticas arguyen que tal tipo de metáforas reproduce discursos de vida e identidad patriarcales, que incrementa los relatos de identidad individualistas en detrimento de entendimientos de vida relacionales. Asumen que fomenta el desarrollo de concepciones de vida dualistas, concepciones en "blanco o negro" que oscurecen el contexto de las experiencias de las personas. Aunque las preocupaciones destacadas por estas críticas se basan en una percepción errónea de lo que propuse que son las conversaciones de externalización, creo importante tomarlas en cuenta. Como terapeutas, somos responsables de las consecuencias de lo que hacemos, decimos y pensamos. Nos toca responsabilizarnos de los modos en que podríamos, sin darnos cuenta, reproducir supuestos de vida e identidad que descalifican la diversidad en los actos de vida de las personas y los modos en que podríamos, inadvertidamente, coludirnos con las relaciones de poder de la cultura local. Ser constantes en cuestionar las metáforas en que nos apoyamos en las conversaciones terapéuticas es parte de esta responsabilidad.

El hecho de introducir o de priorizar las metáforas de "lucha" o de "batalla" también puede ser peligroso por otros motivos. Si las metáforas de las conversaciones de externalización se restringen a vencer o a derrotar al problema y si más adelante la persona ve el problema resurgir, puede que perciba este resurgimiento como un fracaso propio. Esto puede desalentar, en gran medida, cualquier nueva iniciativa que busque revisar su relación con el problema. Las metáforas que elegimos en las conversaciones de externalización son muy importantes, por lo que a continuación ahondo en este tema.

LAS METÁFORAS

El tema de las metáforas es muy importante. Todas las metáforas que aparecen en el transcurso de las conversaciones de externalización vienen de discursos particulares que evocan entendimientos de vida e identidad específicos. Estos discursos influyen en las acciones que las personas emprenden para resolver sus problemas y darle una orientación general a sus vidas. Para responder a la idea de que las prácticas de externalización suelen llevar a las personas a involucrarse en luchas o batallas con sus problemas —para derrotarlos o vencerlos—, repasé hace poco los artículos que escribí al respecto en los últimos veinte años. Al revisarlos me di cuenta de que sólo uno de estos artículos hablaba de las metáforas de batalla y de lucha. Era el primer artículo que publiqué sobre conversaciones de externalización: hablaba de estas metáforas de "lucha" y de "batalla" junto con otras metáforas que construían la tarea de un modo muy diferente. Al emprender esta revisión enlisté una serie de metáforas que las personas adoptan para definir las acciones que emprenden cuando analizan su relación con los problemas de sus vidas. También enlisté lo que podría ser el origen aparente de estas metáforas. Esta lista incluía las siguientes metáforas:

- Salirse del problema (del concepto de voluntad propia).
- Eclipsar el problema (de concepciones astronómicas de la vida).
- Hacer que desaparezca el problema (de concepciones mágicas de la vida).
- Declararse en huelga contra el problema (de la idea de las acciones civiles).
- Desaclimatarse del problema (de un concepto climático).
- Apartarse del problema (de los conceptos de separación y de individuación).

- Desafiar las exigencias del problema (de la idea de resistencia).
- Restarle poder al problema (de la idea de empoderamiento).
- Disentir de la influencia del problema (de la idea de protesta).
- Educar el problema (del concepto de enseñanza).
- Escapar del problema o liberar sus vidas del problema (de la idea de liberación).
- Recuperar o reclamarle el territorio de vida al problema (de concepciones geográficas de la vida).
- Socavar el problema (de concepciones geológicas de la vida).
- Reducir la influencia del problema (del concepto de agencia personal).
- Declinar o rechazar las invitaciones a cooperar con el problema (de un concepto de vida civilizada).
- Apartarse de la esfera del problema (de la idea de viaje).
- Involucrarse en actos de reparación (del concepto de justicia).
- Salir de la sombra que proyecta el problema (de la idea de luz).
- Refutar las afirmaciones del problema acerca de su identidad (del concepto de objetividad).
- Reducir el agarre del problema sobre la vida (de concepciones fisiológicas de la vida).
- Volver a poseer sus vidas, quitándoselas al problema (de entendimientos comerciales de la vida).
- Retomar el manejo de sus vidas de las manos del problema (del manejo de títeres).
- Renunciar a servirle al problema (del concepto de empleo).
- Rescatar sus vidas del problema (del mundo marítimo).
- Superar los problemas (del mundo de los deportes).
- Robarle sus vidas a los problemas (de la idea de robo).
- Domesticar el problema (del concepto de entrenamiento).
- Tomar las riendas del problema (del mundo equino).

La diversidad de estas metáforas se debe sobre todo al hecho de que muchas fueron acuñadas por las personas que llegaron a consulta. Sin embargo también hay que recalcar que en general, incido bastante en la elección de una metáfora que haga más sentido en las conversaciones terapéuticas. En mi experiencia, cuando las personas caracterizan lo que pretenden hacer o lo que hicieron cuando revisaron su relación con los problemas de sus vidas, es muy raro que usen una sola metáfora. Es casi imposible seguir con todas las metáforas que las personas plantean en el contexto de las conversaciones terapéuticas, inevitablemente favorecemos algunas más que otras. Para elegir una metáfora (y no otra) me baso en lo que me parece más viable, o en las consideraciones éticas que ya traté en este capítulo. Por ejemplo, un niño que trata de resolver un problema de defecación involuntaria podría evocar la metáfora de "derrotar al señor Travieso" (metáfora de competencia) con la intención de "recuperar mi vida de la influencia del señor Travieso" (metáfora de reivindicación). En estas circunstancias, suelo priorizar la metáfora de reivindicación e invitar al niño a dibujar estas iniciativas y a construirlas. Elijo esta metáfora porque no representa la tarea en términos de adversarios. Puede que otra niña, que trata de resolver sus miedos, hable de "vencer a los miedos" y de "educarlos". En estas circunstancias, oriento la investigación terapéutica hacia el proyecto de la niña para educar a los miedos, y no en sus acciones por derrotarlos. Esta decisión se basa en mi preocupación por las consecuencias que tendría el reproducir, de modo rutinario, las metáforas de batalla y lucha en el contexto de las conversaciones terapéuticas.

En mis conversaciones con Jeffrey, Beth y Andrew, cuando nos enfocamos en lo que la familia podría hacer para modificar su relación con el TAH, surgieron varias metáforas. Una de estas metáforas hablaba de "matar" al TAH. Sin embargo, preferí centrarme en una metáfora de "reivindicación" que también surgió en la conversación y guió las propuestas de acción y reflexión acerca de las consecuencias de estas acciones. Fue en este contexto que Jeffrey aclaró sus intenciones de poner a TAH en su lugar de amigo querido y especial, pero sin que rigiera su vida.

Muy pocas veces parece que sólo existe una metáfora para actuar al inicio de la conversación. Cuando pasa esto y cuando me preocupa éticamente el uso intensivo de una metáfora, mi participación con ella es estrictamente provisional. A medida que la conversación avanza, siempre aparecen otras metáforas para actuar. No recuerdo una sola conversación terapéutica en la que no haya podido priorizar estas otras metáforas y en la que esto no haya sido muy eficaz.

TOTALIZAR LOS PROBLEMAS DE LAS PERSONAS

Es muy importante que como terapeutas tengamos mucha cautela de no contribuir a la totalización de los problemas —es decir a definirlos en términos totalmente negativos. Esta totalización del problema se basa en hábitos de pensamiento duales, donde sólo cabe una opción u otra. Estos hábitos de pensamiento permean la cultura occidental y requieren que hagamos muchos esfuerzos si queremos tenerlos presentes con plena conciencia de los riesgos que conllevan. El que estemos conscientes es importante porque la totalización puede opacar un contexto más vasto de los problemas que las personas traen a terapia y puede invalidar lo que valoran y lo que las podría sostener. Los siguientes dos ejemplos ilustran qué tan importante es evitar la totalización de los problemas.

Jeanine era madre soltera y su hijo tenía dificultades físicas e intelectuales. Llegó a terapia porque le habían dicho que sus esperanzas eran muy poco realistas y la ponían a merced de una gran frustración y de momentos de hondo abatimiento. Le aconsejaron ir a terapia para que soltara estas esperanzas y viviera su duelo. Gracias a las conversaciones de externalización en torno a estas esperanzas, Jeanine pudo contar su experiencia relacionada con las consecuencias (positivas y negativas) de estas esperanzas que la habían ayudado, entre otras cosas, en sus esfuerzos por aliviar algunas de las penurias de su hijo. Por otro lado, las esperanzas le pesaban demasiado. A medida que avanzó la conversación de externalización, Jeanine empezó a tener más claridad en cuanto a sus metas hacia estas esperanzas, quería incluso distraer algunas para poder explorar aspectos de su vida que había dejado de lado.

Después nos dimos cuenta de que estas conversaciones la ayudaban a analizar su relación con las esperanzas: honramos sus esperanzas pero sin atarlas a un solo compromiso. Jeanine pudo orientar sus esperanzas hacia una serie de objetivos que valoraba mucho y se volvió menos vulnerable a la frustración y al abatimiento. Si en el contexto de la terapia hubiéramos totalizado estas esperanzas en un obstáculo que superar, no habríamos podido llegar a estos resultados.

Martin, un niño de ocho años, llegó a consulta con sus padres para hablar de sus temores, presentes en su vida desde que tenía cuatro años. Sus efectos permeaban cada vez más la vida de Martin, asociados a manifestaciones físicas, como dolores de cabeza y estómago, una profunda inseguridad en contextos sociales, insomnios y una serie de preocupaciones. Los padres de Martin movieron cielo y tierra en sus esfuerzos por entender las cosas pero sus investigaciones no dieron muchos frutos y ahora corrían el riesgo de concluir que su hijo simplemente era un niño temeroso.

Nos encaminamos muy rápido hacia una conversación de externalización: por primera vez Martin caracterizó abiertamente sus preocupaciones. Lo alenté a nombrar cada una de ellas, a distinguirlas con claridad unas de otras, a describirlas de manera gráfica, a develar sus actividades y operaciones, a relatar las consecuencias de esas actividades y operaciones y a sacar algunas conclusiones: qué nos decía todo esto de lo que planeaban sus preocupaciones para su vida: las conversaciones de externalización volvieron tangible lo intangible. Asignamos límites y fronteras a un problema que en un principio impregnaba la vida entera de Martin. Mientras nos familiarizamos con la naturaleza de estas preocupaciones, indagué las fuerzas que podrían apuntalarlas. A medida que enriquecíamos la descripción de las preocupaciones, a Martin le costaba cada vez menos relacionarlas con su contexto de vida. Aprendí que sus preocupaciones tenían mucho que ver con acontecimientos internacionales, como el maremoto de 2004, la epidemia de sida en África, la guerra en Irak y Afganistán y las bombas suicidas en Medio Oriente. ¿Cómo había logrado informarse tan bien de estos acontecimientos? Sin que sus padres se enteraran, veía a menudo las noticias del mundo en la televisión.

Martin comenzó a encontrarse con sus padres en una conversación que validaba sus preocupaciones, que ya no se consideraban irracionales. No sólo se sentía conectado con sus preocupaciones sino que también sentía que honraban lo que valoraba en la vida, lo que era importante para él. Sentía que sus padres estaban orgullosos de él. Ya no era sólo un niño temeroso a los ojos de sus padres. Le alivió mucho que lo acompañaran en conversaciones en torno a estas inquietudes, y que lo ayudaran a elaborar planes para encararlas. Las consecuencias físicas negativas de estas inquietudes desaparecieron rápidamente, así como el insomnio y gran parte de su inseguridad. Aunque siguió muy preocupado por lo que sucedía en el mundo, esta preocupación ya no le impedía seguir con su vida. Si en el contexto de la terapia hubiéramos construido estas preocupaciones como un todo negativo, Martin y su familia nunca hubieran podido enfrentar sus preocupaciones de este modo.

Notas finales sobre las metáforas de acción y los peligros de la totalización

Aunque cuestioné el uso de metáforas de confrontación y las metáforas que construyen descripciones que totalizan los problemas, no quiero sugerir que estas metáforas y descripciones nunca se elijan. A veces me consultan personas que tienen un sentimiento muy fuerte de estar luchando por su supervivencia. Para estas personas, las metáforas de lucha y de batalla y la totalización del problema encajan mejor con su experiencia del problema, al menos en un inicio. Estas personas han sido sujetas a menudo a formas de abuso y explotación y siempre estoy consciente de que el desarrollo de una mentalidad de combate y acciones nutridas por esa mentalidad pueden ser cruciales para su supervivencia.

Cuando ocurre esto reconozco la importancia de este tipo de mentalidad, respeto sus modos de entender la naturaleza de las acciones que han hecho posible su supervivencia y acompaño a las personas que me vienen a ver en la exploración de otras posibilidades de actuar que estas metáforas configuran. Pero no *introduzco* metáforas de batalla ni *empiezo* a totalizar el problema. Cuando las personas adoptan una única metáfora de contienda, me mantengo alerta al posible uso de otras metáforas que describan acciones o propuestas de acción en la revisión de las relaciones de tales personas con el problema. Permanecer alerta al surgimiento de otras metáforas nos permite enfocarnos de manera paulatina en algo que dista del "combate". Si sólo nos enfocamos en estas metáforas corremos los riesgos que mencioné antes y podemos contribuir a que se asiente una "mentalidad amurallada" frente a la vida, se incrementen las experiencias de vulnerabilidad y una sensación de agotamiento y disminución de la agencia personal a largo plazo.

OTRAS CONVERSACIONES DE EXTERNALIZACIÓN

El tema principal de este capítulo es el uso de las conversaciones de externalización para responder a los problemas que llevan a las personas a terapia. Sin embargo, también las podemos usar más ampliamente para analizar y desarrollar lo que se suele definir como las "fortalezas" y "recursos" de cada persona. En un artículo que escribí hace poco sobre los enfoques narrativos para el trabajo con niños, niñas y sus familias, incluí un ejemplo de externalización doble (White, 2006). Jerry y su familia me consultaron porque Jerry tenía un problema con la comida. En la terapia empecé por ayudar a externalizar el problema de alimentación en términos de "pequeña fobia traviesa". Luego lo alenté a externalizar la fuerza que se requería para involucrarse en actividades valiosas de donde lo habían excluido por la idea de que él era frágil. Caracterizamos a esta "fuerza" como "la fuerza del tigre" y desarrollamos, en el contexto de las conversaciones de externalización, una descripción de esta "fuerza de tigre" en modos que no habrían existido si este fenómeno hubiera preservado su estatus de cualidad interna. La externalización de esta fuerza sentó las bases para que Jerry y sus padres liberaran la vida del niño de la "pequeña fobia traviesa".

EL MAPA DE DECLARACIÓN DE POSICIÓN: CUATRO CATEGORÍAS DE INVESTIGACIÓN

Hace unos diez años, me pidieron que elaborara un mapa para el desarrollo de las conversaciones de externalización, así que emprendí una revisión en video de una serie de conversaciones de externalización con la intención de esbozar las categorías de investigación específicas que dieron forma a estas conversaciones. El resultado fue que desarrollé un mapa que sirviera como "declaración de posición", y lo incorporé en mis notas de talleres y empecé a introducirlo en contextos de enseñanza. Este mapa describe las conversaciones de externalización en cuatro grandes categorías de investigación. Al final de este capítulo incluyo algunos ejemplos de este mapa.

Ya llevo muchos años presentando e ilustrando este mapa en contextos de enseñanza: ayuda a las personas que presencian estos eventos a desarrollar sus propias prácticas de externalización. Esbozar las cuatro categorías de investigación sirvió para desentrañar las prácticas de externalización, las volvió más transparentes y accesibles para su reproducción y posterior desarrollo.

Como todos los demás mapas descritos en este libro, el mapa de declaración de posición puede ayudar a guiar la investigación terapéutica y es muy relevante en situaciones en que las personas presentan relatos de vida saturados por el problema o cuando llegan a conclusiones sumamente negativas acerca de sus identidades o hacia la identidad de sus relaciones. El mapa no contempla todos los aspectos de las conversaciones de externalización y no es imprescindible al desarrollo de las conversaciones terapéuticas informadas por una perspectiva narrativa.

Me refiero a estas cuatro categorías de investigación en términos de mapa de "declaración de posición" porque establece un contexto donde podemos consultar de modo radical a las personas, incluida la gente joven, acerca de lo que importa en sus vidas. En este contexto, las personas pueden definir una postura ante sus problemas de vida y tener una voz más fuerte en cuanto a los orígenes de sus preocupaciones. La experiencia suele ser novedosa para las personas que a menudo han sido objeto de las posturas que *otras personas* asumen respecto a sus problemas y dificultades.

También es un mapa de declaración de posición en el sentido que mediante esta investigación, nuestra posición como terapeutas queda claramente definida: es una posición descentrada, en la que no tenemos autoría sobre la postura que asumen las personas ante sus problemas y preocupaciones. También es una postura influyente: al introducir las categorías de investigación permitimos que las personas definan su propia postura hacia sus problemas y permitimos que verbalicen lo que apuntala esta postura.

Este papel descentrado pero influyente puede ser difícil, pues muy a menudo nos encontramos con personas que expresan grados de frustración y desesperanza muy altos, que han agotado todos los caminos conocidos y que ya no saben cómo aliviar sus acuciantes preocupaciones. Bajo estas circunstancias, es muy fácil que nos posicionemos sobre los problemas de las personas y que actuemos desde nuestro lugar, recurriendo al "conocimiento experto" y a una serie de intervenciones. Esto privilegia nuestras voces como terapeutas a la hora de darle significado a los problemas de las personas, impone nuestros propios entendimientos de las consecuencias de los problemas, nos lleva a asumir una posición sobre estas consecuencias en nombre de las personas que nos consultan, y justifica nuestra posición en cuanto a lo que creemos importante para estas personas: "Veo que este… *(problema definido por la persona que brinda terapia)* tiene … *(consecuencias esbozadas por la persona que brinda terapia)* en su vida. Es una… *(posición de autoría por parte de quien brinda terapia)* y tenemos que hacer algo al respecto porque… *(justificación basada en las ideas normativas de la vida que tiene la persona que brinda terapia)*. Cuando asumimos la autoría de este modo, se cierra la puerta a las posibilidades de colaborar, nos podemos sentir agotados, exhaustos y las personas que consultan se sienten impotentes.

Primera categoría de investigación: negociar una definición del problema, particular y cercana a la experiencia

En esta primera etapa, ayudamos a las personas a negociar una definición de las dificultades y problemas que las llevaron a consulta. En esta negociación enriquecemos la caracterización de las dificultades y los problemas. Mediante esta caracterización, las definiciones "lejanas" y "globales" se vuelven "cercanas" y "particulares".

Las descripciones "cercanas a la experiencia" recurren al habla de las personas que llegan a terapia y se basan en sus formas de entender la vida (desarrolladas en la cultura familiar o en la comunidad e influidas por su historia inmediata). Uso la palabra *particular* para recalcar que ninguna persona percibe los problemas de forma idéntica, ni los percibe igual en distintos momentos de vida. Ninguna dificultad o problema es una réplica directa de cualquier otra dificultad o problema y ninguna dificultad o problema del presente es una copia exacta de una dificultad o problema del pasado. En mi trabajo con Jeffrey, Beth y Andrew, generamos una definición particular y cercana de la experiencia del TDAH desde varios lugares, incluido el dibujo. El aspecto distintivo del problema se hizo muy visible —lo caracterizamos de un modo tan singular que incluso lo distinguimos de su gemelo, el TDAH de Jerry. El TDAH de Jeffrey no se parecía a ningún otro TDAH y lo que supimos se enunció con base en la experiencia de vida de Jeffrey.

A menudo, y sobre todo en el trabajo con niñas y niños, logramos enriquecer esta caracterización mediante la personificación del problema. Sue y Rod me trajeron a su hijo Spencer, un niño de siete años. Definían el problema en términos de "encopresis" [defecación involuntaria]. Éste era un problema que arrastraban por largo tiempo y que había resistido muchos de sus esfuerzos por resolverlo. Sue y Rod decían estar muy frustrados por la falta de entusiasmo de Spencer hacia cualquier iniciativa por aliviar el problema. Del menosprecio propio que expresaba Spencer, sentí que se había resignado ante el hecho de que él era el problema y de que no se podía hacer nada por cambiar las cosas. En respuesta a mis preguntas sobre su comprensión de la encopresis, Spencer confirmó que entendía el término, pero era obvio que esta definición tan general de su materia fecal estaba muy alejada de su experiencia. Entonces empecé a investigar con la esperanza de poder ayudar a la familia a caracterizar este fenómeno en modos que fueran cercanos y peculiares a su experiencia:

M: Cuéntenme ¿cómo ha sido para ustedes vivir en el reino de la encopresis?

Sue: (*sonríe al detectar el juego de palabras*) A veces nos inunda y es un lío.

Rod: (*también divertido*) A veces nos hundimos hasta los rodillas. Es muy resbaloso. Nos lleva en muchas direcciones raras, corriendo por todas partes. Es un buen resumen, ¿verdad?

Sue: Sí. Las cosas se salen de control y se nos complica hacer las cosas, ¿verdad, Spencer?

Spencer: (*observa, un poco más relajado*) Sí.

M: ¿Qué dirían de la naturaleza, del carácter de una defecación involuntaria que se mete en todo y arruina la vida de la gente sin que nadie la haya invitado? ¿Qué dirían de una defección involuntaria que causa este tipo de meteduras de pata e impide que se hagan las cosas?

Sue: Bueno, yo diría que es traviesa.

Rod: Diría lo mismo.

M: ¿Y tú Spencer?

Spencer: A ver, sí, también diría eso.

M: ¿Qué dirías, Spencer?

Spencer: Es el señor Travieso.

M: ¡Va! ¡Entonces es el señor Travieso! ¡Me alegra saberlo!

Spencer: ¡Claro que sí!

Seguí entrevistando a Spencer y a su familia sobre su experiencia con el señor Travieso y les ayudó a enriquecer la caracterización del problema. Definimos entre otras cosas las operaciones y actividades en las que estaba metido el señor Travieso cuando echaba a perder la vida de la gente, así como sus tácticas y estrategias. También definimos lo que nos decía todo esto de sus planes para la vida de Spencer. Mientras definíamos el problema en términos particulares y cercanos a su experiencia, Spencer se animaba cada vez más y cada vez tenía más información. Nos dimos cuenta de que no sabía cómo tratar a la defecación involuntaria pero que sí sabía cómo lidiar con las trampas del señor Travieso. Con la ayuda de sus padres, Spencer empezó a usar su sabiduría y a "recuperar su vida" de las manos del señor Travieso.

En este caso, desplazamos la descripción "profesional" del problema (encopresis) y la sustituimos por una descripción más cercana a la vida de Spencer —el señor Travieso. Al brindar este ejemplo, no propongo que convirtamos cualquier diagnóstico profesional en descripciones que vengan de la cultura popular, pero sí creo que mediante el enriquecimiento de las caracterizaciones, cualquier descripción puede llegar a ser particular y cercana a la experiencia de la persona. Por ejemplo, en mi conversación de externalización con Jeffrey, Beth y Andrew, enriquecimos la caracterización de una de las versiones del tecnicismo TDAH.

En el enriquecimiento de la caracterización de los problemas, los saberes y habilidades propios de cada persona adquieren relevancia y se vuelven fundamentales a la hora de actuar y de enfrentar los problemas: en este proceso, las personas se percatan del hecho de que poseen ciertas habilidades que se pueden desarrollar y usar para orientar sus esfuerzos por encarar sus problemas y dificultades.

Segunda categoría de investigación: mapear los efectos del problema

La segunda etapa en el desarrollo de las conversaciones de externalización es una investigación de los efectos y/o influencias del problema en los distintos campos de vida en los que se identifican complicaciones. Esto puede incluir:

- Los contextos como el hogar, el lugar de trabajo, la escuela, los pares.
- Las relaciones familiares, las relaciones con uno mismo, las amistades.
- La identidad, incluidos los efectos de los problemas sobre las metas, esperanzas, sueños, aspiraciones y valores de la persona.
- Las posibilidades para el futuro y los horizontes de vida.

Esta investigación no tiene por qué ser exhaustiva, pero debería incluir algún relato de las principales consecuencias de las actividades y operaciones del problema. Por ejemplo, en mis conversaciones con Jeffrey, Beth y Andrew, estuvimos muy atentos a las consecuencias de las actividades del TAH con respecto a las relaciones familiares y a las relaciones de Jeffrey con su profesora y con sus pares en la escuela. También estuvimos atentos a las consecuencias del problema en lo que Beth sentía físicamente y en el estado de ánimo de Andrew. En mis conversaciones con Sarah, la joven que llevaba mucho tiempo hiriéndose y con depresión, nos centramos en las consecuencias de las actividades del "odio a sí misma" en su relación con su propio cuerpo y con otras personas.

Investigar los efectos o la influencia del problema hace que las conversaciones de externalización tengan bases más firmes. En esta etapa la transición desde el lugar más común de las conversaciones internalizadas se vuelve muy obvia. Por ejemplo, cuando empecé a conversar con Sarah, me dijo entre otras cosas que "no valía nada", que "no servía para nada" y que "se merecía lo que tenía". También me contó que otras personas trataron de convencerla de lo contrario y que se lo había tomado como una muestra de falta de sinceridad o de incomprensión. Esto tuvo el efecto de alienar sus relaciones con otras personas y me fue sincera: dijo que yo "intentaría las mismas tretas". Así que traté de evitarlo. Como sea, Sarah no tardó mucho en responder mis preguntas sobre lo que el "odio a sí misma" la estaba persuadiendo de pensar sobre sí misma: que "no valía nada", que "no servía para nada" y que "se merecía lo que tenía". Estos son los términos que destacaban en sus diálogos internos y en sus conversaciones internalizantes con otras personas; ahora lo expresaba en nuestras conversaciones de externalización que ensanchaban el espacio entre su identidad y las conclusiones identitarias negativas. No traté de confrontar estas conclusiones negativas cuando las presentó como "verdades" sobre su identidad. La conversación de externalización logró despojar estas conclusiones de su estatus de verdad y permitir que las descifráramos.

Tercera categoría de investigación: evaluar los efectos de las actividades del problema

En esta tercera etapa, ayudamos a las personas a evaluar las operaciones y actividades del problema y los efectos más importantes sobre sus vidas. Empezamos por lo general con este tipo de preguntas: ¿Están de acuerdo con estas actividades? ¿Cómo se sienten con lo que está pasando? ¿Qué les parecen estas consecuencias? ¿Qué opinan de estos resultados? ¿Cuál es su postura sobre lo que está pasando? ¿Estos efectos les parecen positivos o negativos —o ambas cosas, o ninguna, o algo intermedio? Si les dijeran que es algo inevitable, ¿lo cuestionarían?

Este tipo de preguntas invitan a las personas a detenerse y a reflexionar sobre cosas específicas que ocurren en sus vidas. Para muchas personas es una experiencia novedosa, pues muchas veces son otras personas las que asumen este tipo de evaluaciones. Por ejemplo, mucha gente joven que conocí no había tenido voz en la evaluación de las consecuencias de las dificultades de sus vidas: sus padres, profesores, terapeutas, los trabajadores sociales, la policía y demás eran los que verbalizaban este tipo de evaluación.

El que nos consulten al respecto puede ser una experiencia novedosa, así que es importante que antes de las preguntas de evaluación, brindemos un breve resumen de los principales efectos del problema esbozados en la segunda etapa de las conversaciones de externalización. Me suelo referir a estos resúmenes en términos de editoriales, pues brindan un espacio desde el cual reflexionar cuando las personas contestan mis preguntas de evaluación. Por ejemplo, en mi conversación con Virginia (que tenía dieciséis años) y con sus padres Russell y Verity, era evidente que Virginia estaba bastante ausente en el proceso de evaluación de las complicaciones significativas en su vida. Al tratar de entender su postura sobre el tema, le brindé primero un breve resumen de lo que entendía era una de las principales consecuencias de estas dificultades:

M: Virginia, entiendo que aparte de otras cosas, las ideas que tiene tu familia acerca de estas dificultades la llevó a preocuparse un poco por lo que estás pasando en tu vida. Y entiendo que su preocupación implica una presencia mucho más cercana de tu familia en algunos aspectos de tu vida. Dijiste que para ti, esto tuvo el efecto de cerrar algunas cosas.

Virginia: Sí, así es, exactamente.

M: Bien, y ¿qué te parece?

Virginia: ¿Que qué me parece?

M: Sí, ¿cómo te sientes? ¿Cómo te posicionas al respecto?

Virginia: No me gusta. Siento que siempre me vigilan. No me gusta y no ayuda. Es muy frustrante.

M: ¿No te gusta? ¿No te gusta esa supervisión?

Virginia: No, no me gusta y no me ayuda. Empeora las cosas y es demasiado frustrante.

M: Cuéntame un poco más de tu experiencia al respecto. ¿Qué otras palabras usarías para describir este malestar y esta frustración?

Virginia: Bueno, es algo como...

Después de que Virginia relatara más en detalle su experiencia, entrevisté a Russell y a Verity sobre su preocupación por lo que pasaba en la vida de su hija. Hasta este momento, los miembros de la familia no habían podido abrirse los unos a los otros a las percepciones de las dificultades con las que lidiaban. Esta investigación les permitió desarrollar entendimientos mutuos de sus experiencias de las consecuencias de sus dificultades.

En mi conversación con Jeffrey, Beth y Andrew, también introduje un resumen antes de las preguntas de evaluación: "Ya me queda más claro lo que hizo TAH. Enredó las cosas entre Jeffrey, su mamá y su papá, entre Jeffrey y otros niños y niñas, y entre Jeffrey y sus profesores. También veo que hizo que Jeffrey se sintiera raro en su pancita. También molestó a su mamá y a su papá. Ya entiendo mejor los planes de TAH para el futuro de Jeffrey: quiere ser su único amigo y tenerlo para él solo". El resumen brindó un espacio desde donde reflexionar y ayudó a la familia a hablar de sus experiencias de las actividades del TAH y de su posición ante las consecuencias de estas actividades.

En estos momentos también hay que tener cuidado de asegurarnos que las personas puedan articular todas las complejidades de su postura en cuanto a los efectos del problema. Caemos a menudo en la trampa de suponer que las personas evalúan las consecuencias como un todo negativo: cerramos nuestra investigación de forma prematura y seguimos con la conversación terapéutica basándonos en este supuesto. Sin embargo, las posturas que toman las personas respecto al problema y a sus consecuencias suelen ser complejas y variadas. Por ejemplo, una de las principales consecuencias del modo de operar del odio hacia sí misma en la vida de Sarah era que se cortara, y estuve muy atento a lo importante que era para mí no hacer suposiciones sobre sus experiencias al respecto:

M: Sarah, me pregunto si estaría bien cambiar de enfoque por un rato. Creo que ya entiendo bastante bien lo que te exige el odio a ti misma y me gustaría hacerte algunas preguntas para saber cómo te sientes al respecto.

Sarah: Muy bien, adelante.

M: Bueno. ¿Te parece si empezamos con las lesiones?

Sarah: Claro, claro, no es ningún secreto.

M: Cuando hablamos de los modos en que el odio a ti misma te hizo tratar tu propio cuerpo, dijiste que te obligaba a cortarte. Quise saber de qué se trataba y dijiste que se trataba en parte de disciplinar tu cuerpo. Entonces mi pregunta es, ¿cómo te sientes con esto?

Sarah: Bueno, es… no sé cómo responder a tu pregunta, porque sólo es lo que es, cortarme y ya.

M: ¿Entones es algo que está bien para ti?

Sarah: Michael, me sorprende mucho que hagas esta pregunta.

M: ¿Por qué?

Sarah: Porque la mayor parte de la gente sólo trata de disuadirme.

M: No es parte de mis prioridades.

Sarah: ¡Qué bien! Porque la verdad cuando veo correr la sangre, es el único momento en que siento alivio. Quizás sea el único momento en que siento algo, de hecho.

M: ¿Entonces no tienes ningún cuestionamiento al respecto?

Sarah: ¿Qué? No, no creo.

M: No trato de convencerte de no cortarte, pero si fuera tu destino desde que naciste —si fuera la suerte que te asignaron, cuando a otros bebés se les asignaron otras suertes— tendrías algo que decir al respecto?

Sarah: No dije eso.

M: Discúlpame…

Sarah: Creo que si mi vida empezara de nuevo, supongo que tendría una par de preguntas acerca de las lesiones.

M: Bien, sólo intento entender un poco tu posición al respecto. ¿Estoy bien si entiendo que es algo que te parece, en general, algo que te alivia, pero que también cuestionas un poco?

Sarah: Es un resumen bastante bueno de la situación.

La complejidad de la postura de las personas sobre estas consecuencias también se evidencia en los cambios en sus evaluaciones. Una persona puede por ejemplo tener buena disposición hacia ciertas consecuencias y no hacia otras.

Cuarta categoría de investigación: justificar la evaluación
En esta cuarta etapa investigamos el "por qué" de las evaluaciones. Solemos empezar con preguntas como: ¿Por qué está/no está bien para ti? ¿Por qué te sientes así con lo que pasa? ¿Por qué tomas esta postura?

Pero hay otras formas de empezar esta investigación. A veces es más apropiado invocar una historia que brinde un relato del "por qué": ¿Me podrías contar una historia de tu vida que me ayude a entender por qué tomas esta posición? ¿Cuáles son los relatos de tu historia que me podría compartir tu padre para aclarar por qué te preocupa tanto este desarrollo? En mi conversación con Jeffrey, Beth y Andrew utilicé esta versión de la pregunta del "por qué": "Ahora me gustaría saber todo lo que me puedan decir para ayudarme a entender por qué lo que hizo TAH no está bien para ustedes. También me gustaría saber por qué los planes de TAH no les gustan". Como en el caso de las preguntas de evaluación, estas preguntas de justificación suelen estar precedidas de un resumen.

Las preguntas de justificación ("por qué") han tenido muy mala prensa en los campos del asesoramiento y de la psicoterapia. Recuerdo que a principios de los años setenta, en algunos cursos de capacitación nos recomendaban que nunca usáramos el por qué y que acotáramos nuestras preguntas al "cómo" y al "qué". Me pareció inaceptable. Cuando pregunté a las personas que organizaban estos eventos: "¿Por qué discriminan la reflexión?", contestaban alzando las manos al aire, exasperadas. Puede que este prejuicio en contra de las preguntas del "por qué" se deba en parte a la forma en que la palabra fue usada en la cultura en general: las preguntas del "por qué" fungieron por lo general como una forma de interrogación moralina, que denigraba y humillaba a la persona: ¿Por qué hiciste esto? ¿Por qué eres tan difícil? ¿Por qué piensas una cosa así?

Pero el tipo de preguntas del "por qué" que propongo no tiene nada que ver con juicios morales. Estas preguntas desempeñan un papel fundamental a la hora de ayudar a las personas a verbalizar y a desarrollar concepciones de vida que les importan —incluidos sus entendimientos de vida intencionales (como sus metas, aspiraciones, objetivos, búsquedas y compromisos), sus entendimientos sobre lo que valoran en la vida, sus saberes sobre la vida y sus habilidades para vivir, los aprendizajes y logros que atesoran. Pasó el tiempo y seguí con las preguntas del "por qué", incluso en mi trabajo con niños y niñas. Las respuestas de las personas a estas preguntas reforzaron mucho esta práctica.

Estas preguntas también ayudan a las personas a alcanzar conclusiones de identidad más positivas que desplazan las que se asocian con las definiciones del problema en su vida. Por ejemplo, luego de animar a Sarah a evaluar las lesiones como una exigencia del odio a sí misma, aprendí que lo podría cuestionar si su vida volviera a empezar y si las lesiones fueran un destino asignado para su futuro:

M: Me interesa que lo cuestiones aunque sea un poco. Me gustaría saber cuál sería tu pregunta. También me gustaría entender por qué cuestionarías las lesiones si fueran un destino que se te otorgó.

Sarah: ¿Por qué lo cuestionaría?

M: Sí.

Sarah: No puedo creer que me preguntes esto.

M: ¿Por qué?

Sarah: Bueno, pues todo el mundo cuestiona las lesiones. ¿Pero tú me preguntas por qué yo lo cuestionaría?

M: Sí, eso es lo que te estoy preguntando.

Sarah: Parece mentira. De toda la gente, tú sí que sabes. ¿No se supone que deberías de hacer algo? ¿Es tu trabajo, no?

M: Yo sé lo que pasa en mi vida, no en la tuya. Conozco las preguntas que tendría yo, pero no sé las que tienes tú. Entonces, ¿qué cuestionarías de las lesiones?

Sarah: ¡Debes de pensar que tengo derecho aunque sea a un alguito en esta vida!

M: ¡Derecho a algo! ¿Entonces este cuestionamiento tiene que ver con algo a lo que podrías tener derecho, aunque sea muy pequeño?

Sarah: Me sorprende un poco oírme decir esto, pero eso creo.

M: Estas palabras sobre la sensación o la idea de tener "derecho a algo en la vida" son importantes. ¿Te parece si hago más preguntas al respecto? Me interesa la historia de esta idea. ¿Puedo hacer preguntas sobre la historia de esta sensación en tu vida?

Sarah: Sí, está bien.

M: Bueno. ¿Me podrías narrar algo de tu historia que me ayude a entender un poco más por qué te puedes relacionar con esta idea de tener derecho a algo?

En esta conversación, Sarah enunció una conclusión sobre su vida que contradecía todas las conclusiones de identidad negativas que estaban asociadas con el odio a sí misma —que "no servía para nada", que "no valía nada" y que "se merecía lo que tenía". No señalé esta contradicción porque no quería desafiar de manera directa las conclusiones negativas. Hasta cierto punto, ya habíamos desentrañado estas conclusiones en el contexto de exposición, al inicio de nuestra conversación de externalización. Cuando Sarah verbalizó tener derecho a algo en la vida, empezó la primera de una serie de conversaciones que desencadenaron un relato relacional e histórico de esta conclusión. Estructuramos estas conversaciones según el mapa de conversaciones de re-autoría (Capítulo 2). Las conversaciones de re-autoría destacaron entre otras cosas una serie de entendimientos acerca de lo que Sarah pretendía para su vida y acerca de lo que valoraba.

Las conversaciones de externalización abren puertas al enriquecimiento de los relatos. Muchas veces los entendimientos intencionales —la vida está moldeada por intenciones específicas en las que las personas se involucran activa y voluntariamente y que abrazan en sus actos de vida— y los entendimientos de lo que las personas valoran se definen en esta etapa de las conversaciones de externalización y brindan un excelente punto de partida para las conversaciones de re-autoría. Fue lo que ocurrió con Sarah. También se evidenció en mi trabajo con Virginia y con sus padres:

M: Virginia, dijiste que no te gustaba esta supervisión. Dijiste que no ayuda y que es frustrante.

Virginia: Sí.

M: ¿Nos podrías contar un poco por qué no te gusta?

Virginia: ¡¿Por qué no me gusta?! ¡No es que no me guste nada más! ¡No la necesito!

 M: ¿Por qué no la necesitas?

Virginia: Soy perfectamente capaz de velar por mi propia vida.

M: ¿Y siempre ha sido así?

Virginia: ¡Claro que no! Cuando era niña, no.

M: Bien. ¿Qué puedes cuidar ahora en tu vida que no podías cuidar de niña?

Virginia: Bueno, para empezar, ya sé cómo velar por mi propia seguridad.

M: Muy bien. Esto me sugiere dos cosas. Primero que valoras algunos aspectos de tu vida. Segundo, que desarrollaste algunas habilidades para cuidarte. ¿Te hace sentido?

Virginia: Sí, así es. Claro.

M: ¿Te puedo hacer unas preguntas para entender estos desarrollos?

Virginia: Claro, adelante.

A medida que la conversación avanzaba —ayudé con algunas preguntas—, Virginia contó lo que valoraba de su vida y habló de las destrezas que había desarrollado para velar por su propia seguridad. Sus padres, Verity y Russell, se sorprendieron y se tranquilizaron al oírlo. El relato de lo que Virginia valoraba de su vida y el de sus habilidades para cuidarse brindó un punto de entrada a una conversación de re-autoría en la cual enriquecimos la descripción de estos desarrollos. En esta conversación algunos de los temas de vida de Virginia se relacionaron con algunos de los temas de vida importantes para Verity y para Russell. Todo esto sentó las bases para que Virginia tomara aún más iniciativas para velar por su vida y las puliera para preservar su seguridad. Fue el antídoto a la preocupación que había moldeado las respuestas de Verity y de Russell hacia su hija.

Al hacer hincapié en el resurgimiento de la pregunta "por qué", quiero insistir en que no espero una respuesta inmediata a estas preguntas. Los entendimientos internos de las acciones de los seres humanos, muy en boga en la cultura occidental contemporánea, han desplazado los entendimientos intencionales, tan importantes para desafiar las conclusiones negativas que las personas han formado sobre sus vidas, para volver a definir su identidad y enriquecer los relatos. Cuando asumimos las acciones de los seres humanos como manifestaciones de algún elemento o esencia del sí mismo determinado por la naturaleza humana, o por una distorsión de la naturaleza humana, es muy raro que las invitemos a reflexionar sobre sus vidas de un modo que les permita determinar lo que ciertos sucesos podrían decir de lo que valoran. Por lo mismo, las preguntas que empiezan por un "por qué" pueden resultar extrañas y muy a menudo podemos esperar que nos contesten que "no saben". Si nos tocan estas respuestas, podemos ayudar a las personas en sus esfuerzos por responder, para que tengan la experiencia de saber de estos asuntos.

Existen varias formas de ayudarlas. Ya mencioné la importancia de introducir, antes de las preguntas del "por qué", un resumen de los principales efectos de las quejas y de los problemas de vida de las personas y de la evaluación de estos problemas. Podemos responder a un "no sé" invitando a las personas a ahondar en los principales efectos de sus problemas y dificultades y en la evaluación de esos efectos para que tengan bases más sólidas para reflexionar sobre las preguntas del "por qué" que introdujimos.

También podemos contarles cómo respondieron otras personas a preguntas similares. "Hace un par de semanas me reuní con un hombre que estaba en una situación parecida y que tampoco estaba muy satisfecho en su vida con asuntos similares. Cuando le pregunté por qué estaba tan contrariado, me dijo que _______________. ¿Concuerda con algunas de las conclusiones a las que hayas llegado o tu respuesta sería completamente diferente?". Estos relatos de las respuestas de otras personas suelen brindar una base para que las personas sepan "por qué" se posicionan de tal o tal manera frente a lo que ocurre en sus vidas; muy a menudo, los relatos que se deslindan de las preguntas del "por qué" de otras personas también permiten que la persona distinga su propia postura.

Cuando una niña o un niño responde: "No sé" a las preguntas del "por qué", podemos ayudar introduciendo un juego de adivinanzas. Podemos invitar a los padres, hermanos y hermanas a adivinar por qué el niño o la niña está preocupado por algunos acontecimientos. También podemos contribuir a esta suma de hipótesis. Podemos entrevistar a la niña o al niño para saber si alguna de esas hipótesis se acerca a su sentir, y de ser el caso, podemos preguntar las palabras que usaría para responder a ese "por qué". Si la persona contesta que esas adivinanzas no se acercaban a su modo de ver las cosas, la podemos entrevistar para entender cómo lo sabe. Esto ayuda muy a menudo al niño o a la niña a poner palabras sobre su propio "por qué". El "mapa de declaración de posición" brinda las bases para mapear las conversaciones de externalización. Este mapa estuvo implícito cuando empecé a trabajar con las conversaciones de externalización, y ha sido muy útil para más terapeutas en el desarrollo de su propio trabajo. Recomiendo usar ese mapa para dibujar las conversaciones de externalización como un ejercicio para desarrollar habilidades y brindo algunos ejemplos en las siguientes páginas. Las figuras 1.1 y 1.2 representan el mapeo de mis primeros dos encuentros con Jeffrey y sus papás. La figura 1.3 representa el mapeo de mi conversación con Sarah y la figura 1.4 representa el mapeo de mi primera consulta con Virginia y sus papás.

Aunque el mapa brinda un relato lineal de la progresión de estas conversaciones, es muy raro que en la práctica real tengamos una progresión estrictamente lineal; las aclaraciones que brindan las respuestas de las personas en un momento dado de la investigación pueden llevar a revisarlas o a tejerlas con otras en otro momento. Por ejemplo, al inicio de mis conversaciones con Spencer y sus papás, caracterizamos a la encopresis basándonos en lo que era particular y cercano a su experiencia. Luego exploramos brevemente los efectos de este problema en las vidas y en las relaciones de los miembros de la familia: nos dio una base para seguir con la caracterización del problema en términos de lo que nos decía de las intenciones del señor Travieso para la vida y para el futuro de Spencer. Ese vaivén se evidencia muy a menudo en todos los niveles de investigación.

CONCLUSIONES

Este capítulo brinda un panorama general de las conversaciones de externalización. No quise incluir todo lo que se puede decir de estas conversaciones: abarcaría más que un libro. Más bien, quise brindar un relato "vivo" de algunas de las posibilidades que se asocian con estas conversaciones e ilustrar todas las ideas discutidas con ejemplos de la práctica real.

Algunas veces se asumió que las conversaciones de externalización eran cómplices de una tendencia a erigir a las personas en unidades de pensamiento y de acción independientes. Espero haber ilustrado suficientemente las prácticas de las conversaciones de externalización como para disipar esos supuestos. Estas prácticas permiten que las personas redefinan su relación con sus problemas de vida y sus relaciones con otras personas para poder reconocer las voces de cada quien en el desarrollo de su sentido de identidad.

Figura 1.1. Mapeo de las conversaciones de externalización (Jeffrey, primera sesión)

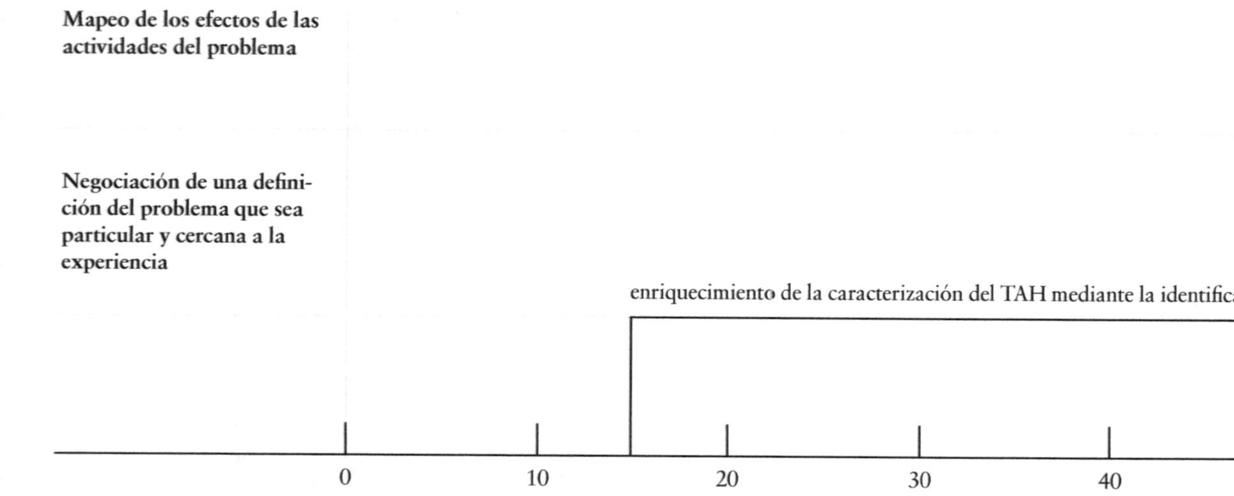

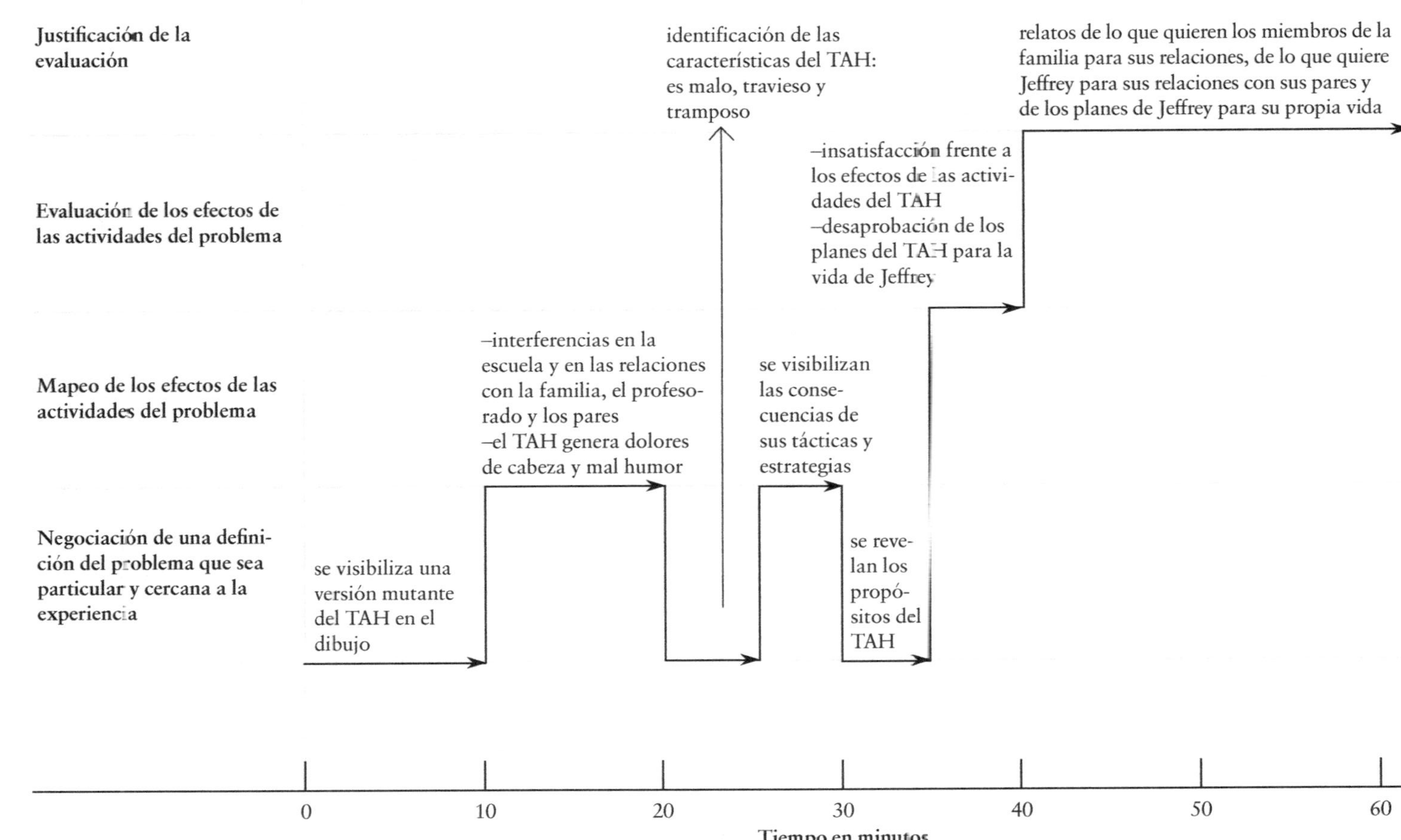

Figura 1.2. Mapeo de las conversaciones de externalización (Jeffrey, segunda sesión)

Figura 1.3. Mapeo de las conversaciones de externalización (Sarah)

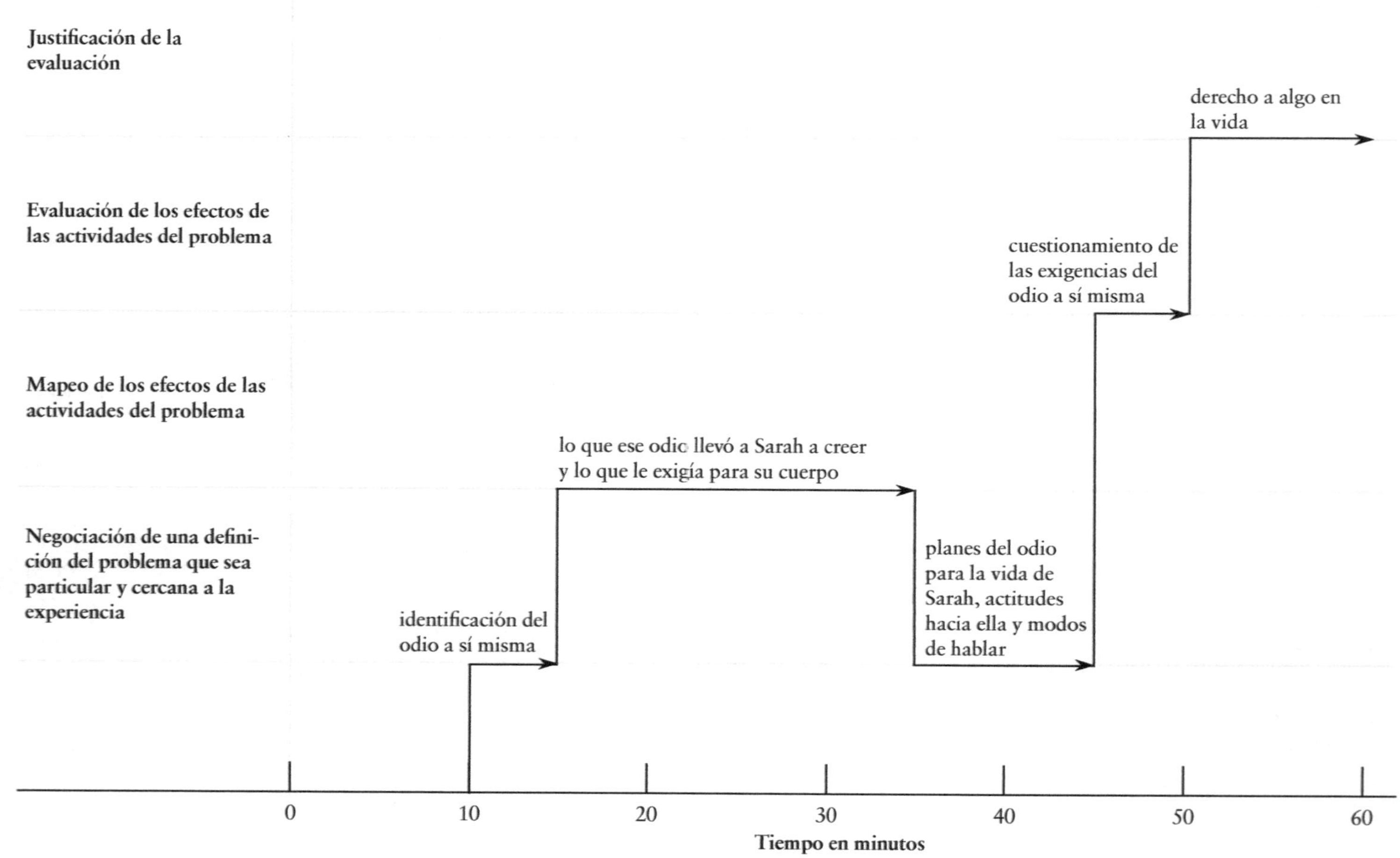

Figura 1.4. Mapeo de las conversaciones de externalización (Virginia)

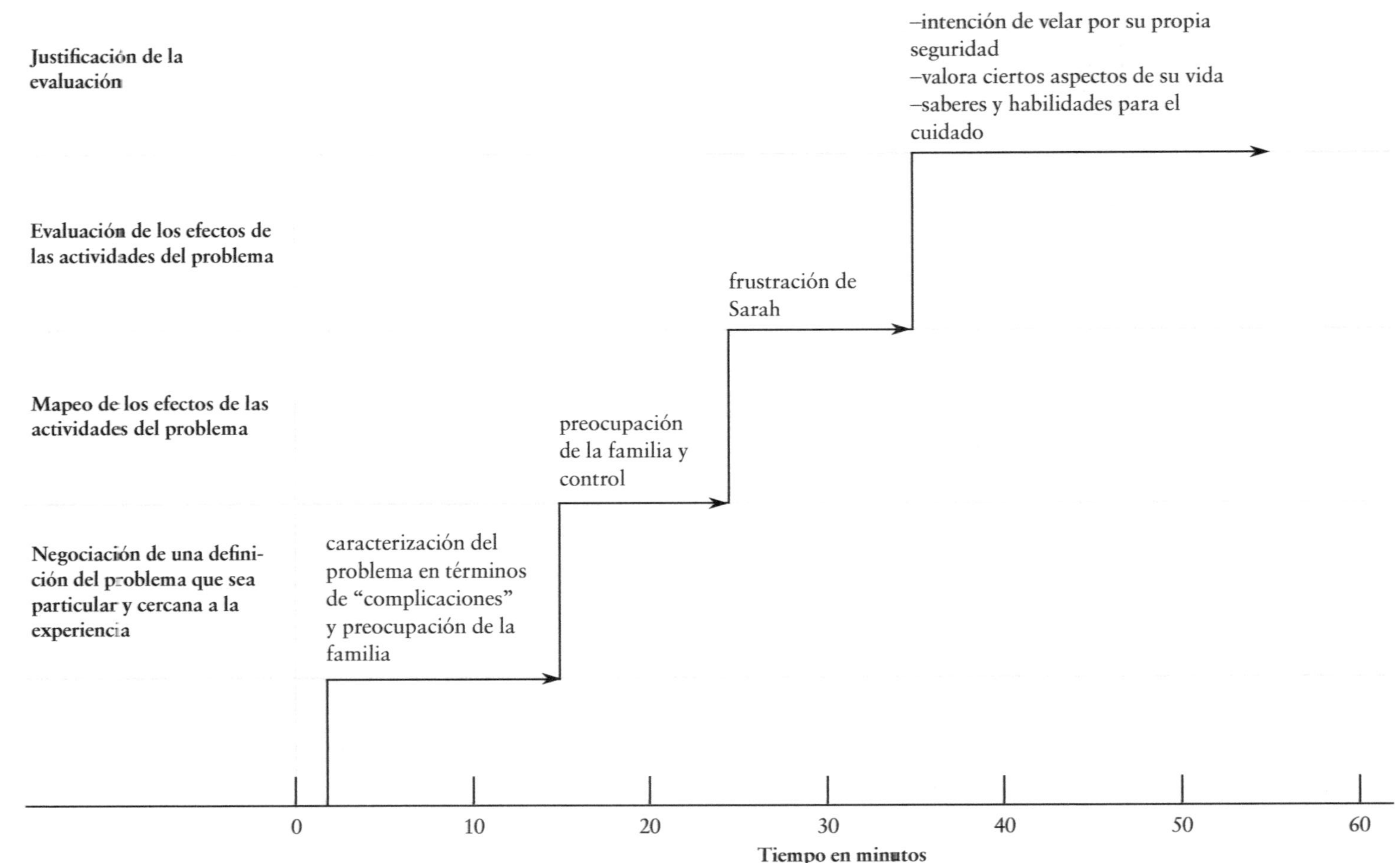

Este tipo de redefinición fomenta un sentido de identidad más relacional.

No siempre introduzco conversaciones de externalización en mis consultas. Muchas veces me reúno con personas cuyas identidades no están definidas por los problemas por los que buscan ayuda y las puertas de entrada para el enriquecimiento de relatos se hacen visibles de inmediato. Sin embargo, las conversaciones de externalización son una opción que siempre tengo en mente y que seguiré desarrollando.

Siento que de alguna forma la práctica de externalización es una fiel amiga. Durante muchos años, esta práctica me ayudó a encontrar formas de avanzar con personas que se encontraban en situaciones de vida que se consideraban desesperadas. En estas situaciones, las conversaciones de externalización abren muchas posibilidades para que las personas redefinan sus identidades, para que experimenten nuevas vidas y para que persigan lo que valoran.

2

Conversaciones de re-autoría

Cuando las personas nos consultan, cuentan relatos: hablan de la historia de los problemas, aprietos o dilemas que las trajo a terapia y cuentan lo que las llevó a la decisión de buscar ayuda. Al hacerlo las personas tejen los acontecimientos de sus vidas en secuencias que se despliegan en el tiempo según un tema o una trama. Estos temas reflejan a menudo pérdidas, fracasos, incompetencia, desesperanza o futilidad. Es común también que las personas se refieran a las figuras o protagonistas que aparecen en su historia. Nos comparten sus conclusiones en torno a la identidad de estas figuras o protagonistas, en torno a sus motivos, intenciones y características personales. Las conversaciones de re-autoría invitan a las personas a continuar desarrollando y narrando sus vidas, pero también las ayudan a incluir algunos de los acontecimientos y experiencias más desatendidos pero potencialmente más significativos. Estos acontecimientos y experiencias están "desfasados" de las tramas de vida dominantes y pueden ser considerados "desenlaces extraordinarios" o "excepciones"[1].

Son estos desenlaces extraordinarios, estas excepciones los que brindan un punto de partida para las conversaciones de re-autoría. Brindan un punto de entrada para tramas alternas en la

---

1 N. del T. En otras ocasiones y publicaciones, los "desenlaces extraordinarios" o "excepciones" han sido nombrados como "resultados únicos", "eventos extraodinarios".

vida de la gente que, cuando inician las conversaciones apenas si están visibles. Quienes nos dedicamos a la terapia podemos facilitar el desarrollo de estas tramas alternas si introducimos preguntas que animan a las personas a incorporar sus experiencias vividas, a ensanchar su pensamiento, ejercitar su imaginación, y a emplear aquellos de sus recursos constructores de sentido. La gente entonces se vuelve curiosa y se fascina por aspectos previamente descuidados de sus vidas y relaciones. A medida que estas conversaciones avanzan estas tramas alternas cobran volumen, se enriquecen, se enraizan de un modo más significativo en la historia y ofrecen a las personas los fundamentos para encarar de nuevo los problemas, las dificultades y los dilemas de sus vidas.

LIAM Y PENNY

Penny hizo una cita para su hijo, Liam, de quince años, quien la preocupaba mucho. Llevaba ya bastantes años con esta preocupación, la cual se había exacerbado en los últimos meses debido a ciertos acontecimientos. Liam había dejado la escuela cuatro meses antes. Se volvió más retraído, rara vez salía de su cuarto, era taciturno y ahora se comunicaba muy poco. La víspera a la llamada para agendar la cita, Penny descubrió su diario. En un principio la acosó el dilema de si leerlo o no, pero la magnitud de su preocupación le disipó la duda. Al leer algunas de las anotaciones recientes, Penny confirmó sus peores temores. El diario estaba saturado con el asunto del suicidio, tanto que dejaba ver que Liam había intentado suicidarse dos veces. Penny también se enteró de que Liam se consideraba echado a perder, se pensaba dañado y se sentía paralizado social y emocionalmente.

Penny estaba desesperada y me llamó tras el consejo de su médico general. Dijo que estaba perdiendo la esperanza de que Liam siguiera vivo. Había anhelado que Liam mejorara después de que escaparon de su padre, un hombre sumamente abusivo, dos años antes. El padre de Liam los agredía a ambos reiteradamente y había podido controlarlos y cortarles todas las vías de escape. Penny explicó que había intentado librarse y librar a su hijo en varias ocasiones pero el padre de Liam siempre se las arreglaba para frenar sus esfuerzos, mediante actos de intimidación y amenazas de represalia. Estas amenazas se dirigían sobre todo contra la vida de Liam.

Penny describió la pesadilla que habían vivido ella y Liam y habló de la culpa que abrigaba por lo que Liam sufrió en esa época. Habló también de las crecientes esperanzas y expectativas que experimentó cuando por fin escapó de la violencia de este hombre. Sin embargo, para su consternación, las cosas no mejoraron para Liam como ella hubiera esperado: se mantuvo desinteresado por la vida, se fue aislando más y más y se convenció cada vez más de que el futuro no tenía nada que ofrecerle. Ahora, no veía horizonte alguno de posibilidades en su vida.

Le dije que haría un espacio en mi agenda para reunirme con Liam y le pregunté a Penny cómo lograría traerlo para que nos viéramos. Penny dijo que no sería fácil: lo más probable es que Liam resentiría que ella tomara iniciativas sin consultarlo y que se pondría furioso si se percataba que había leído su diario. Cuando le pregunté a Penny cuáles serían, según ella, las consecuencias de esa furia, predijo que Liam por unos días no saldría de su cuarto y que aunque lo hiciera, le hablaría a regañadientes durante varios días más. Le preocupaba que hacer esta cita sin consultarlo contribuyera a su mal humor y disminuyera las posibilidades de acceder a hablar conmigo. Por otra parte, estaba segura de que si lo consultaba acerca de la cita, vetaría la idea.

Penny quería saber qué sugería yo para alentar a Liam a asistir a esta cita. Le sugerí que le pidiera acompañarla a un encuentro conmigo planteado por el bien de ella. Penny podía decirle con claridad que estaba cada vez más preocupada por lo que últimamente le ocurría, y que su preocupación lo permeaba todo. Podía decirle que era ya casi imposible concentrarse en las tareas necesarias en su trabajo, le impedía involucrarse en nada semejante a una vida social y ya no la dejaba sentirse emocionalmente presente en su conexión con otras personas. Que le quitaba el sueño y el apetito, y que estaba a punto de una crisis, por lo que necesitaba ayuda con desesperación.

Penny pensó que era muy probable que Liam aceptara acompañarla a la cita. Al final de nuestra conversación telefónica, decidió contarle que había leído su diario y explicarle que se sintió empujada a hacerlo por lo preocupada que estaba. Suponiendo que podría atemperar la tormenta provocada por esta confesión, pidió cita para cuatro o cinco días después.

A los cinco días me reuní con Penny y con Liam. Liam dejó claro que asistía por el bien de su madre y que no habría venido por su cuenta. De momento, había "aceptado el juego" pero se reservaba su juicio sobre el valor de este ejercicio. Sin embargo, sí confirmó que había llegado a la conclusión de que su vida no tenía sentido, que no valía la pena intentar nada, que estaba hecho un desastre y que no tenía futuro. Lo que sigue es la transcripción de una conversación que mantuvimos en nuestra primera reunión, después de los quince primeros minutos.

Liam: Entonces mi mamá te contó lo que hemos sufrido. Fue peor para ella que para mí.

M: Fue peor para ella que para ti, ¿en qué sentido?

Liam: Él me hizo pasar momentos muy duros, pero fue más doloroso para mi madre.

M: ¿Te preocupaba lo que le hacía sufrir a ella?

Liam: ¡¿Tú qué crees?!

M: A veces la gente se vuelve un poco insensible a la violencia y aunque ésta tenga un impacto devastador en su vida y en la de otras personas cercanas, se vuelve un tanto indiferente a esto.

Liam: Bueno, yo no era indiferente. Claro que me afectaba lo que le hacía. Era terrible.

M: Dime, ¿estabas más preocupado por ti o por tu madre? ¿O estabas igual de preocupado por los dos?

Liam: Por mi mamá, por supuesto.

M: Penny ¿te sorprende oír esto?

Penny: ¿Qué parte?

M: Que durante todo este tiempo Liam estuvo más preocupado por ti que por él.

Penny: Bueno, no. No me sorprende en lo absoluto.

M: Liam se preocupaba más por ti que por él. ¿Qué te sugiere de lo que era importante para Liam? ¿O de lo que él valoraba?

Penny: Bueno… hemos tenido nuestros altibajos y últimamente Liam no parece tener muchas ganas de que yo esté en su vida. Pero siempre supe que yo era muy valiosa para él.

M: ¿Cómo lo supiste?

Penny: Una madre sabe estas cosas de su hijo. Son justo las cosas que una madre sabe.

M: ¿Hay algunas anécdotas que me puedas contar de cosas que hizo Liam que reflejen lo que es valioso para él? ¿Lo que valora? ¿Hay algunos relatos que me ayuden a entender cómo supiste eso de él?

Penny: Seguro te podría contar muchas cosas. Pero en este momento no sé muy bien por dónde empezar.

M: Cualquier punto de partida estaría bien. Me ayudaría que pensaras en alguna historia de lo que hizo Liam, cualquier relato que refleje cuánto valoraba tu vida.

Penny: Bueno. Quizás pueda empezar con algo que ocurrió cuando tenía unos ocho años. Fue un domingo en la mañana. Me acuerdo muy bien. Su padre me estaba golpeando por una u otra razón. Siempre intenté proteger a Liam para que no viera estas cosas, pero no siempre me fue posible. En fin, de repente oí que se rompía un cristal. Eso detuvo a su padre. Fuimos a la sala y vi que alguien había arrojado una piedra a la ventana de enfrente. Había cristales rotos por toda la alfombra. Miré por la ventana y ¿adivinas a quién vi salir corriendo por la calle? A Liam. Su padre salió tras de él y le dio una paliza. Traté de detenerlo. Fue una de esas situaciones terribles, de verdad. Me sentí destrozada.

M: ¿Liam distrajo a su padre en el momento en que te golpeaba?

Penny: Sí, distrajo a su padre. Lo hizo a sabiendas de que le iba a dar una paliza.

M: Liam ¿te acuerdas de esto?

Liam: No.

M: Penny ¿qué tipo de paso dio Liam aquel domingo de hace tantos años? ¿Cómo nombrarías esta acción de Liam?

Penny: La verdad no sé. No lo he pensado mucho. Creo que traté de sacármelo de la cabeza por lo que le pasó a Liam. Y porque no pude hacer nada. Fue horrible. No estaría hablando del asunto si no hubieras preguntado.

M: ¿La acción de Liam se ajusta a este sentimiento de futilidad de la vida que él acaba de mencionar? ¿Será esto un ejemplo de cómo aceptaba Liam lo que la vida le traía?

Penny: No, no. Claro que no. No se ajusta con eso.

M: ¿A qué se ajusta entonces? ¿Cómo podríamos nombrar su acción de arrojar una piedra por la ventana?

Penny: Bueno, como digo, realmente no lo he pensado. Pero supongo que si lo pienso, la palabra que usaría sería "protestar". Protestaba por lo que me estaban haciendo.

M: Así que "protesta" podría ser un buen nombre para este paso.

Penny: Sí, seguro. Eso sí me hace sentido.

M: Liam ¿te hace sentido esta descripción de lo que hiciste?

Liam: No. La verdad es que no.

M: Penny, presenciaste la protesta de Liam por lo que te estaba haciendo tu esposo cuando Liam no tenía más de ocho años. ¿Qué te sugirió de él? ¿Qué crees que refleja de lo que valora Liam?

Penny: Me enseñó que era un niño muy valiente. Que tenía mucho coraje. Ahora que lo pienso, me parece aún más asombroso que hiciera tal cosa.

M: Te enseñó que era un niño muy valiente. ¿Y qué te dijo de lo que era importante para él? ¿De lo que valoraba?

Penny: Bueno, creo que me habla de lo importante que era para él la justicia. Lo cual me sorprende, si lo pienso, porque vio muchas cosas injustas.

M: Entonces te habla de coraje y de justicia. ¿Liam, te hace sentido lo que escuchas?

Liam: No. Esa parte del coraje, no. Y tampoco lo de la justicia, la verdad.

M: Bueno. No te hace sentido. ¿Entiendes cómo fue que tu madre llegó a estas conclusiones sobre el coraje y la justicia?

Liam: Creo que sí. Creo que puedo ver cómo llegó a esta idea de mí.

M: Penny ¿te sorprendió ver que era Liam quien corría en la calle? ¿Te sorprendió lo que hizo a partir de su postura de la justicia?

Penny: No, claro que no. Creo que es algo que siempre supe de Liam.

M: ¿Cómo es que lo sabías?

Penny: ¡Creo que es otra de esas cosas que una madre sabe!

M: ¿Habrá algo más que me puedas contar de Liam, de cuando era más pequeño aún, que pudiera confirmar lo que supiste de él? ¿Algo que concuerde con tu modo de entender la importancia que le concedía a la justicia?

Penny: Bueno, veamos. Sí. Hay algo. Tal vez muchas cosas. Liam tendría unos seis años e iba en el segundo semestre de primero de primaria. Comenzó a llegar hambriento de la escuela. Siempre tenía tanta hambre. Asaltaba la despensa y el refrigerador. Así que comencé a darle más golosinas para el almuerzo. Esto continuó casi dos semanas y ¡al final ya se llevaba un montón de comida a la escuela! Entonces hablé con su profesora. Ella no sabía lo que ocurría pero dijo que pondría a Liam en observación. Y adivina lo que descubrió. ¿Te acuerdas, Liam? Ya te conté esta historia.

Liam: No recuerdo haberlo oído antes.

Penny: Lo que la profesora descubrió es que Liam se sentaba con otros tres niños a la hora del almuerzo. Dos de ellos estaban muy tristes porque extrañaban a sus madres. Al otro niño lo molestaban mucho y realmente estaba muy triste y lloraba mucho. ¿Y qué hizo Liam? Lo que hacía era compartirles sus golosinas para que se sintieran mejor.

Liam: No me acuerdo de eso.

M: Siendo la madre de Liam, ¿cómo te sentiste cuando supiste esto de tu hijo?

Penny: Sobre todo me sentí muy orgullosa de él. Me dio tanto orgullo que mi hijo pudiera hacer esto por otros niños, a pesar del dolor que sufríamos en casa.

M: Penny, te voy a pedir que cuando regresen a casa le dibujes un poco más la escena a Liam. Quizás le puedas describir el comedor, contarle lo que sabes de estos otros niños. Recuérdale cómo era su maestra. Cualquier cosa que lo ayude a recordar.

Penny: Claro, me encantaría.

M: ¿Qué tipo de paso fue? Me dijiste que pensabas que Liam se sentía paralizado en la vida. Y lo que escucho no me suena a parálisis ni a estar hecho un desastre.

Penny: No, definitivamente, no tiene nada que ver. Trato de buscar una buena palabra. Veamos. Quizás rescate. Sí, creo que podemos decir que estaba rescatando a estos niños.

M: Rescatando a los otros niños. ¿Liam, te hace sentido?

Liam: Creo que sí.

M: ¿Se te ocurre otro nombre para lo que hiciste?

Liam: No. Rescate funciona.

M: Penny, cuando te pregunté acerca de Liam y de la piedra que aventó por la ventana, de lo que esto decía de él, dijiste que te hablaba de su coraje y de lo que era importante para él en términos de justicia. Si regresamos a estos sucesos de cuando tenía seis años, ¿cómo contribuyó su rescate de otros niños a la imagen que tienes de Liam como persona?

Penny: A ver. Sé que me dijo muchas cosas de su postura respecto a la injusticia, aunque fuera muy chiquito.

M: Su postura respecto a la injusticia. ¿Algo más?

Penny: ¿Como qué?

M: Cualquier cosa que pudo haber sido importante para él o algo acerca del sentido que tenía la vida para él.

Penny: Tal vez nos hable de sus ideas de lo que debería ser la vida. O de los sueños de un niño. Sí, eso es. Y de cómo no habría de permitir que se escaparan esos sueños.

M: Liam, sigo con la misma pregunta. ¿Te hace sentido lo que acaba de decir tu mamá de la justicia y de los sueños de un niño?

Liam: Sí. Sí, supongo que sí. Supongo que encaja.

M: A ver si entiendo bien. ¿Estás diciendo que te hace sentido este pasaje relacionado con la justicia y con lo que pensabas debía ser la vida o los sueños de este niño pequeño?

Liam: Sí. Supongo que sí.

M: ¿Es sólo una suposición?

L: No, no es sólo una suposición. Hay algo más.

M: Me gustaría entender cómo puedes relacionarte con lo que escuchas de tu mamá acerca de estos relatos de tu vida y de las conclusiones a las que llegó a partir de lo que estos relatos nos revelan de ti.

Liam: Está bien.

M: Entonces la pregunta es: ¿Cómo te relacionas con lo que escuchas? ¿Hay algo que haya sucedido en tu vida en años más recientes que concuerde con lo que estamos entendiendo de ti? ¿Algo que concuerde con lo que escucho de tu postura de la equidad y la justicia? ¿Algo que te importe y concuerde con lo que tu mamá me cuenta? ¿Con los sueños de ese niño pequeño?

Liam: No sé. ¿Tú qué piensas, mamá?

Penny: Quizás cuando hablaste con tu prima Vanessa.

Liam: Sí. Puede ser.

M: ¿Qué pasó?

Liam: Bueno, justo antes de que escapáramos de mi papá le conté a mi prima lo que vivía porque pensé que era un poco lo mismo para ella. El papá de Vanessa es el hermano de mi papá y es bastante rudo, así que pensé que ella la estaría pasando mal. En fin, me contó algunas cosas feas que le estaban pasando. Era espantoso. Nunca se lo había contado a nadie.

M: ¿Y qué pasó?

Penny: Como ocho meses después de que Liam le tendiera la mano a su prima intervino la gente de protección a menores. Y todo por lo que hizo Liam.

M: Tu mamá dijo que "le tendiste la mano" a tu prima. ¿Sería un buen nombre para este paso, o hay otro nombre que cuadraría mejor?

Penny: No, ése está bien. "Tender la mano" funciona.

M: Esta conversación me hizo saber de acciones de rescate, de acciones que se relacionan con la protesta. También me enteré de gestos como tenderle la mano a alguien. Todas estas acciones son parte de tu historia. Si juntamos estas acciones, ¿de qué estamos hablando?

Liam: ¿A qué te refieres?

M: Si todo fuera parte de un rumbo en tu vida, o un fragmento de un proyecto de vida o si fuera un sendero particular que vas tomando en la vida, ¿cómo le podríamos llamar?

Liam: Bueno, supongo… Quieres decir, que es como… el salvamento de algo. ¿Tal vez "el salvamento de vidas", o algo así?

M: Sí. El salvamento de la vida.

Liam: O tal vez es algo más… No, así está bien.

M: Está bien. Tiene que ver con el salvamento de la vida. Esto me dice mucho. Penny ¿qué crees que me sugiere de las aspiraciones de Liam?

Penny: Bueno, puede que te hable de un joven que ha tenido convicciones muy fuertes de lo que es correcto y de lo que no. Tal vez te hable de un joven que tiene alguna idea de lo que hace que la vida valga la pena.

M: Sí, concuerda con la imagen que tengo. ¿Liam?

Liam: No sé. Es un poco difícil para mí… Quizás podríamos pensar en esa cosa que dijo mi mamá acerca de mis sueños y demás. Ya sabes, lo que dijo.

M: ¿Lo que dijo de tus sueños acerca de lo que debería ser la vida?

Liam: Sí.

M: ¿Y de cómo te aferraste a esos sueños a pesar de todo?

Liam: Sí, creo que sí. Creo que sería eso.

M: Eso también me hace sentido. Tengo una pregunta sobre las cosas que supimos de ti, de lo que es importante para ti, de las cosas a las que te aferraste pese a lo que has atravesado, de tus sueños de lo que debería ser la vida, de cómo todo esto tiene que ver con el salvamento de la vida. Si pudieras mantener cerca de ti este saber sobre tu vida y apoyarte en él, ¿qué piensas que te permitiría? ¿Qué pasos serías capaz de dar para encajar con esto?

Liam: ¡Uy, es una gran pregunta!

M: Claro que sí. Pero tenemos bastante tiempo.

Penny: Quizás podrías tratar de contactar a ese muchacho, Daniel, tu amigo de antes. No lo ves hace siglos. Daniel también vivió momentos muy duros, ¿verdad?

Liam: Sí. Ha sufrido mucho.

M: ¿Qué piensas de que Penny tenga la idea de que lo contactes?

Liam: Creo que sería capaz de hacerlo. Le podría echar una llamada para ponernos al día.

M: ¿Qué tipo de paso sería que lo buscaras? ¿Dirías que es un paso en camino a un rescate, una protesta o tender la mano? ¿O algo más?

Liam: Ni idea. Quizás tender la mano.

Penny: Sí, eso sería. Sé que este chico Daniel la sigue pasando muy mal.

M: Penny, si vieras a Liam dar el paso de buscar a Daniel ¿cuáles piensas que serían sus propósitos?

Penny: Tal vez que hay un anhelo suyo de conectarse más con la esperanza. Sí, algo así como rejuntar sus esperanzas.

M: ¿Qué supondría en ti ver a Liam rejuntar sus esperanzas?

Penny: Genial. Estaría genial.

M: ¿Liam?

Liam: Sí. Tiene razón. Sería como rejuntar mis esperanzas.

M: Está bien. Sería como rejuntar las esperanzas. Quiero ahora hacerte algunas preguntas sobre lo que entendiste de ti mientras

armábamos juntos los pasos que has dado en el salvamento de tu vida. ¿Qué piensas que refleja de tus planes para el futuro?
Liam: Bueno, creo…

Efectivamente Liam contactó a Daniel. Fue el primero de muchos pasos que dio después en armonía con las conclusiones de vida e identidad que desarrollamos una y otra vez en nuestras conversaciones con él y su madre. Liam se involucró cada vez más en estas conversaciones y en nuestra cuarta reunión anunció que se había dado cuenta de que la depresión con la que llevaba tanto tiempo luchando era una "falsa depresión": no insinuaba que "había fingido" ni que su lucha con esta depresión no fuera importante, sino que se daba cuenta de que no estaba echado a perder. "¿Cómo puedes tener depresión de verdad si no estás echado a perder?". Liam agregó que "una falsa depresión es tremenda pero al menos sabes que te vas a recuperar y eso hace una gran diferencia".

En el transcurso de nuestros encuentros surgieron muchas otras dimensiones en el desenvolvimiento de esta trama de vida. En una de estas dimensiones experimentó cómo su vida se tejía con las historias de vida de su tío abuelo en temas, intenciones y valores que tenían en común. Ese tío abuelo era un hombre que desempeñó un papel fundamental en rescatar a Penny de los abusos que sufrió en su familia de origen.

Al llegar a la octava y última reunión, ya habíamos revisado con Liam muchas de sus iniciativas de los últimos meses. No siempre habían sido bien recibidas. Algunas personas rechazaron el intento de tenderles la mano. Investigando el modo en que respondió a estos rechazos y cómo había hecho para que no lo desanimaran en intentos ulteriores, Liam respondió que era un veterano en rechazos y que por lo mismo no había mucha novedad al respecto. Y agregó: "Tal vez estaba mucho mejor equipado para enfrentar el rechazo que otros jóvenes de familias más normales que no habían experimentado los rechazos que viví".

Cuando le pregunté qué implicaba toda esta experiencia para su futuro, Liam concluyó que había menos probabilidades de que los rechazos fueran un obstáculo para él que para muchas otras personas. Se percató de algo que le era sumamente importante: lo vivido no lo incapacitaba, sino que lo dotaba de habilidades únicas. Aunque pudiéramos seguir lamentando los abusos que había sufrido buena parte de su vida, todos pudimos celebrar estas conclusiones y que Liam tuviera esta habilidad, única.

LA ESTRUCTURA DE LAS CONVERSACIONES DE RE-AUTORÍA

Este capítulo aborda un mapa de la práctica narrativa al que me refiero como "mapa de las conversaciones de re-autoría". Ha sido un pilar en mi práctica terapéutica por muchos años. Cuando elaboré por vez primera este mapa me apoyé bastante en las exploraciones de la metáfora narrativa de Jerome Bruner (1986) y sobre todo en su análisis de textos literarios. En estos análisis, su meta era entender mejor las actividades de construcción de significado en que se involucran las personas en su vida cotidiana.

Me atrajo porque percibí paralelos entre la actividad de escribir relatos literarios y la práctica terapéutica. Sentía que así como "una gran narración [...] aborda situaciones apremiantes que [...] se deben exponer con suficiente margen de probabilidad para permitir que quien lee las reteja, y las vuelva a tejer de modo que permitan el juego de la imaginación" (Bruner, 1986, p. 35), una buena terapia intenta involucrar a las personas en la re-autoría de las situaciones apremiantes de sus vidas de modo que despierten su curiosidad en torno a las posibilidades humanas e invoquen el juego de la imaginación.

Al describir la participación de quienes leen en la construcción de la trama del texto, Bruner se refirió a una metáfora de "viaje" y a una analogía con la "cartografía". Esto resonó en mí con gran fuerza. Esta metáfora y esta analogía me parecieron muy pertinentes para la práctica terapéutica. Bruner (1986) hizo la siguiente observación acerca del involucramiento con el texto de quienes abordan la lectura:

> [...] en cuanto empiezan a construir su propio texto virtual, es como si emprendiesen un viaje sin mapas y, sin embargo, poseen un acervo de mapas que podrían brindar indicios y entienden mucho de la elaboración de mapas. Las primeras impresiones en torno al nuevo terreno se basan, desde luego, en viajes anteriores. Con el tiempo, el nuevo viaje se convierte en algo propio, aunque gran parte de su forma inicial sea un préstamo del pasado (Bruner, 1986, p. 36).

Así también, cuando las personas se empiezan a involucrar en conversaciones terapéuticas donde reconstruyen las historias de su vida, a veces parece que se apartan de lo familiar para embarcarse en viajes a nuevos destinos sin mapa alguno. Sin embargo, a medida que cobra ritmo la reconstrucción, muy rápido queda claro que extraen del acervo de mapas relevantes a viajes ya recorridos y que saben muy bien cómo elaborar mapas. En el curso de estas conversaciones, el "nuevo viaje" se vuelve "algo propio, aunque buena parte de su forma inicial sea un préstamo del pasado".

En los textos literarios, el modo narrativo "lleva a conclusiones que no tienen que ver con certezas en un mundo "originario" (original y objetivo); son conclusiones que tienen que ver con las diversas perspectivas que pueden construirse para hacer entendible la experiencia" (Bruner, 1986, p. 37). Bruner propuso que el gran regalo de quien narra es lograr que una experiencia sea comprensible contribuyendo a aumentar las opciones de construcción que están disponibles a quien se aproxima a esa experiencia: "El gran regalo del escritor para el lector es volverlo un mejor escritor" (Bruner, 1986, p. 5). En el mismo sentido, el modo narrativo puede abrir, en los contextos terapéuticos, espacio para "construir perspectivas diversas para hacer inteligible la experiencia vivida". Una práctica habilidosa puede ayudar a la gente a participar más plenamente y a tener mayor voz de autoría en la construcción de sus relatos de vida.

Textos e involucramiento dramático
Según Bruner (1986):

> Las buenas historias literarias sin duda abordan sucesos en el mundo real pero logran que este mundo vuelva a ser extraño, lo rescatan de la obviedad, afloran los intersticios que convocan a quien lee, en el sentido de Barthes, a tejer, a componer un texto virtual que dialogue con el presente texto. Al final, quien lee debe tejer para sí mismo lo que pretende hacer con el texto que se le presenta (p. 24).

Las novelas bien estructuradas involucran profundamente a la persona que las lee. Esto ocurre porque quien escribe dichas novelas despliega un abanico de opciones que animan a quien lee a involucrarse dramáticamente con la lectura del texto. Quien lee recibe muchas invitaciones a contribuir al desarrollo de la trama y a vivir la emoción de esa trama. Las novelas bien estructuradas tienen en sus tramas muchos intersticios que deben llenar las personas que abordan la lectura. Las personas que escriben bien no lo explican todo; y buscan que quienes leen aten cabos, tejan los acontecimientos específicos en secuencias que se despliegan en el tiempo hasta revelar la trama y conciliarla con el fondo que subyace a la historia. Así, quienes leen tienen la tarea de desarrollar y conciliar lo que Frank Kermode (1981) mencionó como *sjuzet* (los sucesos lineales que componen la trama) y *fabula* (el hilo conductor, intemporal) en la "fusión del escándalo y el milagro".

Pero no es sólo el *sjuzet* y la *fabula* lo que se logra en un ulterior desarrollo y ya reconciliación mediante la lectura de textos literarios. Bruner, abrevando de los teóricos Greimas y Courtés (1976) propuso que las historias se componen sobre todo de dos paisajes —un "paisaje de la acción" y un "paisaje de la conciencia". El paisaje de la acción es el "material" de la historia y está compuesto por la secuencia de sucesos que configuran la trama (*sjuzet*) y por el tema subyacente de fondo o hilo conductor de esta historia (*fabula*). El paisaje de conciencia está compuesto por "lo que las personas que intervienen en la acción saben, piensan o sienten, o por lo que no saben, ni piensan ni sienten" (Bruner, 1986, p. 14). Este paisaje muestra la conciencia que tienen los protagonistas de la historia y se compone, significativamente, de sus reflexiones en torno a los sucesos del paisaje de la acción —del significado que atribuyen a esos sucesos, de lo que deducen de las intenciones y propósitos que conforman los sucesos, y de sus conclusiones en cuanto al carácter e identidad de los demás protagonistas, a la luz de lo revelado por los sucesos. Como en el caso del desarrollo de la trama del paisaje de la acción, el desarrollo del paisaje de la conciencia se debe reconciliar con la *fabula*, ese tema intemporal subyacente en la historia:

En todo caso, la *fabula* del relato —el tema o hilo conductor atemporal— parece ser una unidad que incorpora por lo menos tres elementos. Contiene un conflicto a donde cayeron los personajes debido a intenciones frustradas, sea por las circunstancias, el "carácter de los personajes" o la interacción de ambas cosas [...] La unidad del relato radica en el modo en que interactúan el conflicto, los personajes y la conciencia, para dar paso a una estructura que tiene un comienzo, un desarrollo y un "sentido de final" (Bruner, 1986, p. 21).

Así como hay intersticios que llenar en el paisaje de la acción, también los hay en el paisaje de la conciencia. Aunque éste se desarrolle parcialmente mediante la representación que tiene el autor de la conciencia de los protagonistas y a veces de su propia conciencia, la contribución de quien aborda la lectura es un factor fundamental en la unificación y enriquecimiento del texto.

Al entrar al paisaje de conciencia, quienes leen atribuyen una serie de intenciones y propósitos a las acciones de los protagonistas y arriban a conclusiones sobre el carácter y la identidad de estos protagonistas. La expresión *paisaje de la conciencia* me parece adecuada, pues no sólo representa la conciencia de los protagonistas y la del autor de la historia, sino que también envuelve a quienes leen de un modo significativo.

Numerosos mecanismos utilizan quienes escriben bien para atraer la atención de las personas que leen hacia los intersticios en los paisajes de la acción y de la conciencia y para alentarles a entrar en estos intersticios con su imaginación y su experiencia. Los autores confían mucho en desencadenar los presupuestos necesarios para este aliento. También cuidan la disposición de estos intersticios: se aseguran de brindar los indicios adecuados y estructuran el texto para despertar la curiosidad y la fascinación de quienes abordan la lectura. Los buenos escritores disponen estos intersticios asegurando que no sean tan extensos que agoten los recursos de construcción de significado de los lectores en sus esfuerzos por llenarlos, ni tan insignificantes como para perder su interés. Son estos mecanismos los que brindan a las personas que leen el fundamento para su involucramiento dramático con el texto. Les brindan un excelente "ejercicio" para el desarrollo de un texto virtual que excede invariablemente el texto presente en aspectos importantes. Bruner cita a Iser (1978), quien usó el término "imprecisión" para describir esta característica del texto literario:

> [...] es el elemento de imprecisión el que evoca el texto que comunicará con el lector, en el sentido que lo induce a participar tanto en la producción como en la comprensión de las intenciones del trabajo (p. 61).

Bruner (1986) resumió la interpretación de Iser de la función de esta imprecisión y observó que:

> Es la "relativa imprecisión del texto" la que "permite el espectro de sus actualizaciones". "Los textos literarios inician 'actuaciones' tendientes al significado y no, en realidad, formulaciones de significado en sí mismo" (p. 24).

Los textos y la vida

Me sentí bastante atraído hacia esta concepción dual de los paisajes de la estructura de los relatos porque me interesaban la metáfora narrativa y la construcción de significado. Mi interés por la metáfora narrativa nace de la idea de que las personas confieren significado a sus experiencias de los sucesos de la vida al situarlas en marcos de inteligibilidad. Mi nterés también nace de concluir que es la estructura narrativa la que brinda el principal marco de inteligibilidad para construir significado en la vida diaria. Este supuesto se asocia con la premisa de que la identidad se construye en el trasiego de nuestras historias de vida y las de otras personas. Los conceptos de paisaje de la acción y de la conciencia le brindan especificidad al entendimiento de la participación de las personas en la construcción de significado dentro del contexto de marcos narrativos.

Cuando tomo de la teoría literaria este concepto de dos paisajes, no pretendo proponer que la vida sea simplemente un texto. Como muchas otras personas, sí creo que podemos establecer paralelos entre la estructura de un texto literario y la estructura de la construcción de significado en la vida cotidiana. Los conceptos de paisaje de la acción y de la conciencia me parecen relevantes para entender las narrativas personales, el modo en que las personas construyen significado en sus vidas y el modo en que se constituyen sus identidades mediante actos de vida cotidianos. Además, estos conceptos me parecen fundamentales para la tarea terapéutica que trata, sobre todo, de volver a desarrollar narrativas personales y de reconstruir la identidad.

Implicaciones para la práctica

Podemos extraer más paralelos entre la estructura de los textos literarios y la estructura de la práctica terapéutica. Quienes producen textos llaman la atención de quienes leen hacia los intersticios de la trama y les alientan a llenar estos intersticios abriendo la mente, ejerciendo su imaginación y apelando a su experiencia vivida. El resultado es el enriquecimiento de los relatos. Ocurre lo mismo en nuestras consultas cuando priorizamos el enriquecimiento de los relatos: llamamos la atención de las personas hacia los intersticios de sus tramas de vida —estos espacios se encuentran por lo general en lo que podríamos llamar las tramas de vida "subordinadas" y las animamos a llenar esos espacios abriendo la mente, ejerciendo su imaginación, y apelando a su experiencia en la vida. Quienes practican la terapia basándose en el enriquecimiento de relatos son como quienes escribiendo bien reflexionan mucho en la disposición de los intersticios. Cuidan mucho la construcción de andamios para llegar a estos intersticios y se aseguran de que no sean tan amplios como para agotar los recursos de construcción de significado de las personas cuando se esfuerzan por llenarlos. También cuidan que no sean tan insignificantes como para desvanecer su interés. Así, el resultado es que la gente experimenta un buen ejercicio en el contexto de las conversaciones terapéuticas y termina involucrándose dramáticamente con muchos de los sucesos de sus propias vidas que había dejado de lado.

Los conceptos de paisaje de la acción y de la conciencia me parecieron muy valiosos en mi práctica. Me ayudaron a refinar y a desarrollar conversaciones terapéuticas que permitieran un enriquecimiento de los relatos y me brindaron un mapa para configurar y trazar estas conversaciones. Tales conversaciones invariablemente contribuyen al desarrollo de algunas tramas alternas de vida, cuyas trazas permean las expresiones del vivir de las personas. Cuando en estas conversaciones identifican estas trazas y les dan más cuerpo, sus vidas adquieren nítidamente mucho más capas, con muchas historias. En este capítulo, ilustro estas conversaciones y reflexiono sobre el significado de los conceptos del paisaje de la acción y del paisaje de la conciencia en la configuración de estas conversaciones.

Al describir la importancia de estos conceptos para la práctica terapéutica, sustituí el término de *conciencia* por el de *identidad*. Lo hice por la confusión presente en torno a mi uso del término. A veces la mención de una conciencia buscaba denotar una alerta relacionada con las injusticias. Otras veces este término era utilizado para denotar los mecanismos de la mente implicados en la elección de opciones. Y otras tantas veces implicaba denotar acciones en la vida realizadas en conciencia, en contraste con otras que eran producto del "inconsciente". Debido a esta confusión decidí sustituir en este capítulo el concepto de "paisaje de la conciencia" por "paisaje de la identidad", aunque reconozco que el término *identidad* sólo representa parte de lo que se entiende por *conciencia* cuando lo aplicamos al análisis de textos literarios o a la comprensión del enriquecimiento de los relatos en contextos terapéuticos.

La expresión paisaje de la identidad, disipa esta confusión y tiene la ventaja de enfatizar la importancia del esfuerzo terapéutico —enfatiza el hecho inapelable de que siempre que se vuelven a negociar las historias de vida de las personas se vuelven a negociar las identidades. Ponernos alertas en relación con esto nos alienta, como terapeutas, a comprometernos más con el tipo de ética profesional que se asocia con reconocer los aspectos de nuestra práctica que configuran la vida de las personas, y a estar más pendientes de la responsabilidad que implica lo que decimos y hacemos en nombre de la terapia.

Cuando esbozo paralelos entre la estructura de los textos literarios y la práctica terapéutica, no quiero decir que la actividad del autor de un texto literario y nuestro papel en la práctica terapéutica sean sinónimos. Quienes escriben un texto literario invitan a quienes lo leen a adentrarse en una trama cuya forma fundamental fue trazada por quienes narran. Las personas que brindan terapia no creamos las tramas que se desarrollan en las conversaciones terapéuticas. Tal vez estemos familiarizadas con muchas historias de vidas (lo que nos permite llamar la atención de las personas sobre acontecimientos significativos que no caben en los relatos dominantes) pero no tenemos la autoría inicial ni principal, como en el caso del texto literario: privilegiamos las voces de las personas que consultan para que atribuyan significados a los acontecimientos de su vida que eligen destacar, para interpretar los vínculos que existen entre estos acontecimientos y los temas de vida que valoran, para que deduzcan lo que todo esto refleja de lo que atesoran y para extraer conclusiones sobre lo que esto sugiere de sus propias identidades y las de otras personas. Mientras quienes narran se hallan en el centro del desarrollo de la trama, quienes brindan terapia nos quitamos de ese centro.

En resumen, en las conversaciones de re-autoría, los conceptos del paisaje de la acción y del paisaje de la identidad nos ayudan a construir un contexto que permite que las personas otorguen significado a muchos acontecimientos de vida —significados que dejaban de lado, pero que eran importantes— y que los hilen en una trama. Estos conceptos también nos guían para ayudar a que la gente arribe a nuevas conclusiones acerca de sus propias vidas. Muchas de estas conclusiones contradicen las conclusiones preexistentes, que enfatizaban las carencias y que se relacionaban con las tramas dominantes y que se volvían una limitante en sus vidas.

MAPEO DE LAS CONVERSACIONES DE RE-AUTORÍA CON LIAM Y PENNY

La siguiente revisión de mi conversación con Liam y Penny ilustra de forma práctica lo que implican los conceptos del paisaje de la acción y del paisaje de la identidad. Agrego cuadros que superponen las conversaciones terapéuticas al mapa de conversaciones de re-autoría, que consta de dos líneas de tiempo horizontales —la del paisaje de la acción y la del paisaje de la identidad (conciencia).

Figura 2.1. Mapeo de las conversaciones de re-autoría (Liam)

Paisaje de la identidad
  –entendimientos intencionales
  –entendimiento de lo que se valora
  –entendimientos internos
  –comprensiones, aprendizajes,
    saberes

Paisaje de la acción
  –eventos
  –circunstancias
  –secuencia
  –tiempo
  –trama

Historia remota   **Historia distante**

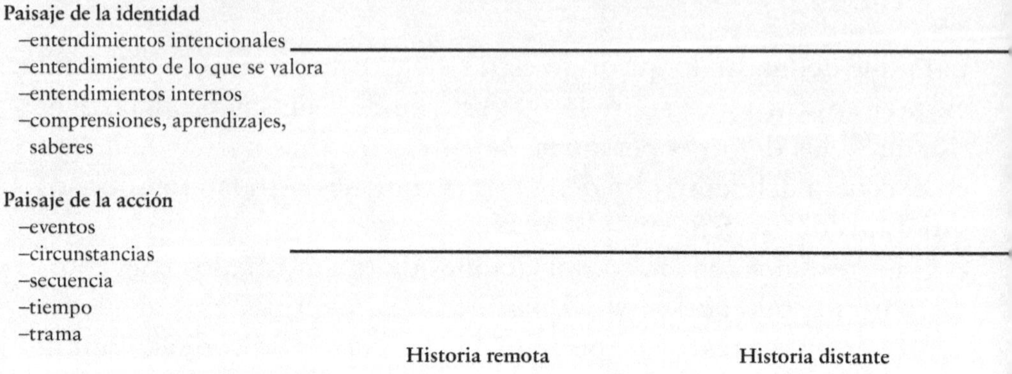

M: (*Figura 2.1*) **Liam se preocupó más por ti que por él. ¿Qué te dice de lo que era importante para Liam? ¿O de lo que él valoraba?**
Las expresiones que contradicen de algún modo los temas predominantes nos dan indicios para llegar a las historias de vida alternas de las personas. La resignación y la futilidad de la existencia eran los temas que predominaban en el relato de Liam sobre su existencia. Sin embargo, aquí Liam dijo estar muy preocupado por su madre. En un primer tiempo, respondí a esta contradicción con preguntas que lo ayudaron a expresar sus inquietudes más a detalle. Luego hice una pregunta que alentó a Penny a reflexionar sobre las preocupaciones de Liam y a verbalizar lo que le sugería era importante para él. Ésta fue una pregunta del paisaje de la identidad.

Figura 2.2. Mapeo de las conversaciones de re-autoría (Liam)

Paisaje de la identidad
  –entendimientos intencionales
  –entendimiento de lo que se valora
  –entendimientos internos
  –comprensiones, aprendizajes,
    saberes

Paisaje de la acción
  –eventos
  –circunstancias
  –secuencia
  –tiempo
  –trama

Relato de cómo Liam aventó
una piedra por la ventana

Historia remota   **Historia distante**

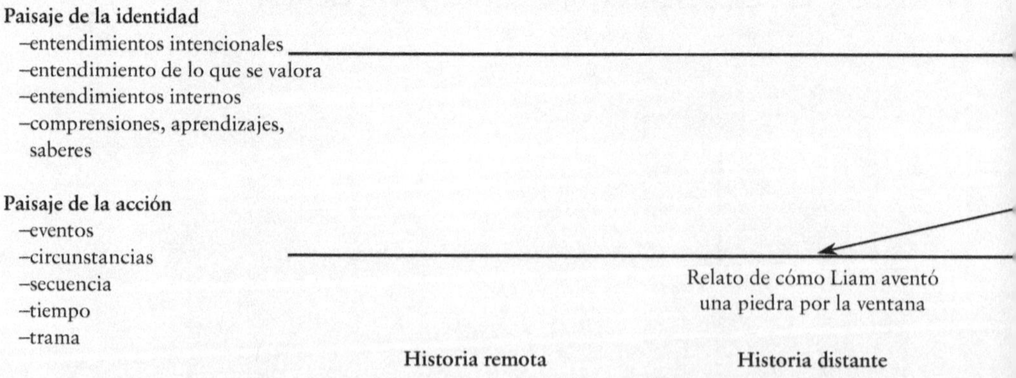

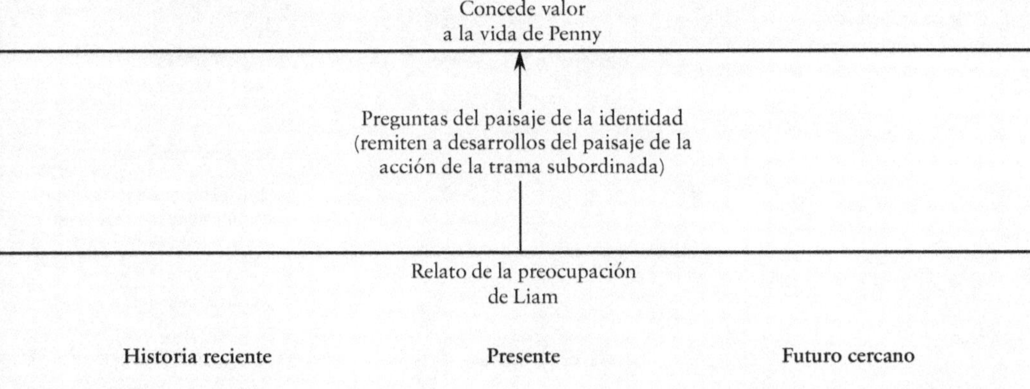

M: (*Figura 2.2*) ¿Hay algunas historias de acciones de Liam que reflejen lo que es valioso para él? ¿Lo que valora? ¿Algunos relatos que nos ayuden a entender cómo supiste eso de él?

Penny afirmó que el hecho de que Liam expresara tal preocupación reflejaba el valor que él le confería a la vida de su mamá —ella era muy valiosa para él. Podemos considerar este relato de lo que Liam valoraba como una conclusión de identidad. En respuesta, le pedí a Penny que me contara una historia de alguna acción de Liam que reflejara esta conclusión. Ésta fue una pregunta del paisaje de la acción pues desencadenó un recuento de acontecimientos específicos en la historia de Liam que ilustraron esta conclusión acerca de lo que valoraba.

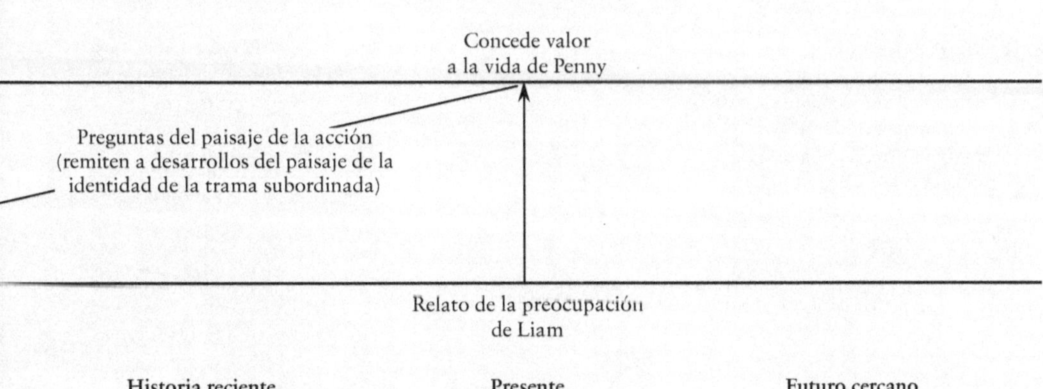

Figura 2.3. Mapeo de las conversaciones de re-autoría (Liam)

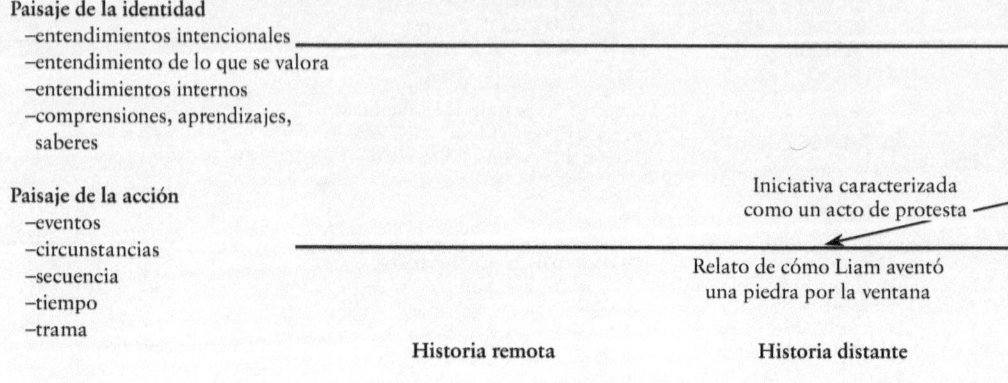

M: (*Figura 2.3*) Penny, ¿qué tipo de paso dio Liam aquel domingo, hace tantos años? ¿Cómo podríamos nombrar lo que hizo?
Cuando me contaron el modo en que Liam distrajo a su padre al aventar una piedra por la ventana, le pregunté a Penny cómo podríamos nombrar este acto. Penny se acordaba de este suceso de modo consciente pero nunca lo había caracterizado. Después hice varias preguntas que nos permitieron nombrar este acto como "protesta". Ésta fue una pregunta del paisaje de la acción que nos llevó a describir un acontecimiento importante que Penny y Liam habían obviado en su historia.

Figura 2.4. Mapeo de las conversaciones de re-autoría (Liam)

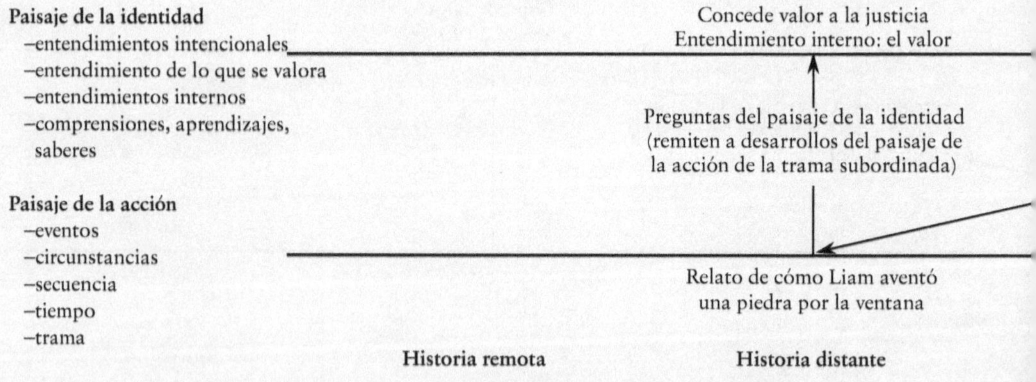

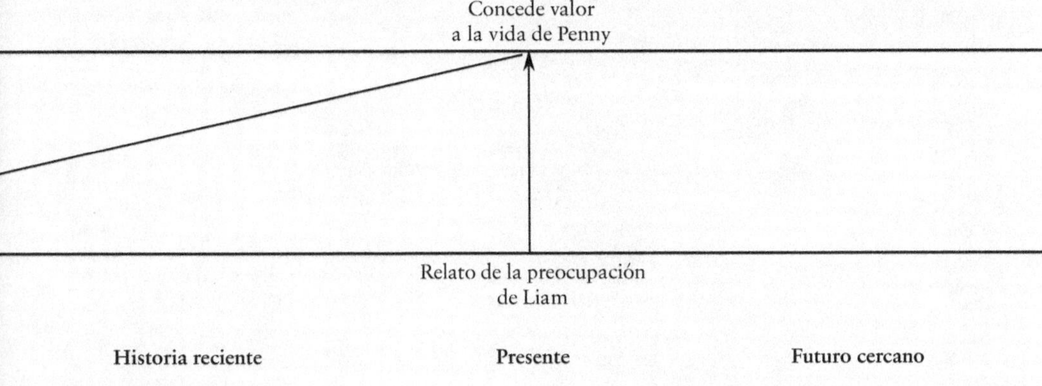

M: (*Figura 2.4*) **Penny, tú presenciaste la protesta de Liam por lo que te estaba haciendo tu marido cuando no tenía más de ocho años. ¿Qué te sugirió de él? ¿Qué crees que refleja de lo que Liam valora?**
A siete años del acontecimiento, que Liam arrojara una piedra por la ventana se definió como "protesta". Penny fue la primera en nombrarlo de este modo. En aquel momento Liam no era capaz de relacionarse con el significado que ella le daba a su acción. La pregunta acerca de lo que este acto reflejaba de su personalidad y de lo que él valoraba fue una de las preguntas del paisaje de la identidad que nos permitió corroborar su valentía y expresar conclusiones acerca de la importancia que tenía la justicia para Liam.

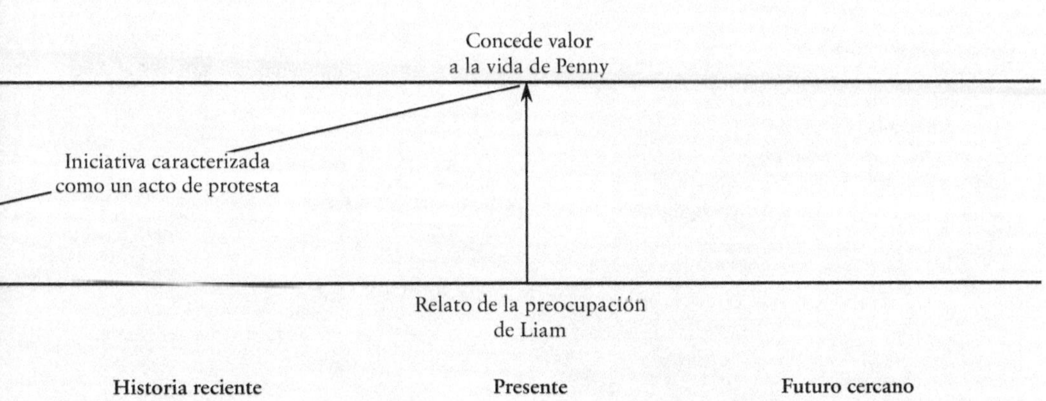

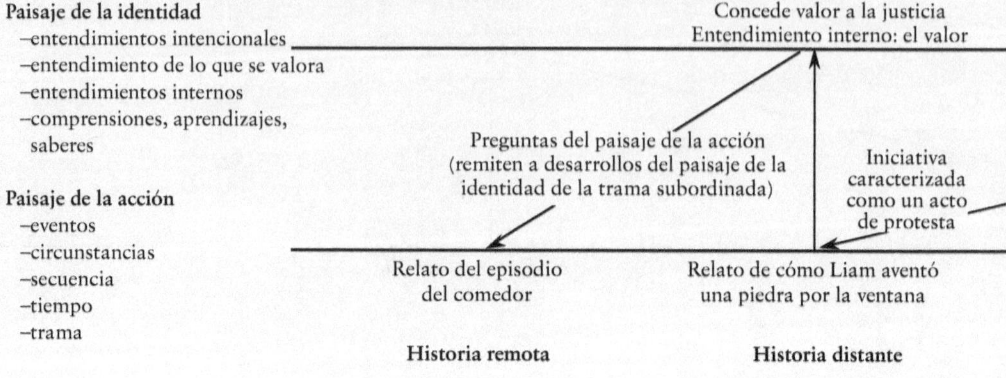

Figura 2.5. Mapeo de las conversaciones de re-autoría (Liam)

M: (*Figura 2.5*) ¿Hay algo que me puedas contar de Liam, de cuando era más joven aún, que confirme lo que sabías de él? ¿Algo que concuerde con tu modo de entender la importancia que le concedía a la justicia?

Liam estaba ahora mucho más involucrado en tejer la trama subordinada, lo que se reflejó en su voluntad de entender cómo había llegado su madre a estas conclusiones respecto de su valentía y del valor que le concedía a la justicia. La pregunta acerca de los acontecimientos de la niñez que corroboraban el conocimiento de su madre de su valentía y del valor que le otorgaba a la justicia fue una pregunta del paisaje de la acción que hizo emerger en la memoria de Penny el relato del comedor de la escuela.

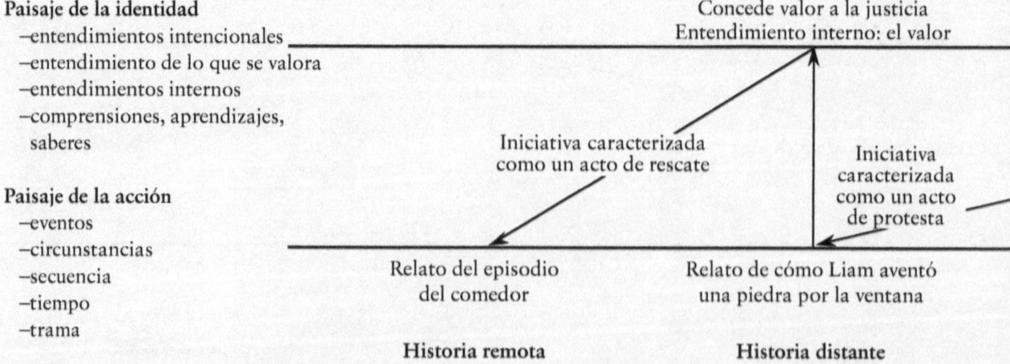

Figura 2.6. Mapeo de las conversaciones de re-autoría (Liam)

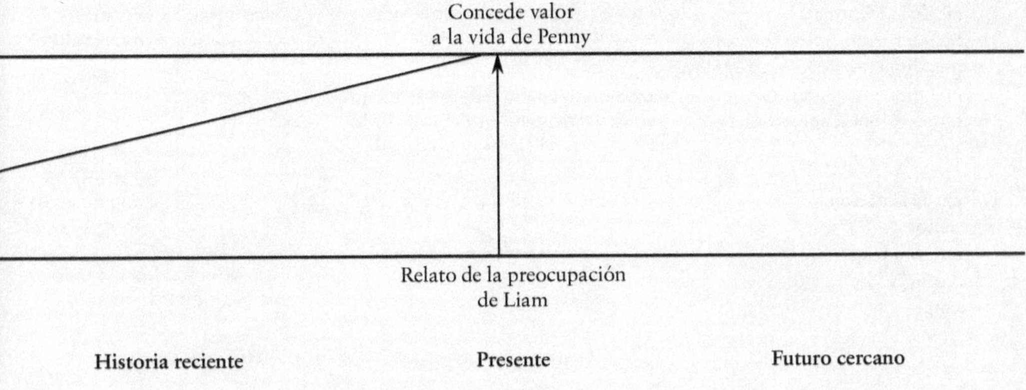

M: (*Figura 2.6*) ¿Qué tipo de paso fue éste? Me dijiste que pensabas que Liam se sentía paralizado en la vida. Y lo que escucho no me suena a parálisis ni a ser un desastre.

Ésta fue una pregunta del paisaje de la acción. Penny respondió narrando cómo ayudó Liam a otros niños y niñas. Lo definió como un acto de "rescate". Liam ya estaba mucho más activo en el desarrollo de la trama subordinada; se relacionaba mucho más pronto con esta forma de nombrar lo que hizo cuando tenía seis años.

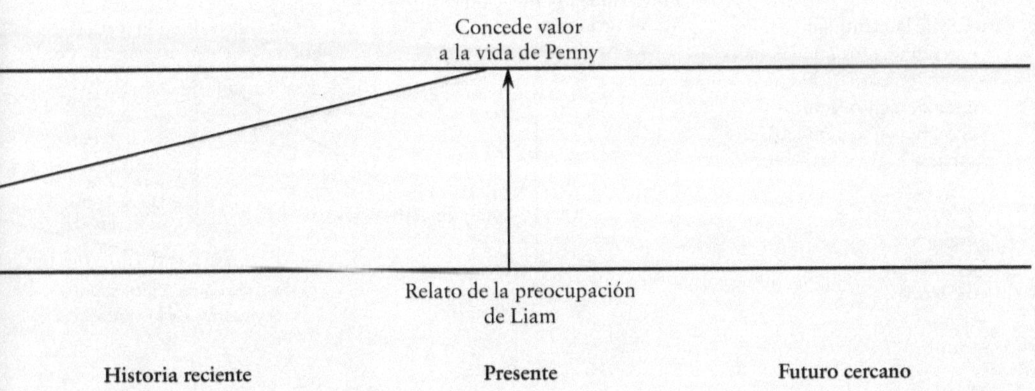

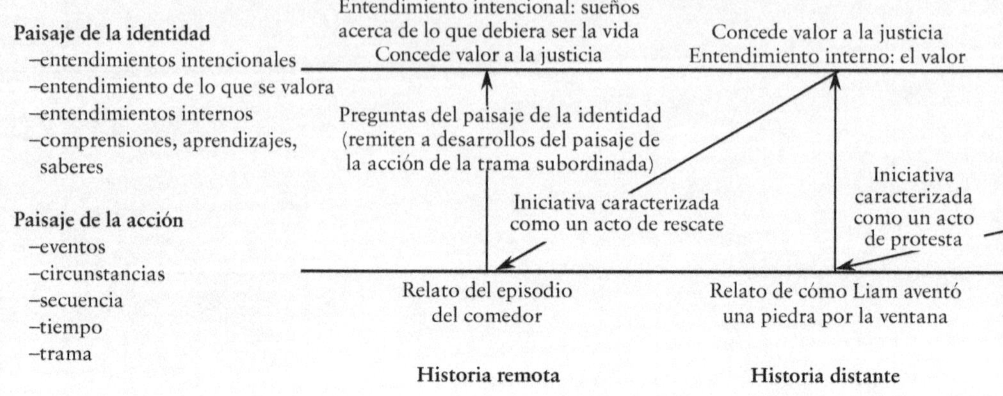

Figura 2.7. Mapeo de las conversaciones de re-autoría (Liam)

M: (*Figura 2.7*) **Penny, cuando te pregunté acerca de Liam y de la piedra que arrojó a la ventana, de lo que decía de él, dijiste que te hablaba de su coraje y de lo que era importante para él en términos de justicia. Si regresamos a lo que pasó cuando tenía seis años, ¿cómo contribuyó que rescatara a otros niños y niñas a la imagen que tienes de Liam como persona?** Nombrar lo que hizo Liam a los seis años brindó una base muy sólida para saber cómo se había conformado la imagen que Penny tenía de su hijo. Ésta fue una pregunta del paisaje de la identidad que nos llevó a conclusiones acerca de la postura de Liam respecto de la justicia y acerca de sus sueños de cómo debía ser la vida. Estas conclusiones coincidían con la trama emergente, y la enriquecieron. Liam ya no sólo reconoció que se podía relacionar con estas conclusiones sino que las confirmó y avaló.

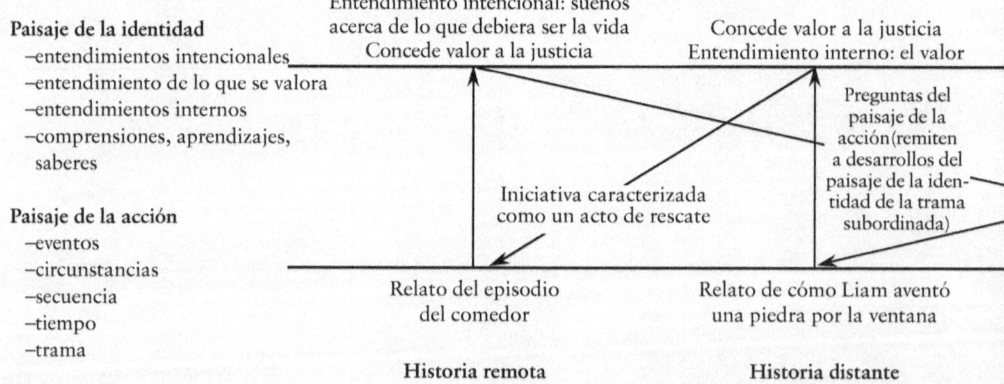

Figura 2.8. Mapeo de las conversaciones de re-autoría (Liam)

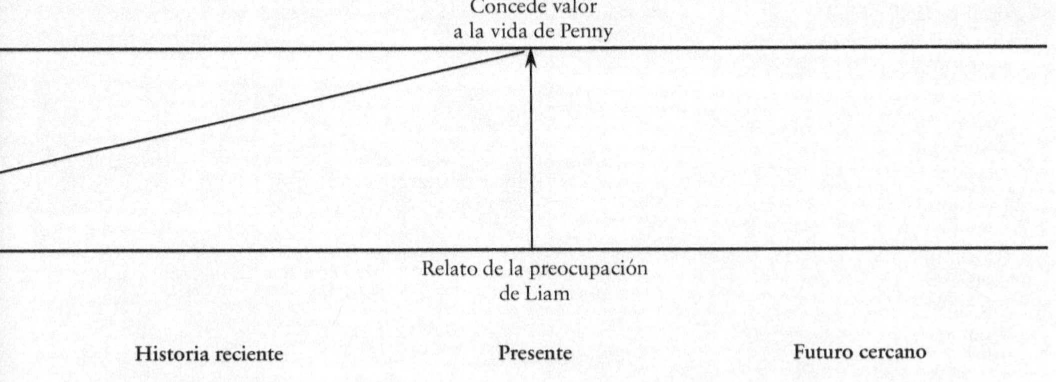

M: (*Figura 2.8*) **Entonces la pregunta es: ¿Cómo te puedes relacionar con lo que escuchas? ¿Hay algo que haya sucedido en tu vida en años más recientes que concuerde con lo que estamos entendiendo de ti? ¿Algo que concuerde con lo que escucho de tu postura respecto a la justicia? ¿Algo que concuerde con lo que tu mamá me cuenta que te importa? ¿Con los sueños de un niño pequeño?** Liam confirmó algunas conclusiones de identidad positivas que no estaban en su mapa al principio de la entrevista, y sentí que había llegado el momento de consultarlo directamente sobre el desarrollo de la trama subordinada. Esta pregunta lo alentó a analizar algunos sucesos más recientes que podrían ilustrar la conclusión acerca de su postura hacia la justicia. Era una pregunta del paisaje de la acción que le rememoró la vez que habló con su prima de los abusos del padre de ésta. Esta iniciativa nos dijo que se preocupaba por ella.

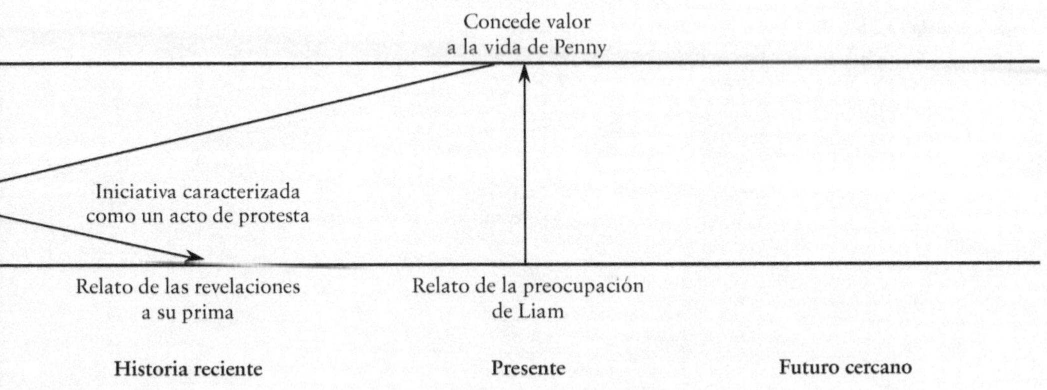

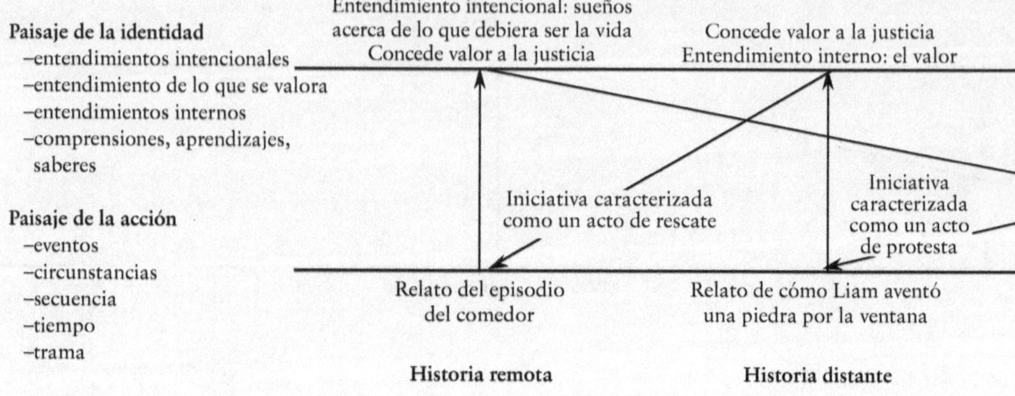

Figura 2.9. Mapeo de las conversaciones de re-autoría (Liam)

M: (*Figura 2.9*) Tu mamá dijo que "le tendiste la mano" a tu prima. ¿Sería una buena descripción para este paso, o hay otro nombre que cuadraría mejor?

Penny acompañó a Liam en el recuento de la historia de su iniciativa con su prima: la describió o nombró como el acto de "tenderle la mano". Ésta fue una pregunta del paisaje de la acción que animó a Liam a participar en el acto de nombrar lo que había hecho.

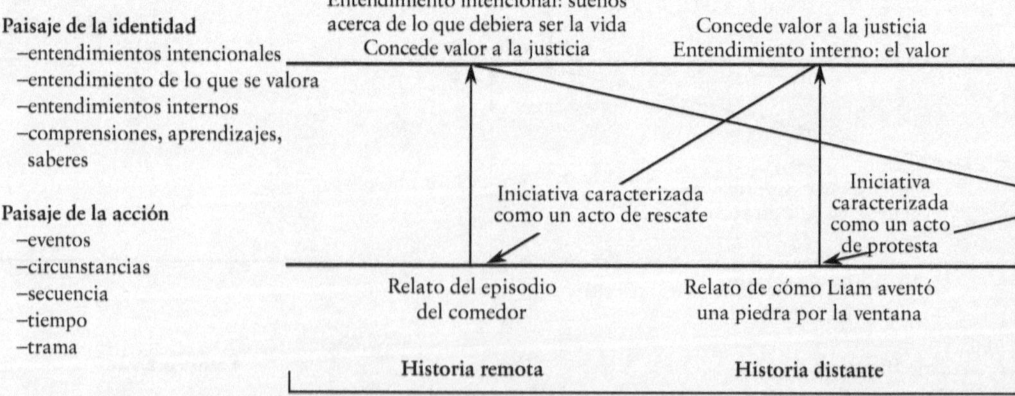

Figura 2.10. Mapeo de las conversaciones de re-autoría (Liam)

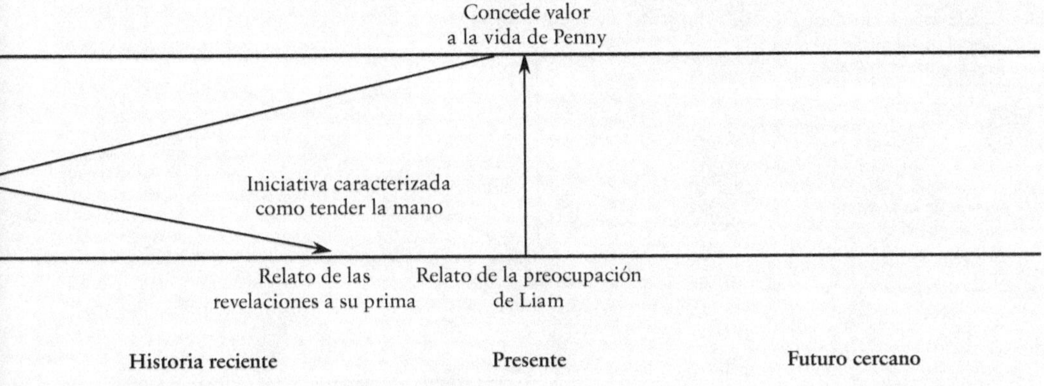

M: *(Figura 2.10)* **Supe de actos de rescate, de acciones que tienen que ver con la protesta. También supe de actos que tienen que ver con tenderle la mano a alguien. Todas estas cuestiones son parte de tu historia. Si las juntamos, ¿qué nos dicen de la situación?**

Para entonces Penny y Liam habían narrado varios actos de Liam. Estos relatos coincidían en ser conclusiones positivas de su identidad. Esta pregunta del paisaje de la acción los alentó a vincular estas historias con un tema y a nombrarlo: Liam lo llamó "salvamento de la vida", lo que constituía una contratrama, pues contrastaba de modo significativo con la trama dominante: la parálisis de su vida.

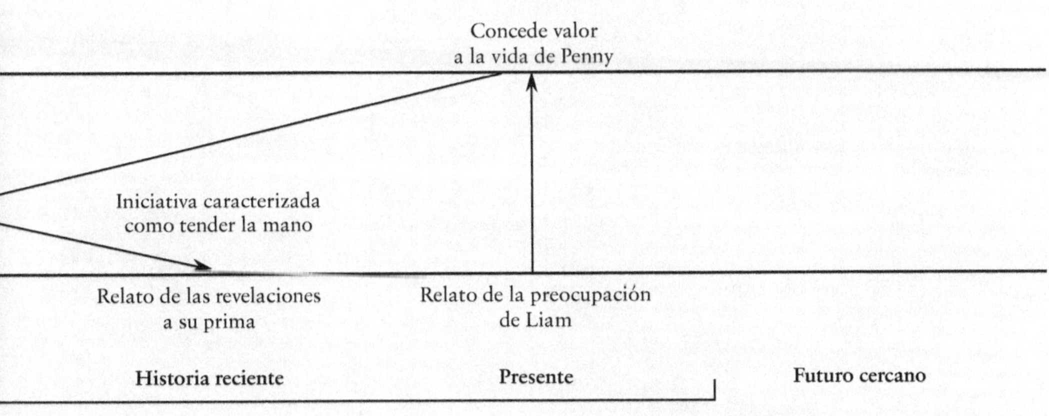

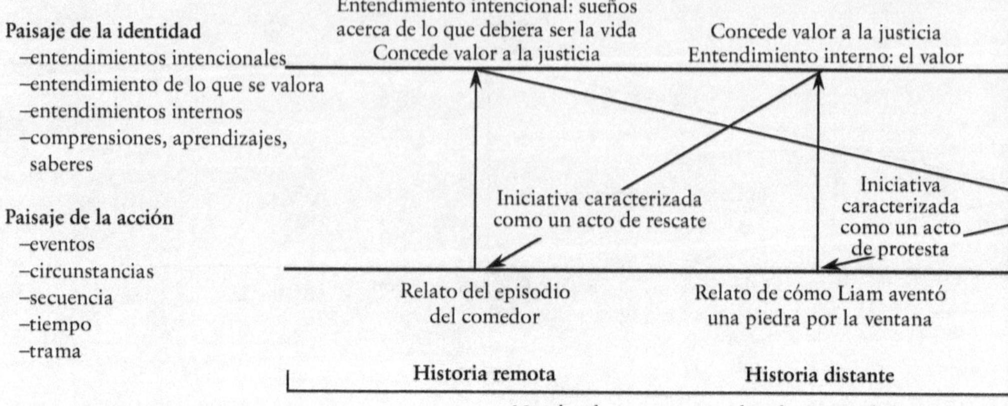

Figura 2.11. Mapeo de las conversaciones de re-autoría (Liam)

M: (*Figura 2.11*). Está bien. Se trata del salvamento de la vida. Esto me dice mucho. Penny ¿qué crees que me sugiera de las aspiraciones de Liam?

Esta pregunta del paisaje de la identidad nos llevó a reflexionar sobre una contratrama en la vida de Liam: la generación de esa clase de conclusiones de identidad que emergen al desarrollar una trama subordinada. Responder esta pregunta estableció que Liam tenía convicciones muy firmes de lo que no está bien en la vida y de lo que hace que valga la pena vivir. Esto le permitió definir con más claridad sus sueños sobre lo que la vida debería ser.

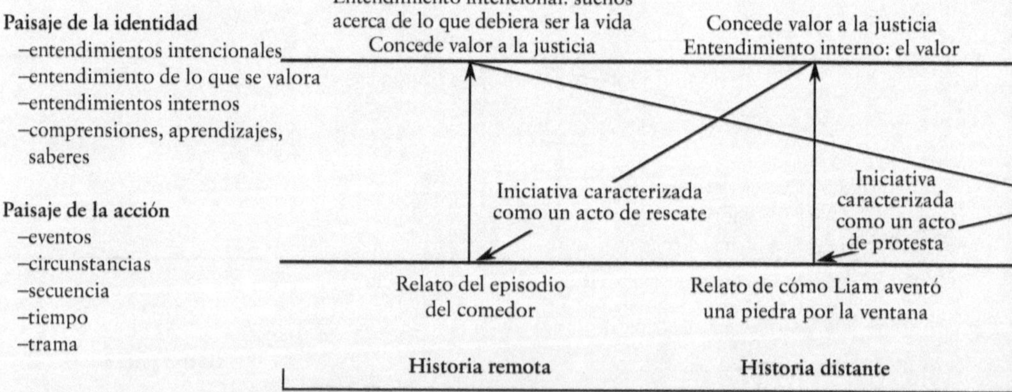

Figura 2.12. Mapeo de las conversaciones de re-autoría (Liam)

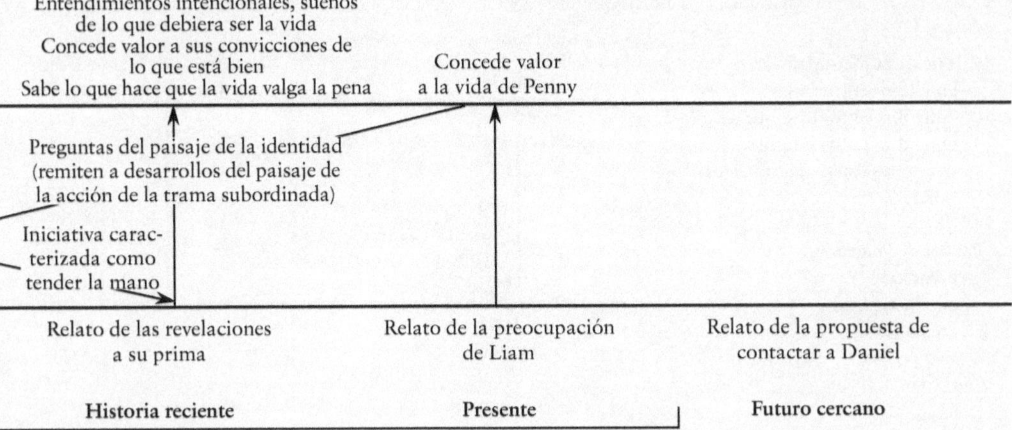

M: (*Figura 2.12*) Eso también me hace sentido. Tengo una pregunta sobre las cosas que aprendimos de ti, de lo que es importante para ti, de las cosas a las que te aferraste a pesar de lo que viviste, acerca de los sueños sobre lo que la vida debería ser, acerca de cómo todo esto tiene que ver con el salvamento de la vida. Si pudieras mantener este conocimiento sobre tu vida cerca de ti y apoyarte en él ¿qué crees que te permitiría dicho conocimiento? ¿Qué pasos serías capaz de dar para encajar con esto?

En esta pregunta resumí las conclusiones de identidad que nombramos en nuestra conversación. Invité a Liam y a Penny a reflexionar sobre las posibilidades de acción en su vida —posibilidades que armonizaran con estas conclusiones. Esta pregunta del paisaje de la acción nos alentó a esbozar el futuro cercano de la trama subordinada. Liam respondió abrazando la idea de contactar a Daniel, un amigo de la escuela que no había visto en dieciocho meses.

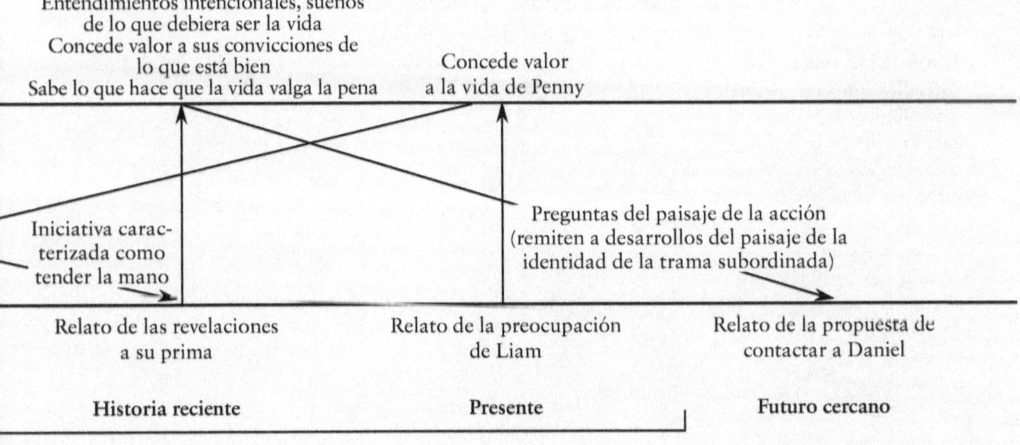

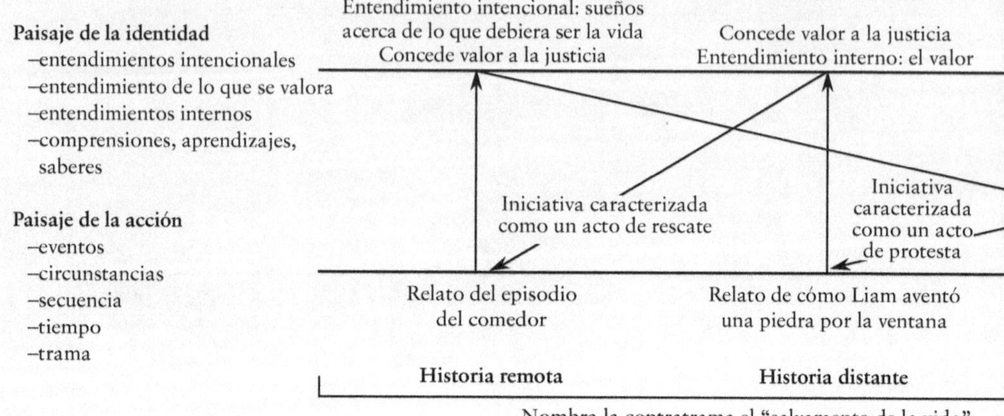

Figura 2.13. Mapeo de las conversaciones de re-autoría (Liam)

M: (*Figura 2.13*) **Si dieras ese paso, ¿qué tipo de paso sería? ¿Dirías que es un paso de rescate, de protesta o de tender la mano? ¿O algo más?**

Esta pregunta del paisaje de la acción invitó a Liam a nombrar lo que Penny propuso y él había abrazado. Lo identificamos como otro paso relacionado con la idea de "tender la mano".

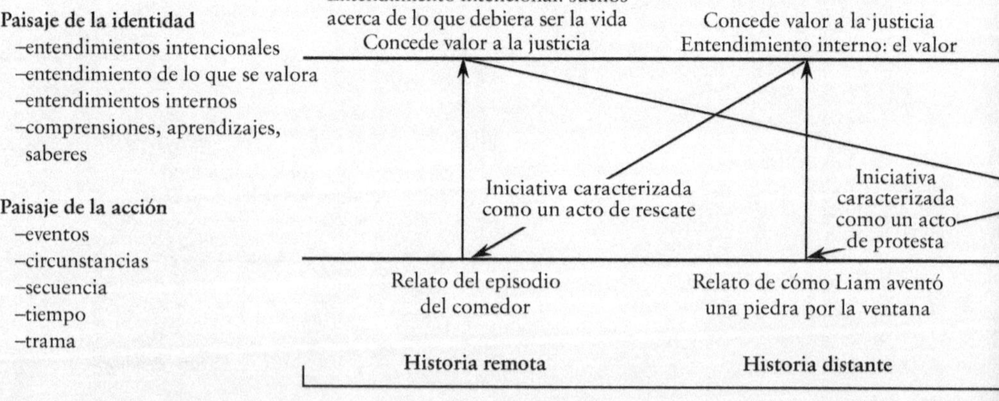

Figura 2.14. Mapeo de las conversaciones de re-autoría (Liam)

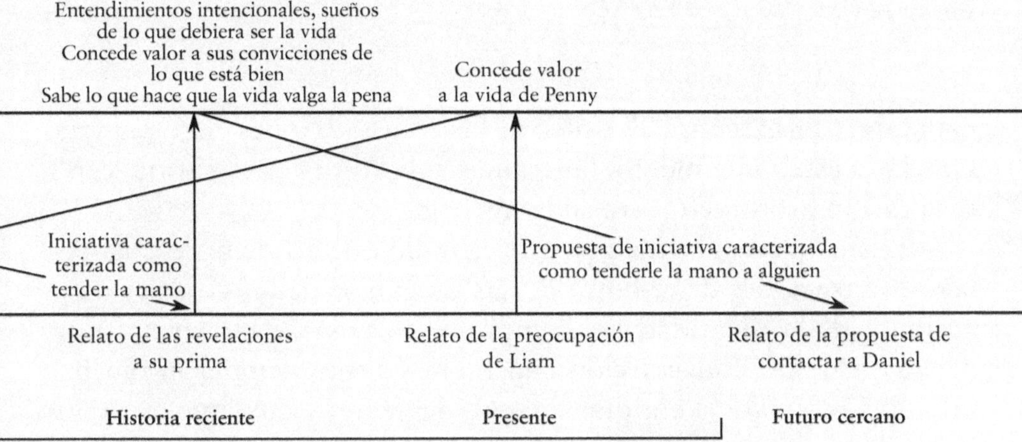

M: *(Figura 2.14)* **Penny, si constataras que Liam da este paso y contactara con Daniel ¿qué te sugeriría de lo que lo mueve a hacerlo?** Esta pregunta del paisaje de la identidad invitó a Penny a reflexionar en la propuesta de "tender la mano". La llevó a que se comprometiera a generar más conclusiones positivas relacionadas con la identidad como las caracterizadas por la trama subordinada.

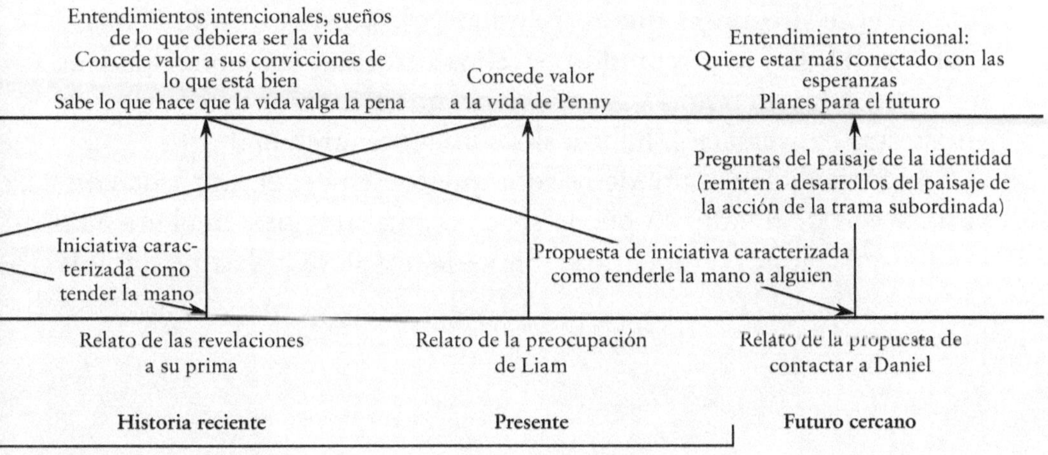

Este vaivén en el tiempo es típico de las conversaciones de re-autoría. Gracias a este movimiento, las tramas subordinadas se enriquecen y se enraízan profundamente en la historia.

Existe una regularidad en este ejemplo que no siempre existe en las conversaciones de re-autoría. Las preguntas de los paisajes de la acción y de la identidad no siempre se enlazan de manera tan ordenada. En esta conversación con Liam y Penny, surgieron muchas más opciones para el enriquecimiento del relato y creo que en varios momentos hubiera sido igualmente viable incorporar una serie de preguntas del paisaje de la acción antes de hacer otra pregunta del paisaje de la identidad. Pude haber profundizado en los acontecimientos precursores a la acción de arrojar la piedra buscando llegar a un relato que nos dijera más de los fundamentos de esta acción. Tal vez se habrían abierto otras rutas en el relato del comedor en la escuela. Antes de introducir más preguntas del paisaje de la identidad, también podría haber indagado los vínculos específicos entre el acontecimiento del comedor, la acción de arrojar la piedra y los episodios de tender la mano —buscando por ejemplo el modo en que cada evento se relacionaba con los demás y el modo en que cada uno llevaba al siguiente.

Considerar otras alternativas en el enriquecimiento de los relatos subraya el hecho de que las que elegí no son *las* alternativas correctas sino las que parecían más viables en aquel momento de la conversación. No preparé ninguna de mis preguntas con antelación, porque eran preguntas que respondían a las respuestas de Penny y Liam. Si me hubiera reunido con ellos otro día, las circunstancias hubiesen sido diferentes y estoy seguro que el camino que tomamos en nuestra conversación habría sido diferente también.

Independientemente de la ruta que tomemos, el mapa de conversaciones de re-autoría puede ser una guía muy útil en el viaje de las conversaciones terapéuticas. Su viaje nos lleva a destinos donde se enriquecen las tramas subordinadas. Todo esto permitió que Liam adquiriera fundamentos, conocimientos, para proseguir con su vida. Ahora Liam quedó en una posición que le permitía especular sobre las acciones que lo pudieran llevar a estar en armonía con las nuevas conclusiones de identidad y con el nuevo tema, y que serían congruentes con aquello a lo que él le confería valor.

Aunque en el contexto de esta conversación seguí utilizando el término *trama subordinada*, a medida que avanzaron nuestras reuniones fue muy evidente que había habido un viraje en cuanto al estatus subordinado. Lo que al principio era una trama subordinada comenzó a eclipsar el relato de vida que predominaba en la vida de Liam cuando éste llegó a la consulta.

LOS BENEFICIOS Y EL PROPÓSITO DE LAS PREGUNTAS DEL PAISAJE DE LA IDENTIDAD

Mientras conversábamos, desarrollamos la trama subordinada y se fueron enriqueciendo los paisajes de la acción y de la identidad que la sostenían. En el caso del paisaje de la acción, logramos este enriquecimiento animando a Liam y a Penny a hilar acontecimientos específicos de su vida en una secuencia que se desplegaba temporalmente de acuerdo a un tema valorado. En el caso del paisaje de la identidad, invité a Liam y a Penny a testimoniar sobre esos acontecimientos, a reflexionar sobre ellos y a dar voz a los entendimientos en torno a la vida y la identidad de Liam que nacieron de esta reflexión. Las preguntas del paisaje de la identidad que introduje agudizaron una actividad mental en Liam y Penny. Estas preguntas sobre el paisaje de la identidad motivaron, entre otras cosas:

- Reflexiones que expresaban la subjetividad (lo que Liam y Penny pensaban de tales acontecimientos), de actitud (lo que sentían con los acontecimientos), de saber (lo que aprendieron como resultado de esta reflexión), de apariencia (lo que pensaban que estos eventos mostraban de las vidas de cada quien) y de suposición (lo que Liam y Penny previeron para el futuro).[2]
- La derivación de entendimientos intencionales (de un abanico de propósitos, metas, planes, aspiraciones, esperanzas y demás) y de entendimientos centrados en consideraciones de valor (de creencia, principios, convicción, fe, etcétera).
- Un relato del modo en que se involucraban con estos entendimientos intencionales y con estas consideraciones de valor (Penny y Liam —más adelante se entusiasmaron con algunas de las intenciones reflejadas en lo que hacía Liam y se apasionaron por los valores que expresaban sus acciones).

Otra característica de las preguntas del paisaje de la identidad es el uso de una postura subjuntiva (Todorov, 1977). Esta postura se caracteriza por términos como *como si, tal vez, como, a lo mejor, podría ser, posiblemente*, etcétera. Por ejemplo: "¿A qué conclusiones

---

2 Estos términos describen transformaciones específicas de acciones en tramas de textos literarios. Estas acciones ocurren en el paisaje de la conciencia. Estas transformaciones, que definió Todorov (1977), describen estados de actividad mental de los protagonistas, que según Bruner (1986, p. 30) "enriquecen la red de conexiones que mantiene unida la narrativa en su descripción de la acción y de la conciencia". En el contexto de la práctica terapéutica, las preguntas acerca de lo que las personas piensan de ciertos acontecimientos ("subjetividad"), acerca de su sentir respecto de ciertos acontecimientos ("actitudes"), acerca de lo que aprenden al reflexionar sobre estos sucesos ("conocimientos/saberes"), acerca de lo que estos acontecimientos muestran de las vidas de las personas ("apariencias") y acerca de lo que predicen ("suposición"), motivan el desarrollo del paisaje de la identidad y el enriquecimiento de las tramas subordinadas.

podríamos llegar al respecto?". "¿Cuáles serían algunos de los entendimientos *posibles* para estos acontecimientos?". "¿Qué nos *podría* decir de lo que es importante para ti?". En mi conversación con Liam y Penny, esta postura desplazó los ánimos de certeza y fatalidad que permeaban sus relatos de vida cuando empezamos a conversar. Creo que en esta investigación, esta postura tuvo el efecto de relajar el proceso interpretativo en las mentes de Liam y Penny.

De todas las respuestas invocadas por las preguntas del paisaje de la identidad, son los entendimientos intencionales y los entendimientos centrados en consideraciones de valor los más importantes para el enriquecimiento de los relatos. En el siguiente apartado los llamo "entendimientos de estado intencional" (siguiendo a Bruner) y los contrasto con los "entendimientos de estado interno" relacionados con las acciones del ser humano, que son más frecuentes en la vida contemporánea.

ENTENDIMIENTOS DE ESTADO INTENCIONAL VERSUS ENTENDIMIENTOS DE ESTADO INTERNO

En mi conversación con Liam y Penny, las preguntas del paisaje de la identidad de inicio generaron entendimientos de estado interno relacionadas con las acciones de Liam. Tales entendimientos revelaron conclusiones acerca de su "valentía", sus "fuerzas" y sus "necesidades". Con estos entendimientos, interpretamos las acciones de Liam como manifestaciones superficiales de elementos o esencias específicas, considerados los cimientos de su identidad, que emanaban del centro de su "yo".

No obstante, con algunas preguntas más llegamos a entendimientos de un estado intencional. Fuimos entendiendo cada vez mejor que las acciones de Liam eran moldeadas por una serie de propósitos, valores, creencias, aspiraciones, esperanzas, metas y compromisos. Estos entendimientos de sus acciones no se referían a ningún concepto de un yo esencial, sino que brindaban un relato de aquello con lo que él se comprometía activa y voluntariamente y que abrazaba con sus actos de vida.

En vez de representar sus acciones como esencias de su identidad, estos entendimientos intencionales se relacionaban con consideraciones de vida más vastas. Los entendimientos intencionales a los que arribamos en estas conversaciones armonizaban con temas de vida particulares a los que Liam y Penny atribuían una importancia primordial. Son estos entendimientos intencionales —y los entendimientos centrados en lo que valoran las personas— los que resultan muy significativos para el enriquecimiento del desarrollo de las tramas.

Entendimientos del estado interno

Los entendimientos del estado interno retratan las acciones de los seres humanos como manifestaciones superficiales de elementos o esencias del yo que pueden "hallarse" en el centro de la identidad. Por ejemplo, en el contexto de los entendimientos del estado interno, la expresión humana podría interpretarse como una manifestación de múltiples motivos inconscientes, instintos, necesidades, deseos, pulsiones, disposiciones, rasgos de personalidad, cualidades personales (fuerzas y recursos) y más. Según esta tradición del entendimiento, estos elementos o esencias están universalmente presentes en varios grados en la condición humana, y la vida se deriva de la expresión directa de estos elementos o esencias, o de distorsiones de estos elementos y esencias. Tales distorsiones con frecuencia suelen ser tachadas de "disfunciones" o "desórdenes".

Muy a menudo, los entendimientos de estado interno se asocian con ideas sobre procesos intrapsíquicos que construyen un relato de los mecanismos mediante los cuales los elementos y esencias del yo son transformados en expresiones de lo humano. A la vuelta del siglo XX, estas concepciones de los estados internos y los mecanismos intrapsíquicos originaron el concepto de "mente inconsciente".

Este logro representó la culminación de un número de procesos "modernos" e interconectados de los últimos dos siglos que incluían:

- El desarrollo de nociones humanistas de la presencia de una "naturaleza" humana que es considerada el fundamento de la existencia personal y que se entiende como la fuente de la expresión humana.
- La evolución del concepto de un "yo" como esencia que ocuparía el centro de la identidad de una persona. Aunque la idea de un yo es relativamente nueva en la historia de las culturas del mundo, ha tenido mucho éxito y hoy día se asume por completo en Occidente.
- El desarrollo progresivo, desde el siglo XVII en adelante, de un nuevo sistema de control social donde el "juicio normalizador" desplazó constantemente al juicio moral.[3]

---

3 Michel Foucault, historiador de los sistemas de pensamiento, situó el surgimiento del "poder moderno" en los últimos siglos. Afirmó que se convirtió en el principal sistema de control social en la cultura occidental contemporánea. Este sistema de control social incita a las personas a enarbolar "juicios normalizadores" sobre sí mismas y sobre otras personas en un esfuerzo por reproducir normas específicas de la vida y la identidad. En otras palabras, las *personas* se vuelven cómplices de un sistema de control social donde ejercen y actúan con base en juicios acerca de la vida según normas de comportamiento e identidad preestablecidas. Según Foucault, estas normas han sido construidas sobre todo por las disciplinas profesionales (derecho, medicina, psicología y demás). Este sistema de control social desplazó en gran medida el sistema de control social que somete a las personas a juicios morales mediante representantes de las instituciones estatales.

A lo largo del siglo pasado, los entendimientos de estado interno de las expresiones humanas permearon la cultura occidental al grado de que estos entendimientos lograron un carácter establecido incuestionable en la psicología profesional y la popular de la era actual. Hoy es rutinario suponer que estos elementos y esencias del yo son omnipresentes en las vidas de las personas, y se les puede descubrir y revelar en el contexto del desarrollo personal y al abordar los problemas de la vida.

Entendimientos del estado intencional
Por el contrario, las concepciones del estado intencional de la identidad se distinguen por la noción de "agencia personal". Esta noción ubica a las personas como mediadoras y negociadoras activas de los significados y dificultades tanto en lo individual como en colaboración con otras personas. También ubica a las personas como originadoras de muchos de los procesos preferidos de su propia vida: la gente vive su vida de acuerdo con intenciones que abraza en la prosecución de aquello que valora en la vida. Se la pasa en la empresa de moldear activamente su existencia con su esfuerzo por lograr sus anhelados fines.

Según Bruner (1990), la importancia asignada a las nociones de intención y propósito, el peso conferido a la noción de lo que son valores, creencias y compromisos y el énfasis otorgado a la agencia personal constituyen una teoría de la mente que es característica de una tradición multisecular de la psicología popular.

Uno de los instrumentos constitutivos más poderosos de las culturas es la psicología popular, una serie de descripciones más o menos conectadas y normativas acerca de lo que mueve a los seres humanos, acerca de cómo son nuestras mentes y las de otras personas, acerca de lo que podemos esperar en una situación particular, acerca de

> posibles modos de vida, de cómo se compromete uno con éstos [...]
> Acuñados por los nuevos científicos cognitivos por su cercanía con
> estos estados intencionales como creencias, deseos y significados,
> la expresión "psicología popular" no podría ser más apropiada
> (pp. 35-36).

Según esta definición, las personas suelen recurrir a la psicología popular cuando transitan su vida diaria. Ponen las nociones del estado intencional, propias de la psicología popular, al servicio de sus esfuerzos por entender su propia vida y darle sentido a las acciones de las otras personas. Las nociones del estado intencional propias de la psicología popular dotan a las personas con una serie de nociones acerca de lo que las mueve y les brindan fundamentos para responder a las acciones de la demás gente.

También resaltan las nociones del estado intencional, propias de la psicología popular, en los esfuerzos de la gente por entender lo que pasa en el mundo en general. Bruner (1990) ilustró la forma en que estos entendimientos del estado intencional moldean los esfuerzos de la gente por conciliar lo que llega inesperado en sus vidas, sientan las bases para esforzarse al enfrentar obstáculos y crisis, y permiten que resuelva la serie de dificultades y dilemas con los que se confronta en la vida cotidiana.

Bruner ubica el desplazamiento de estos entendimientos del estado intencional sobre la vida y la identidad (en la psicología profesional y popular) hacia finales del siglo XVIII y comienzos del siglo XIX. En este proceso, el concepto de mente de la psicología popular le cedió el paso a la "mente inconsciente" de las psicologías del estado interno.

Cuando distingo los entendimientos del estado interno y del estado intencional y cuando privilegio el desarrollo de los segundos en las conversaciones de re-autoría, no descarto los entendimientos internos de vida e identidad. Muchos de ellos, atesorados, son bastante hermosos y podemos considerar que tienen consecuencias positivas. En el contexto de las conversaciones terapéuticas, podemos honrar estos entendimientos.

No obstante, los entendimientos internos desembocan muy pocas veces en el tipo de enriquecimiento de los relatos que suele ocurrir como resultado de la generación de entendimientos propios del estado intencional. Y esto ocurre porque los entendimientos internos tienden a:

- Disminuir el sentido de agencia personal (según los entendimientos internos, las vidas de las personas se viven según elementos y esencias del yo y no están configuradas por acciones influidas por las intenciones y valores que abraza la persona).
- Aislar a las personas (según los entendimientos internos, la expresión humana se concibe como parte de un yo singular y no como expresión de vida resultante de una historia de vida tejida con las historias de vida de otras personas en torno a temas valorados y compartidos).
- Desalentar la diversidad (los entendimientos internos están moldeados por normas globales de vida que promueven un ideal moderno de un "yo encapsulado" uno que valoriza las nociones del auto-control, la confianza en sí mismo y la auto-realización).

Es común que las conversaciones de re-autoría exhiban una deriva hacia la generación de conclusiones de identidad asociadas con entendimientos del estado intencional, independientemente de cuáles hayan sido las condiciones iniciales. En mi conversación de re-autoría con Liam y su madre, esta deriva la acentuó la forma de mis preguntas sesgadas hacia solicitar más entendimientos intencionales de las acciones de Liam: "¿Qué te dice de lo que era importante para él? ¿De lo que valoraba Liam?". "Si regresamos a cuando tenía seis años, ¿cómo contribuyó que rescatara a otros niños a la imagen que tienes de Liam como persona?". "Penny, ¿qué crees que me sugiera de las aspiraciones de Liam?". "Penny, si vieras que Liam da el paso de contactar a Daniel, ¿qué te sugeriría de sus propósitos?". "¿Qué piensas que esto refleja de tus planes para el futuro?".

Insisto en que este sesgo hacia conclusiones del estado intencional no debería sugerir que las conclusiones propias del estado interno estén incorrectas o sean inútiles invariablemente. Las que generamos al inicio de nuestra conversación con Liam fueron positivas y él las cotejó. Sin embargo los entendimientos del estado intencional fueron los que contribuyeron de un modo significativo a sentar las bases para:

- El desarrollo de un sentido de su vida vinculado con la vida de otras personas en torno a temas compartidos, que contradecía su prevaleciente sentido de aislamiento.
- La experiencia de ser reconocido en relación a su propia vida, algo que negaba su sentido de ser un desastre o estar perdido en relación a cómo vivir.
- La expresión de respuestas emocionales a algunos sucesos significativos en su vida pero sin embargo negados, lo que contradecía lo aplanado del afecto que parecía ser característico de su existencia.
- La especulación del modo en que otras personas percibían su vida y su identidad, lo cual se contraponía a su sentimiento de invisibilidad.
- La suposición, que incluía especulación acerca de acciones que podrían serle fáciles y que estarían en armonía con lo que él valoraba, lo cual se contrapuso con su sentimiento de futilidad y desesperanza.

- La expresión de su manera de involucrarse con estas intenciones y valores, lo cual se contraponía con su sentido de abatimiento.

Además, los entendimientos del estado intencional que nacieron de nuestra conversación le dieron a Liam un sentido de agencia personal, se contrapuso a la sensación de parálisis que imperaba. También le brindaron fundamento para expandir un sentido de identidad preferido que tenía continuidad a lo largo de su pasado, presente y futuro, lo cual se contrapuso con sus conclusiones de ser un desastre y estar echado a perder.

EL PAISAJE DE LA IDENTIDAD: LOS "ARCHIVADORES" MENTALES

Podría sernos útil el concebir el paisaje de la identidad como un conjunto de "archivadores mentales" donde cada caja representa una categoría de identidad culturalmente relevante. En la cultura occidental, esto incluye las categorías del estado interno, tales como las necesidades inconscientes, los instintos, los deseos, los impulsos, los modos de ser, los rasgos de personalidad, etcétera. También incluye las categorías de estado intencional como los propósitos, las aspiraciones, búsquedas, las esperanzas, los sueños, las visiones, los valores, las creencias y los compromisos. Es en estos gabinetes, estos archiveros, donde las personas almacenan un rango de conclusiones acerca de su propia identidad y la de otras personas. Estas conclusiones de identidad determinan la importancia concedida a ciertos acontecimientos de la vida de las personas. Las personas las desarrollan reflexionando sobre estos acontecimientos y sobre los temas a los que pertenecen estos sucesos. Todas estas conclusiones, incluidas las de las categorías de estado interno, influyen de un modo significativo en las acciones de la gente; moldean su vida. En otros términos lo que configura la vida no son "cosas" como los motivos y las necesidades sino las conclusiones acerca de esas "cosas" construidas desde lo social.

Las conversaciones de re-autoría brindan el contexto para generar abundantes conclusiones de identidad que contradicen aquellas asociadas con las tramas dominantes de la vida de las personas. A medida que estas conclusiones entran en los "archivadores de la mente" le restan espacio a las conclusiones dominantes de identidad que los ocupaban, y a la influencia que éstas tenían en la configuración de la existencia de las personas.

ILUSTRACIONES ADICIONALES

Brindo a continuación otros dos relatos de conversaciones de re-autoría. No obstante, no incluí ningún comentario narrativo al respecto. Más bien, su inclusión pretende brindarle a quienes nos lean una oportunidad para emprender su propio análisis narrativo de las conversaciones terapéuticas, y luego se refieran a mis diagramas.

Vivienne

Vivienne, una mujer de unos cuarenta años, me fue referida por su médico general. Ésta fue una de las pocas veces que Vivienne aceptó ir a terapia en los últimos años, un paso que en el pasado le había provocado bastante ansiedad. Invitó a su pareja, Adel, a acompañarla para apoyarla moralmente. Al iniciar nuestra primera reunión, Vivienne me informó que llevaba "mucho tiempo sufriendo agorafobia" y que por lo mismo había llevado una vida muy restringida. También "llevaba dieciocho años luchando con sus desórdenes alimentarios", sobre todo la anorexia nerviosa y la bulimia.

Entendí por lo que me dijo, que se había resignado a vivir una vida sumamente limitada pero que hacía poco que, por animación de su pareja, había decidido embarcarse en nuevos esfuerzos para "tener una vida libre" de las fuerzas que "durante tanto tiempo la habían hostigado".

Al llegar la tercera entrevista, Vivienne se había familiarizado con aspectos de su vida que antes no veía. Empezó a hablar entre otras cosas de objetivos de vida que contradecían la idea de una existencia confinada, de gustos que contradecían la idea de austeridad, y de deseos que discordaban bastante de los que marcaba la anorexia. A partir de esto, Vivienne ideó un plan bastante audaz. Decidió retomar el contacto con algunos parientes con quienes había tenido poco que ver durante su vida adulta —dos tías, un tío y un primo— e invitarles a que la acompañaran a un picnic. Vivienne eligió a estas personas porque tenía recuerdos cariñosos de su relación con ellas en la infancia.

Vivienne escogió el picnic por tres motivos. Primero, porque tenía cálidos recuerdos de picnics en la infancia. Segundo, porque sería en un espacio abierto que le permitiría desafiar el modo de vida al que se había restringido debido a la agorafobia. Tercero, porque la idea del picnic tenía que ver con el plan de alimentarse en público. Vivienne llevaba diez años sin hacerlo. Esperaba que la naturaleza del evento (un picnic) y la presencia de sus parientes la impulsaran a recobrar su vida de la agorafobia y de la anorexia nerviosa. Sin embargo, su decisión le provocaba mucha aprehensión y no estaba segura de poderla llevar a cabo.

Cuando nos vimos tres semanas después, me enteré que Vivienne había llevado su plan a cabo. El picnic tuvo lugar. Sólo faltó una prima que estaba de vacaciones. Vivienne declaró que no huyó del espacio abierto, y que había logrado comer un poco. Además, al final del evento, anunció que era la primera vez en diez años que comía en público, que había elegido con mucho cuidado a las personas que quiso que la acompañaran en este paso, y que sabía que todo esto la ayudaría a alcanzar sus propósitos. Sus tías y tío dijeron que se sentían muy honrados que los hubiera elegido y que les daba mucho gusto estar ahí.

Claramente fue un logro en la mente de Vivienne, pero a mí me preocupaba que no fuera suficiente para enfrentar las fuerzas que refrenaban su vida. Así que la empecé a entrevistar acerca de esta iniciativa, confiando en darle más peso aún y en tejerla en una trama subordinada de su vida.

M: ¡Qué picnic, Vivienne! Creo entender bien la importancia de lo que lograste. ¿Se te ocurre una forma de nombrar este paso para que le demos el reconocimiento que merece?

Vivienne: No creo. No lo he pensado. No sé qué nombre funcionaría.

M: Me imagino que no tendría nada que ver con la falta de confianza, con la idea de estar "desperdiciando tu vida".

Vivienne. No, para nada. Diría más bien que tiene que ver con confiar en mí.

M: ¡Confiar en ti! ¿Tienes alguna idea de lo que ese confiar en ti permitió?

Vivienne: ¿Qué quieres decir?

M: ¿Tienes idea de lo que ese confiar en ti contribuyó a tu vida? Tal vez podamos hablar de cómo te sentiste contigo misma. O de cómo te percataste de otras cuestiones que has logrado en tu vida. O de tu relación con tus tías y con tu tío. Lo que sea.

Vivienne: Bueno, lo que sí sé es que me acercó a mis tías y a mi tío. No cabe duda que sentí que me volvía a conectar con ellos. Fueron tan encantadores. Sí. Me acercó a ellos y también al mismo Adel.

M: Una parte del acto de confiar fue lo que te volvió a conectar con las personas que te son importantes ¿Cómo te sientes con esto?

Vivienne: Lo único que puedo decirte es que me hace muy feliz.

M: ¿Me podrías contar un poco por qué te hace tan feliz? Cualquier cosa que me ayude a entender por qué es importante para ti.

Vivienne: Quizá te suene un poco raro, y más porque llevo tanto tiempo desconectada, pero creo que soy una persona a quien le gusta convivir, de veras.

M: Una persona sociable a quien le gusta convivir. Dime ¿cuáles son las cosas importantes para una persona sociable?

Vivienne: Bueno…

Mis preguntas llevaron a Vivienne a cargar de significado las acciones que había tomado para organizar el picnic siguiendo su plan. Sin embargo, predije que el estatus de todos esos pasos sería tenue si no los hilaba dentro de la trama de su vida. Este paso dado se podría interpretar como una iniciativa aislada, tal vez fortuita o nacida de la casualidad, o como el resultado de circunstancias inusuales.

Esta precariedad fragiliza los pasos y es muy poco probable que proporcione el fundamento de un cambio duradero. Empecé a hacer algunas preguntas para alentar a Vivienne a tejer estos pasos en una trama de su vida. Al principio, fueron preguntas bastante directas del paisaje de la acción lo que la animó a destacar la historia más reciente de este acto de confianza en sí misma. "¿Tienes idea de lo que hiciste en preparación del camino para este acto de confianza en ti misma?". "Quizás podrías pensar en algo que te ayudó a preparar el terreno". "¿Puedes reflexionar en los acontecimientos que te llevaron a dar este paso y contarme alguno de los sucesos que pudo estar implicado?".

De pronto estábamos conversando sobre los sucesos y las circunstancias que llevaron al picnic. Hablamos incluso de lo que Vivienne había hecho para mantener a raya su ansiedad antes de invitar a su familia al picnic. Revisar la historia reciente de los pasos contribuyó también a una dramática versión de los sucesos del picnic mismo, incluidos los momentos de crisis que Vivienne sufrió en el acto de reunirse con otros para comer y en las acciones con que enfrentó estos momentos de crisis. Conforme tejíamos estos pasos en una secuencia de acontecimientos desplegada en el tiempo, le pregunté a Vivienne cómo nombraría este desarrollo en su vida: "Tengo una imagen más clara de lo que te llevó a este acto de "confianza en ti". ¿Cómo podríamos englobar con un nombre este desarrollo? Si estos pasos son parte de uno de los cursos de tu vida, ¿cómo le dirías a este curso?". En respuesta a estas preguntas, Vivienne concluyó que se trataba de un acto de "reclamar su vida para sí".

En la siguiente reunión nuestras conversaciones regresaron a lo sucedido en el picnic y pareció un buen momento para expandir nuestra conversación de re-autoría:

M: Vivienne, tengo algunas preguntas sobre lo que "reclamar tu vida para ti" nos puede decir de quién eres como persona.
Vivienne: Bueno... No sé. No creo tener respuesta.
M: Tal vez le podría preguntar a Adel.
Vivienne: Está bien.
M: Adel, me gustaría saber lo que piensas del acontecimiento del picnic. Tal vez tengas algunas ideas de lo que Vivienne intentaba cuando dio esos pasos. O tal vez una idea de lo que la sostuvo hasta lograr lo que se propuso. O algo que nos pudiera decir qué es lo importante para ella. Cualquier cosa por el estilo.

Adel: Sí, de hecho, tengo varias ideas al respecto. Lo primero que se me ocurre es que nos habla mucho de la perseverancia y de la fuerza de voluntad de Vivienne.

M: Perseverancia y fuerza de voluntad. Vivienne, ¿te hacen sentido las ideas de Adel?

Vivienne: Sí, de hecho sí. Pero no usaría estas palabras.

M: ¿Se te ocurren otras?

Vivienne: No se me ocurre nada. Pero creo que sí me puedo conectar con lo que dice Adel.

M: Bueno. Perseverancia y fuerza de voluntad no son tus palabras pero te puedes conectar con ellas

Vivienne: Sí.

M: Me da mucha curiosidad saber cómo te puedes relacionar con estas palabras. ¿Has visto algo en tu vida recientemente que pudiera reflejar perseverancia y fuerza de voluntad?

Vivienne: Bueno… trato de pensar… quizás… No, no es un ejemplo.

Adel: A mí se me ocurre algo. Hace dos fines de semana hablamos de lo que haríamos el sábado en la tarde. Michael, casi siempre pasamos la tarde del sábado juntos, los dos. Es nuestro momento. En fin, yo hablaba de cosas que había que hacer en el jardín y recuerdo que Vivienne dijo algo como: "Sí, es una buena idea pero yo soy diferente y tengo otras ideas". (*Voltea a mirar a Vivienne*). No recuerdo que hayas dicho algo así antes.

Vivienne: No. Estoy segura que no. Quiero decir, estoy segura de nunca haber dicho algo así antes.

M: ¿Y esto concuerda con lo que Adel dice de la perseverancia y de la fuerza de voluntad?

Vivienne: Creo que sí.

M: Me pregunto qué más dice de ti este "Soy una persona diferente y tengo otras ideas", o lo que nos dice de tu relación con

Adel. ¿Tienes alguna idea al respecto? ¿Acerca de lo que podría reflejar de lo que es importante para ti? ¿O de tu relación con Adel?

Vivienne: Creo… Sí, creo que tal vez dice que me estoy valorando un poco. O que al menos lo empiezo a hacer. Quizá no esté tan perdida, después de todo.

M: Diste tu opinión y entonces…

Vivienne: Quizás esté valorando más mis opiniones y mi opinión vale al menos un poco.

M: Como que tienes un…

Vivienne: Tengo mis propias opiniones y las estoy valorando más.

M: ¿Adel?

Adel: Estoy de acuerdo. Tiene que ver con que Vivienne valore sus opiniones, sus propias ideas. Creo que tiene que ver también con lo que tenemos en nuestra relación.

M: ¿En qué sentido?

Adel: La confianza, quiero decir. Que Vivienne confiara en que me lo podía decir.

M: Entonces también refleja confianza en su relación. ¿Es una relación de confianza?

Vivienne: Sí, así es.

M: Y la confianza siempre fue…

Vivienne: Sinceramente no puedo pensar en algo que sea más importante para mí.

M: Aparte de Adel, ¿puedes pensar en alguien que haya reconocido esta perseverancia y esa fuerza de voluntad en ti? ¿O alguien que aprecie el que valores tus propias opiniones y tu propio criterio? ¿O alguien que esté consciente de la importancia que la confianza tiene para ti?

Vivienne: Helen sí lo habría hecho.

(Helen era la hermana mayor de Vivienne, le llevaba cuatro años. Se suicidó cuando tenía dieciséis años. Hasta ese momento, había

hecho todo lo que podía para proteger a su hermana de los abusos que sufría).

Adel: Claro, Helen, ciertamente. Al menos por lo que sé de ella.

M: ¿Puedo hacer algunas preguntas sobre Helen y quizás de tu relación con Helen? *(Ya sabía algunas cosas de Helen desde mi segunda reunión con Vivienne y Adel).*

Vivienne: Siempre me costó hablar de eso y quizás me cueste todavía. Pero creo que ahora estará bien. Ahora lo agradecería, aunque sea difícil.

M: Si Helen pudiera estar aquí y participar de nuestra conversación y si le pidiera que me narrara algo de cuando eras pequeña, una historia de tu perseverancia y de tu fuerza de voluntad, una historia de ti al valorar tus opiniones, o de la importancia que tiene la confianza para ti, ¿qué crees que diría?

Vivienne: Helen me cuidó de verdad y seguro tendría muchas historias.

M: ¿Cuál está más presente en este momento?

Vivienne: Seguro te contaría de unos problemas que tuve en la escuela. Recuerdo que todo era demasiado para mí y que no podía con nada. Lo único que me faltaba era tener una pésima profesora y eso ocurrió cuando estaba en primero de secundaria: un día me puse fuera de mí. Me salí de control, ni siquiera recuerdo lo que hice, salvo que destrocé todo y desbaraté el salón de clase. Recuerdo que me mandaron con el director y que tuve que estar parada durante lo que me pareció que eran horas para reflexionar sobre lo que había dicho y hecho y sobre la forma de arreglarlo. Pero yo no accedía a reconocer que yo era la que estaba mal. Y de repente apareció Helen. No sé cómo se enteró porque el bachillerato estaba a una cuadra. En fin, empezó con el director. Ya sabes. Le empezó a decir lo que tenía que hacer y cómo llevar a sus profesores, que qué desgracia era la escuela y demás. Luego lo quiso golpear y ¡ay!, de pronto se volvió una trifulca. También me metí y de repente había gente por todas partes, ocurría toda suerte de cosas y parecía que nunca terminaría. Por supuesto, tuvimos muchos problemas por eso, incluso con mi padre.

M: Es un relato muy conmovedor.

Adel: Sí. Nunca había oído todos esos detalles.

Vivienne. No me acordaba. Tal vez no lo quise pensar porque después, las cosas fueron de mal en peor.

M: ¿Qué crees que Helen apreciaba de ti en ese tiempo?

Vivienne: No tengo ni idea. Sé que apreciaba mi determinación, el que no me diera por vencida.

M: ¿Y qué pensaba de tus opiniones?

Vivienne: Estoy segura que diría que le gustaba que tuviera ideas propias.

M: ¿Qué crees que ese acontecimiento le haya dicho a Helen de lo que era importante para ti o de lo que querías para tu vida?

Vivienne: ¿De lo que hubiera querido, de lo que era importante para mí? Bueno, pienso en eso de la confianza. Era muy fuerte, ahí entre las dos. Y tal vez en el hecho de que no me daba por vencida. Helen decía que significaba que me aferraba a alguna fantasía de lo que podría ser la vida.

M: ¿Fantasía? ¿Alguna otra palabra?

Vivienne: Sí. "Esperanza" estaría mejor.

M: ¿Puedo hacer otras preguntas sobre la esperanza?

Vivienne: Claro.

Los detalles acerca de los sucesos que rodearon la crisis de la escuela y del modo en que podrían confirmar las conclusiones de Helen sobre la identidad de Vivienne marcaron el inicio de una conversación de re-membranza muy conmovedora. No lo detallo aquí ya que abordo este tema de las conversaciones de re-membranza en el siguiente capítulo.

Al final de nuestra conversación, le pedí a Vivienne que especulara qué ocurriría si lo que Helen sabía de su identidad le permitiera asumir más pasos para reclamar su vida para sí. También consulté a Vivienne y a Adel sobre qué circunstancias podrían favorecer el deseo de Vivienne de seguir en contacto con esta certeza al respecto de su identidad. Vivienne nombró tres pasos que coincidían con lo que Helen sabía de ella. Y ambos tenían algunas ideas que harían posible que Vivienne mantuviera cerca de sí este conocimiento de su identidad en las semanas por venir. En nuestro siguiente encuentro me enteré de que Vivienne había cumplido dos de esos pasos.

Durante un periodo de dieciocho meses, mantuvimos muchas más conversaciones que contribuyeron a desarrollar los paisajes de

Figura 2.15. Mapeo de las conversaciones de re-autoría (Vivianne)

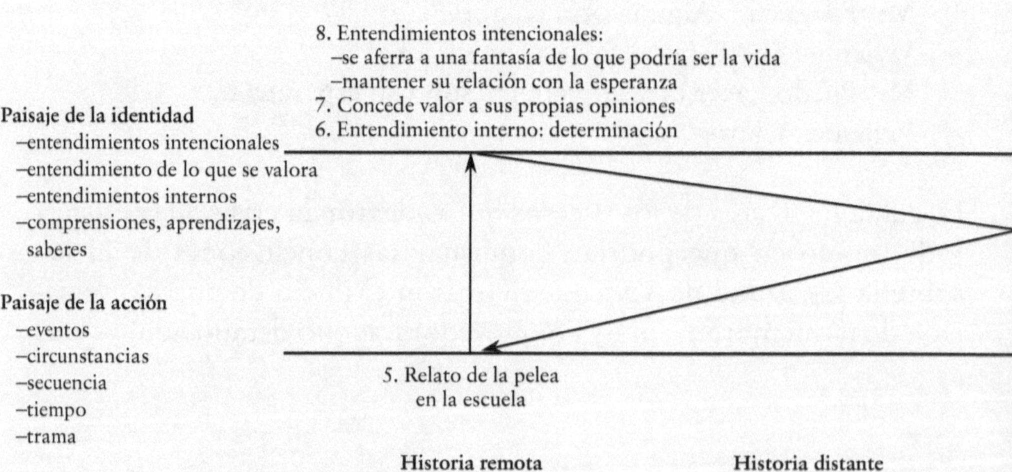

la acción y de la identidad de la trama subordinada que giraba en torno al tema de "reclamar su vida para sí". Esto incluyó muchas de las cosas que hizo Vivienne para desafiar las restricciones de la agorafobia y los mandatos de la anorexia nerviosa. A los dieciocho meses, en un encuentro de seguimiento, supe que Vivienne se había organizado una vida propia "allá afuera en el mundo", una vida que le daba mucho placer. Y aunque a veces seguía lidiando con la inseguridad en espacios abiertos y con "pensamientos de desánimo" en torno a la comida y el peso, estos asuntos ya no eran graves preocupaciones.

El cuadro 2.15 muestra el mapa de la conversación de re-autoría con Vivienne y Adel. Las flechas que van hacia arriba indican las preguntas del paisaje de la identidad y las que van hacia abajo indican las preguntas del paisaje de acción.

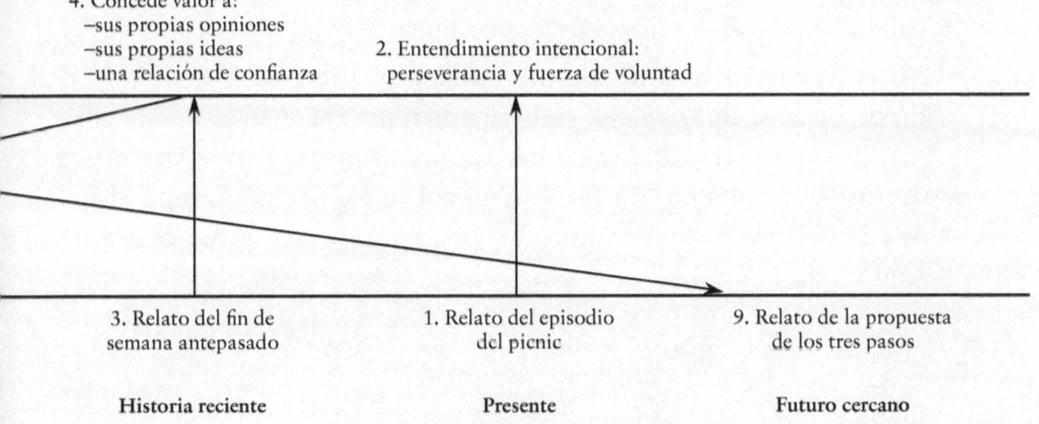

David

David tenía once años. Sus padres, Pauline y Fred, me fueron derivados por una agencia de servicio social que había estado muy involucrada con la familia. En respuesta a otra crisis reciente, precipitada por las acciones de David, Pauline y Fred estaban a punto de concluir que ya no se podía hacer nada para salvar la situación y estaban considerando seriamente "tirar la toalla" —buscar una alternativa de vivienda para David, fuera de la casa familiar. Al inicio de nuestra primera reunión nos involucramos en una conversación de externalización que versaba sobre los problemas y sus efectos en las vidas y las relaciones de los miembros de la familia. En esta conversación Pauline, Fred y David narraron su experiencia con el problema.

Una vez que establecimos la conversación de externalización —al momento en que los problemas no inundaban tan totalmente la identidad de David—, pudimos identificar algunos de los sucesos de su vida que contradecían el curso del problema. En respuesta a mis preguntas, Fred nos narró un viaje reciente de la familia a la playa. Fred se encontró con un viejo amigo y se quedaron un buen rato absortos en sus reminiscencias. De repente, al final de la conversación, Fred se dio cuenta de las circunstancias que habían permitido que esto ocurriera. No se le llamó constantemente para que encarara los problemas en que David se metía en estas ocasiones.

> **M:** Por favor cuéntame un poco más por qué dices esto.
> **Fred:** Bueno, llevaba casi veinte años sin ver a Geoff. Fue mi mejor amigo cuando era joven. La única razón por la cual pudimos tener una charla tan buena sobre los viejos tiempos fue que David no se metió tanto en problemas. No se me ocurrió sino hasta el final.

M: David ¿te acuerdas de esto? ¿Recuerdas ese día en la playa?

David: Sí.

M: Entonces, ¿qué ocurrió?

David: No sé.

M: ¿Qué crees, Fred? ¿Qué crees que le pasó a David?

Fred: Bueno, tal vez fue una de esas cosas que pasan de vez en cuando. Por alguna razón David se estuvo llevando bien con todo el mundo. Como si nada. Pero en verdad fue muy agradable.

M: Pauline ¿tú qué piensas?

Pauline: No sé. No estuve ahí en ese momento.

M: David ¿ese día en la playa, estuviste buscando problemas o tenías otras razones?

David alza los hombros.

M: *(voltea hacia Fred)* ¿Crees que David estaba buscando problemas, o piensas que estaba ahí por alguna otra razón?

Fred: Creo que por otras razones.

M: ¿Pauline?

Pauline: Sí. También creo. Estaba ahí por alguna otra razón.

M: *(refiriéndose a entendimientos derivados de alguna conversación de externalización previa)* Regresemos a lo que ya desciframos de los problemas, lo que buscan estos problemas. Quieren destruir las amistades con otros niños, pintar una imagen negativa de David en los ojos de las demás personas, y a sus propios ojos. Quieren crear una mala reputación que hace que todo el mundo se aleje y crear dificultades en la relación de David con su mamá y su papá, y desmoralizar al papá de David.

Fred: Bueno, esta vez obviamente no lo logró, así que eso ya es algo. Pero sólo fue un día y ni siquiera el día entero. Sólo duró una o dos horas.

M: Más allá de la duración, si David no estuvo buscando problemas, ¿qué estaba haciendo ahí?

Fred: Bueno, creo que lo que pasó es que David se resistió un rato a los problemas. Seguro que se resistió a los problemas.

M: ¿Esa es tu idea? ¿Que este incidente tuvo que ver con una resistencia?

Fred: En esta ocasión diría que sí. Diría que eso me hace sentido. Y me encantaría que ocurriera más veces.

M: David, ¿estás de acuerdo, aquel día en la playa te estuviste resistiendo a los problemas?

David asiente con la cabeza.

M: ¿Sabes lo que tu padre quiere decir cuando utiliza la palabra resistirse?

David niega con la cabeza.

M: ¿Podrías definirla para David? ¿Lo podrías aclarar para él?

Fred: Bueno David, es como…

Fred le explicó a David lo que entendía por resistirse. Incluyó algunos ejemplos prácticos de acciones para ilustrarlo. Me percaté que esta descripción capturaba la atención de David. Luego le pregunté si creía que "resistirse los problemas" era una forma adecuada de caracterizar lo que había hecho en la playa. No dudó en confirmarlo. Esta respuesta nos llevó a una conversación sobre las consecuencias reales y potenciales de esta expresión de resistencia en su vida y en sus relaciones con su padre, su madre y con otras personas.

Lo ocurrido en su más reciente visita a la playa cobró nuevos significados y empecé a hacer preguntas que, esperaba, ayudarían a David y a sus padres a tejer estos eventos en una trama.

M: David, me da mucha curiosidad saber ¿cómo pudiste resistirte a los problemas en la playa del modo en que lo hiciste?

David alza los hombros.

M: ¿Puedes pensar en algo que haya pasado antes que te pueda haber preparado para resistirte a los problemas? ¿Se te ocurre algo que te podría haber ayudado a estar listo para resistirte a los problemas?

David niega con la cabeza.

M: *(voltea hacia Pauline y Fred)* ¿Ustedes vieron algo en la vida de David antes que pudiera haber preparado el camino para que se resistiera a los problemas en la playa? ¿Algo que le haya permitido estar listo para esto, o prepararse?

Pauline: Nada que se me ocurra. Vivimos un infierno con David y fue peor aún el último año. No hemos tenido buenas rachas si es lo que quieres saber.

M: ¿Fred?

Fred: Tampoco se me ocurre nada. Como dije, creo que es sólo una de esas cosas que pasan.

M: ¿Entonces ninguno de ustedes vio algo que les hubiera preparado para lo que hizo David en la playa?

Pauline: No, yo no.

Fred: No.

M: David, si nadie vio nada, ¿será que te preparaste en secreto para resistirte a los problemas y sorprendiste a todo el mundo?

David se encoge de hombros.

M: Te hablo de preparativos secretos porque fue una sorpresa para todos, ¿verdad?

David sonríe y asiente con la cabeza.

M: David, ¿Qué significa ese movimiento con la cabeza?

David: Era un secreto.

M: Bueno, ¡¿quién lo hubiera dicho?!

Fred: Nosotros debimos haber adivinado. *(Pauline se ríe)*

M: Bueno, David, cuéntanos el secreto. ¿Cómo te preparaste? ¿Qué pretendías?

David: Bueno, yo… este… yo… Fue el domingo anterior. El sábado me metí en los peores problemas y me levanté tarde.

Pauline: Sí, es verdad. Estuvo la policía y todo. ¡Fue terrible!

M: No suena nada bien. Sigue, David.

David: Era domingo y me levanté tarde, ves. Me miré en el espejo del baño, y la verdad es que no me veía muy bien. Entonces miré hacia abajo en el lavamanos y luego al espejo otra vez y me dije a mí mismo: "Hijo, tienes que hacer algo, tu vida se está yendo por el desagüe".

Pauline y Fred se miran, extrañados.

M: ¡Y así empezó!

David: Sí.

M: ¡Eso sí es algo! ¿Y cómo te preparaste para resistir los problemas en la playa?

David: No sé, pero lo hice.

M: *(voltea hacia Pauline y Fred)* ¿Cómo piensan que se conectó con lo que hizo David en la mañana del domingo y con lo que hizo al resistir los problemas en la playa una semana después?

En respuesta a esta pregunta, Pauline y Fred empezaron a conjeturar sobre posibles conexiones entre los dos acontecimientos. Después, David confirmó algunas de estas reflexiones: tejimos una secuencia de eventos que se desenvolvió en el transcurso de una semana. Las acciones en la playa dejaron de ser eventos aislados: las incorporamos a una trama emergente. Pareció llegar el momento de pedirle a David que nombrara esta trama o tema asociados.

M: Bien, ahora todos entendemos un poco más lo que pasó en la vida de David. Sé que para ti, David, la palabra *resistencia* es una buena palabra para describir lo que hiciste en la playa. ¿Pero habrá acaso alguna otra palabra que pueda describir todo esto, desde lo que hiciste el domingo en la mañana hasta el momento en que resististe los problemas en la playa? Tal vez haya otra palabra para lo que estabas haciendo por tu vida.

David alza los hombros.

M: Esto ya no tiene que ver con seguirle la onda a los problemas. No seguiste el sendero que marcaban, ¿verdad?

David: No.

M: Bueno, si te fuiste por otro camino ¿cómo le podríamos llamar? ¿Se te ocurre algo?

David: Eh…eh… es sobre, creo que es como restablecerme. Eso diría.

M: "Restablecerte" de los problemas. Entonces de esto se trata.

David: Sí.

M: *(voltea a mirar a Fred y Pauline)* ¿Ustedes estaban enterados?

Fred: La verdad es que no.

Pauline: Yo tampoco. Es algo que nunca había pensado.

M: Así que es una sorpresa y por lo mismo tal vez les cueste trabajo contestar a mi siguiente pregunta.

Fred: A ver.

M: ¿Qué les dice a ustedes el que David haya decidido restablecerse de los problemas? ¿Cambia de algún modo la imagen que tienen de él? ¿Les sugiere algo diferente de lo que realmente quiere en la vida?

Pauline: A mí me habla de su determinación, sé que es algo que siempre ha tenido. Es un niño muy valiente. Pero la diferencia es que esta vez lo puso a trabajar en su favor, y no en su contra. Y tampoco en contra nuestra.

M: ¿Tú qué piensas, Fred?

Fred: Bueno, no sé… pero voy a tratar de atinarle. David intenta hacer algo. Supongo que trata de hacer algo por su vida para poder seguir adelante, para poder tener amigos, para que ocurra algo diferente en su vida.

M: David ¿qué te parece? ¿Crees que tu mamá y tu papá están en lo correcto cuando hablan de tu determinación actuando a tu favor y no en tu contra, ni en contra suya? ¿Qué piensas de lo que dijo tu padre sobre hacer algo por tu vida?

David: Sí. Eso es.

M: ¿Y a ti qué te parece? Quiero decir ¿qué te parece que tus papás entiendan lo que te ocurre?

David sonríe.

M: *(voltea hacia Pauline y Fred)* ¿Qué les parece darse cuenta de que están entendiendo bien algunas cosas acerca de David?

Pauline: También es una sorpresa. Vamos a tardar en acostumbrarnos. Pero es algo bueno, muy bueno. Ojalá pasara más a menudo.

Fred: Sí, yo diría lo mismo.

M: Me pregunto si lo que hablamos es totalmente nuevo en la vida de David o si pueden rastrear otros acontecimientos anteriores.

Fred: ¿En qué piensas?

M: Bueno, me pregunto si me pueden contar algunas historias de la vida de David, de cuando era más pequeño, algo que encaje con esa determinación y con ese deseo de hacer algo por su vida. Tal vez haya otros relatos de preparativos secretos o de restablecimientos. Algo así.

Fred: Ahora que escucho la pregunta me acuerdo de una vez cuando era pequeño, tendría unos cinco o seis años. Seguro lo recuerdas, Pauline. Creo que fue un domingo, a la hora del almuerzo. Estaba cocinando y oímos que David nos llamaba desde la calle. Estaba gritando. Y pensé, ¿y ahora en qué se habrá metido? Salimos corriendo y ¿qué vimos? David estaba en una bicicleta enorme de dos ruedas subiendo por la calle, se tambaleaba por todos lados, se veía muy peligroso. ¿Y qué pasó

luego? Se soltó del manubrio y gritó: "¡Miren, sin las manos!".
Estábamos petrificados.

Pauline: También nos sorprendió porque no sabíamos que podía andar en bicicleta.

M: ¿Entrenamiento secreto?

Pauline: Sí, otra vez el entrenamiento secreto. Y mucha determinación por algo.

David sonreía. Era claro que disfrutaba el recuento de la historia.

Fred: Hubo algo más que no vamos a mencionar ahora.

M: ¿Qué es?

Fred: (*procurando ser gracioso*) No vamos a hablar de la procedencia de la bicicleta. No era de David y sus amigos no tenían este tipo de bicicletas.

Ahora David parece avergonzado pero se ve que disfruta el recuento.

M: David ¿tu plan era sorprender a tus papás?

David: Creo que sí.

M: ¿Y estás de acuerdo con ellos de que muestra cómo logras que tu determinación trabaje a tu favor y que puedes hacer algo con tu vida?

David sonríe y asiente con la cabeza.

M: Bueno, déjame hacerte preguntas de lo que todo esto nos dice de ti y de cómo quieres que sea tu vida. Le voy a pedir a tu mamá y a tu papá que nos ayuden mientras avanzamos.

Estas preguntas desencadenaron una conversación que dio pie a varias otras conclusiones de identidad que contradecían las que moldeaban los problemas que habían estado tan cerca de la vida de David. Estas conclusiones me permitieron elaborar más preguntas buscando más relatos de vida de David que confirmaran estas conclusiones. David también empezó a narrar algunos pasajes. Muy rápido los llevé a reflexionar sobre lo que pasaría en un futuro cercano: "David, si desarrollaras esta idea del restablecimiento, si continuaras este restablecimiento después de irte de aquí, ¿cuál podría ser el siguiente paso? Y si te parece, le voy a pedir a tu mamá y a tu papá que nos ayuden con sus ideas. Pero en realidad va a depender de ti".

Con la ayuda de sus padres, David propuso algunas ideas para continuar con su restablecimiento de los problemas. Dijo que tenía otras ideas pero que eran un secreto. Le pregunté a Pauline y a Fred lo que pensaban que podrían hacer para crear las condiciones adecuadas para que David trabajara en esas ideas de cómo restablecerse de los problemas. Luego lo corroboré con David. Dejé claro que no tenía expectativa alguna con respecto a si David actuaría siguiendo esas ideas.

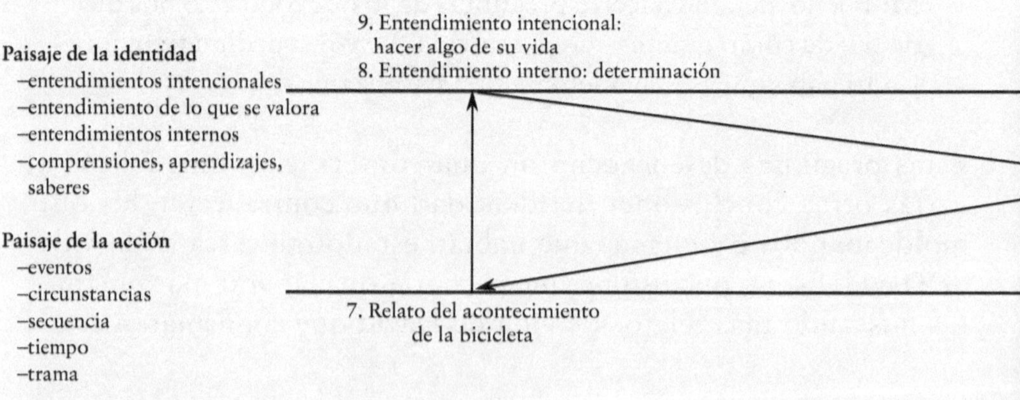

Figura 2.16. Mapeo de las conversaciones de re-autoría (David)

Nos reunimos varias veces. David siguió con sus iniciativas y logró restablecerse de los problemas. En todo el proceso, Fred y Pauline se turnaban para sorprenderlo haciendo cosas inesperadas y positivas para asegurarse de que tuviera un entorno favorable para su restablecimiento. En los seguimientos del sexto y el decimoctavo mes me enteré que aparte de algunos cuantos contratiempos, las cosas les estaban yendo bien.

La figura 2.16 muestra el mapa de la conversación de re-autoría con David y sus padres. Las flechas que van hacia arriba indican las preguntas del paisaje de identidad. Las flechas horizontales y las que van hacia abajo indican las preguntas del paisaje de la acción.

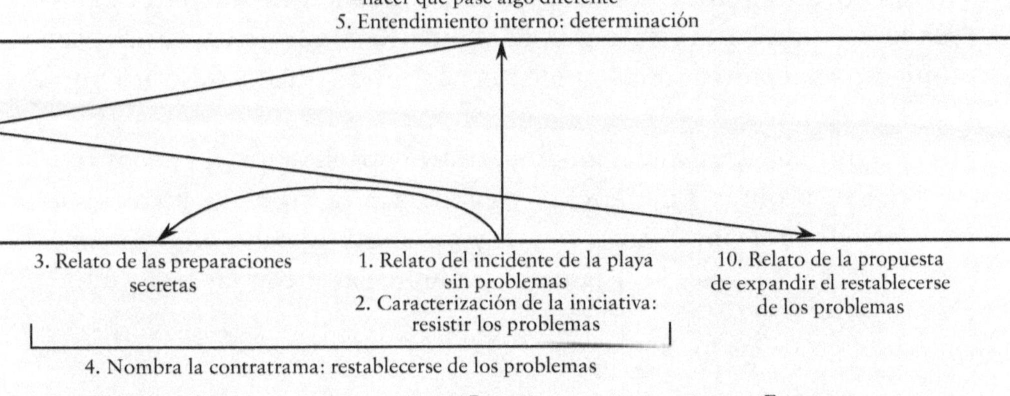

CONCLUSIONES

En este capítulo presenté un mapa de conversaciones de re-autoría de las prácticas narrativas. Este mapa se basa en una analogía con el texto literario que representa los relatos como compuestos por un "paisaje de la acción" y un "paisaje de la conciencia". Este mapa de conversaciones de re-autoría nos brinda una guía para orientar conversaciones terapéuticas que vuelvan a desarrollar las tramas subordinadas de las vidas de las personas. Al volver a desarrollar las tramas subordinadas, las personas pueden enfrentar sus dificultades y problemas de maneras que armonicen con los temas que valoran en sus vidas. En el curso de las conversaciones de re-autoría, estos temas se vuelven a conocer de modo enriquecido.

El mapa de conversaciones de re-autoría ha sido uno de los pilares en mi práctica terapéutica por muchos años. Nunca me faltaron ni la curiosidad acerca de los sucesos de la vida ni el entusiasmo por las conversaciones que abordan esas vidas. El análisis narrativo de la construcción de relatos sigue alimentando esta curiosidad y siento que me fascina cada vez más la vida y me entusiasma más la práctica terapéutica.

Cuando escribí este capítulo quise brindar un relato relativamente comprensible del "uso imaginativo del modo narrativo" en la práctica terapéutica. Me inspiré significativamente en el trabajo de Jerome Bruner para elaborar este mapa, por lo que me parece apropiado cerrar este capítulo con la siguiente cita, que captura el sentimiento asociado con las prácticas narrativas que he descrito aquí.

El uso imaginativo del modo narrativo nos lleva a [...] buenos relatos, a obras dramáticas apasionantes, a crónicas históricas creíbles. Este modo trata con las intenciones humanas o con intenciones y acciones semejantes a las humanas y con las vicisitudes y consecuencias que marcan su curso. Se esfuerza por situar los milagros atemporales en las particularidades de la experiencia, y en situar la experiencia en tiempo y lugar. Joyce pensaba que las particularidades del relato eran epifanías de lo ordinario (Bruner, 1986, p. 13).

3

Conversaciones de re-membranza

Las conversaciones de re-membranza se forman en la idea de que la identidad se basa en una "asociación de vida" y no en un yo nuclear. Esta asociación de vida la componen las figuras e identidades significativas del pasado, del presente y del futuro proyectado por una persona y cuyas voces influyen mucho en la construcción de la identidad de la persona. Las conversaciones de re-membranza brindan a las personas la oportunidad de analizar las afiliaciones de sus asociaciones de vida: les permiten enaltecer y honrar algunas y atenuar o revocar otras, les permiten otorgar autoridad a algunas voces respecto a su identidad personal y descalificar otras.

En las conversaciones de re-membranza, no se trata de que la persona haga memoria de forma pasiva sino que se vuelva a involucrar de forma deliberada con la historia de sus relaciones, con las figuras significativas y con las identidades del presente y del futuro proyectado. Existen muchas opciones para identificar las figuras e identidades que la gente podría recordar y volver a integrar en su vida. No hace falta conocerlas directamente para que cobren importancia en las conversaciones de re-membranza. Pueden ser, por ejemplo, autores de libros que fueron importantes o personajes de películas o de historietas. Estas figuras e identidades tampoco tienen por qué ser personas; pueden ser los muñecos de peluche de la infancia o alguna mascota favorita.

JESSICA

Jessica, una mujer de unos cuarenta años, me consultó acerca de las consecuencias del abuso que sufrió por parte de sus padres en la infancia y en la adolescencia. Estaba aislada en su experiencia del abuso y sus esfuerzos por lidiar con las consecuencias de éste eran un tema muy importante en su vida. Estas consecuencias incluían conclusiones de identidad sumamente negativas: no valía nada como persona y no había esperanzas para su vida. Debido a la desesperación que la rondaba, estuvo a punto de quitarse la vida varias veces. Sin embargo sobrevivió. En mis esfuerzos por entender lo que la había sostenido mínimamente en los tiempos de crisis, me enteré de que Jessica había logrado mantener la tenue esperanza de que algún día, su vida podría ser diferente.

En respuesta a este aprendizaje, empecé a entrevistarla acerca de esta esperanza. Tenía muchas ganas de entender cómo había logrado mantener una relación con la esperanza a pesar de todo lo que había vivido. También me interesaba mucho conocer cualquier experiencia que pudiera corroborar, para Jessica, que estas esperanzas le eran útiles para su vida. En respuesta a mis preguntas, empezó a contarme la historia de una vecina que, pensaba, podría haber desempeñado un papel en corroborar estas esperanzas y sustentarlas. Durante aproximadamente dos años —hasta que la familia de Jessica se mudó cuando tenía nueve años— esta vecina la acogió cuando sufría. Entre otras cosas, la reconfortaba físicamente, le daba de comer cuando tenía hambre y le enseñó a coser y a tejer —sus pasatiempos favoritos. Después de alentar a Jessica a esbozar con más detalle las contribuciones de esta vecina en su vida, la invité a reflexionar sobre lo que estas contribuciones decían de quién era ella a ojos de su vecina —lo que podrían mostrar de lo que su vecina apreciaba de su identidad.

- ¿Entiendes por qué esta vecina te acogió del modo en que lo hizo?
- ¿Por qué crees que contribuyó a tu vida?
- ¿Qué piensas que apreciaba de ti, que tal vez le era ajeno a tus padres?
- ¿Qué piensas que reconocía en ti, que para tus padres no era visible?
- ¿Sabes lo que valoró de ti y que otras personas pasaron por alto?

En respuesta a estas preguntas, Jessica empezó a expresar algunos entendidos muy distintos sobre sí misma: incluían conclusiones positivas acerca de su propio valor. Al principio, enunció estas conclusiones positivas tímidamente y era bastante claro que se sorprendía al oírse hablar así de su propia identidad. A medida que avanzó nuestra conversación, estas conclusiones acerca de su propio valor se fueron afianzando. Esto marcó un primer paso en la reconstrucción de la identidad de Jessica.

Después de revisar las contribuciones de la vecina en la vida de Jessica, invertimos los términos del relato: hablamos de las contribuciones de Jessica en la vida de esta persona. La sola idea de que una niña tan traumatizada pudiera haber contribuido en la vida de esta vecina, la asombraba. Siempre asumió que no era más que una receptora pasiva de lo que le brindaba esta vecina, que no era muy activa en la relación. Como se había instalado un relato unilateral de su conexión con su vecina, mis preguntas tenían que brindarle a Jessica un andamio para que supiera todo lo que había contribuido a la vida de esta vecina. Las preguntas que siguen proporcionaron dicho andamio:

- ¿Aceptaste la invitación de acompañar a esta vecina en algo que claramente le importaba —el tejido y la costura? ¿O rechazaste esta invitación?

- ¿Respondiste a esta invitación acompañándola en esto que tanto le interesaba, o te cerraste a esta opción?
- Al acompañarla de esta manera, ¿honraste lo que te estaba ofreciendo, lo que era importante para ella? ¿O lo despreciaste?
- ¿Cómo te imaginas que haya sido para ella sentir que la acompañabas en esto que tanto le importaba —tejer y coser?
- ¿Tienes alguna idea de lo que ese honrar traería a su vida?
- ¿Cómo crees que transformó su vida tu interés?

En respuesta a este tipo de preguntas, Jessica empezó a desarrollar el relato de su contribución a la vida de su vecina. Encontró en ello algo de deleite pero experimentó muchas otras emociones fuertes. A veces, en esta parte de nuestra conversación, lloraba y no hallaba palabra alguna.

Desarrollar el relato de sus contribuciones a la vida de su vecina nos permitió formular preguntas que la animaron a ahondar en la reflexión, esta vez en cuanto a la forma en que las respuestas dc Jessica podrían haber tocado el sentido de identidad de su vecina. Para ayudar a esta reflexión, hice preguntas que versaban sobre el modo en que las contribuciones de Jessica pudieron haber influido en el sentido que tenía su vecina de lo que pensaba que era y en su sentido propositivo. También recurrí a preguntas para saber cómo habría validado y reforzado las metas que valoraba y atesoraba y cómo habría enriquecido su entendimiento de lo que era la vida.

- ¿Cómo te imaginas que esto moldeó el sentido que tenía tu vecina acerca de la vida?
- ¿Cómo piensas que pudo haber afectado su sentido propositivo?
- ¿Pudo esto haber reforzado algunos valores que su vecina pensaba importantes?
- De ser el caso, ¿qué valores piensas que se reforzaron?

- ¿Cómo influiría en lo que creía que era importante en la vida?
- ¿Tienes alguna idea de cómo su sentido de vida pudo haber cambiado por el hecho de conocerte del modo en que te conoció?

Estas preguntas y otras semejantes conmovieron mucho a Jessica. Lloró durante gran parte de nuestra conversación. La idea de haber podido contribuir tanto a la vida de su vecina y a su sentido de identidad la sobrepasaba. Habiendo asumido que la relación con su vecina era unilateral, se sorprendió mucho al comprender que las consecuencias pudieron haber sido desde ambos lados: "Pensé que sólo era una carga para todo el mundo. ¿Quién hubiera pensado que siendo una niña de siete años, le pude dar algo a cambio? Me pasó algo raro mientras conversábamos. No estoy segura de qué sea pero creo que por primera vez estoy sintiendo respeto por la niña que fui".

Meses después, cuando revisamos el curso de nuestros encuentros, Jessica comentó que consideraba esa primera conversación terapéutica como un punto de inflexión en su vida. La conversación le había permitido darle sentido a aspectos de su vida que antes había dejado de lado: ahora podía entender muchos aspectos de su forma de vivir como testimonios del sentido de vida de su vecina y podía concluir que muchas de sus iniciativas en la existencia honraban las contribuciones de esta persona en su vida. Todo esto incluía algunas iniciativas recientes de Jessica. Buscaba y ayudaba a mujeres que habían sufrido abuso en la infancia. Esta conversación fue un punto de inflexión que erosionó las conclusiones de identidad sumamente negativas. Fueron desplazadas por conclusiones más positivas. De allí en adelante, Jessica se volvió paulatinamente menos vulnerable a los entendidos críticos que tenía sobre su propia vida y que la atosigaban.

DECIR HOLA DE NUEVO

A pesar de la frecuencia con que presencio estos dramáticos puntos de inflexión en las conversaciones terapéuticas, nunca deja de sorprenderme la diferencia que hace la pregunta adecuada en el momento apropiado. ¿Qué fue lo que moldeó mis preguntas en esta conversación con Jessica? En buena medida, estas preguntas adquirieron forma por un mapa, al que me refiero como "mapa de conversaciones de re-membranza". El desarrollo de este mapa nace de mis consultas con personas que experimentaron alguna pérdida o algún pesar. Voy a hablar un poco de esta historia aquí.

En 1988 publiqué un artículo titulado "Decir hola de nuevo: incorporar la relación perdida en la resolución del duelo". El artículo relataba el trabajo que había desarrollado en mis consultas con personas que experimentaban lo que se solía mencionar en aquella época como "reacción tardía al duelo" o "duelo patológico". La mayoría de estas personas ya habían recibido largos tratamientos intensivos, instruidos por ideas normativas acerca del duelo. Muchas de esas ideas normativas promovían la metáfora del adiós, asociada con el intento de aceptar la pérdida del ser querido y el desarrollo del deseo de seguir con una nueva vida, escindida del ser querido.

En mis primeros encuentros con estas personas, me quedó claro que ya habían perdido demasiado. Era evidente que no solamente habían perdido a un ser querido, sino también una parte sustancial de su sentido de sí mismas, de su propia identidad. Al relatar libremente los detalles de sus sentimientos de vacío y desolación, de futilidad y desesperación, estas personas sin querer me conectaron con las consecuencias de sus pérdidas.

También fue claro que en estas circunstancias, cualquier otra terapia de duelo basada en un modelo normativo —que especificara las etapas del proceso del duelo a partir de metáforas de despedida— sólo complicaba aún más la situación: sólo servía para exacerbar el sentido de vacío y de desolación y los sentimientos de futilidad y desesperación. Me pareció que incorporar la relación perdida era un fin mucho más apropiado que proseguir alentando a estas personas a renunciar a su relación. Esta consideración motivó mis exploraciones terapéuticas de la metáfora de "saludar diciendo hola".

Guiado por esta metáfora, elaboré e introduje preguntas que esperaba permitieran que las personas que se encontraban en tales circunstancias recuperaran su relación con sus seres queridos. Me sorprendió el efecto que tenían estas preguntas para resolver el sentimiento de vacío y de desolación y los sentimientos de futilidad y de desesperación: decidí ahondar en esta metáfora. Esperaba que una mayor comprensión de los procesos involucrados me permitiera ayudar de manera más eficaz a las personas a volverse a posicionar frente a la muerte de algún ser querido, y que este reposicionarse trajera el alivio tan anhelado.

En el artículo "Decir hola de nuevo", esbocé algunas de las categorías de preguntas que parecían ser muy efectivas en este reincorporar la relación perdida cuando queríamos resolver un duelo. Son el tipo de preguntas que hice cuando invité a Jessica a atestiguar su identidad a través de la mirada de su vecina —cuando la invité a reflexionar sobre lo que la contribución de su vecina a su vida decía de lo que esta persona apreciaba y valoraba de ella.

En el artículo, también incluí categorías de preguntas que desarrollé y que animaban a las personas a:

- Explorar los efectos reales y potenciales de estos entendimientos preferidos acerca de su identidad en la vida cotidiana.
- Contemplar los modos en que estos entendimientos se podrían reanimar y circular en el contexto de sus redes sociales, podían incluir posibilidades de exploración para convocar un público que presenciara estas formas de entender su identidad.

- Reflexionar sobre el modo en que todo esto podría sentar las bases para que estas personas siguieran con sus vidas.

El artículo abordaba también la contribución de las personas en la vida del ser querido perdido y el modo en que su contribución podría haber configurado el sentido de identidad de la persona fallecida. Tras escribir este artículo, trabajé este aspecto de la investigación terapéutica. Este desarrollo se nota claramente en las preguntas que le hice a Jessica cuando la invité a pensar los modos en que esta conexión con su vecina pudo haberla influido en su sentido de identidad y en sus propósitos, y en los modos en que estas conexiones podrían haber validado y reforzado los valores que atesoraba y los modos en que enriquecería su entendimiento del sentido que tiene la vida.

BENEFICIOS Y OBJETIVOS DE LAS CONVERSACIONES DE RE-MEMBRANZA

Empecé a aludir a las conversaciones terapéuticas centradas en la resolución del duelo como "conversaciones de re-membranza" a partir de una exploración más honda de la metáfora del saludo y a partir de la lectura del trabajo de Barbara Myerhoff (1982, 1986) —una antropóloga cultural. En el Capítulo 4 brindo una corta descripción del trabajo de campo de Myerhoff con una comunidad judía de ancianas y ancianos en Venice, Los Ángeles, donde introdujo la metáfora de re-membranza. Aquí menciono brevemente la importancia que Myerhoff (1982) atribuye a la re-membranza de las vidas en los proyectos identitarios de las personas que pertenecen a esta comunidad.

Para darle sentido a este tipo muy peculiar de recuerdos podemos usar el término *re-membranza* para llamar la atención sobre el proceso de volver a reunir miembros, las figuras que pertenecen a la historia de nuestras vidas, nuestros yos previos así como otras personas importantes que forman parte de la historia. La re-membranza es por tanto una unificación intencional, significativa, que dista bastante del parpadeo de imágenes y sentimientos pasivos, continuos y fragmentarios que acompañan otras actividades en el flujo normal de la conciencia (p. 111).

Esta definición de la re-membranza evoca la imagen de la vida y la identidad de una persona en términos de una asociación o de un club. En esta asociación de vida se afilian las figuras significativas de la historia de las personas, así como las identidades del presente. Estas voces influyen mucho en la forma en que las personas construyen su propia identidad. Las conversaciones de re-membranza ayudan a la gente a involucrarse en la revisión de las afiliaciones de sus asociaciones de vida y permiten la reconstrucción de su identidad. Myerhoff (1982) traza algunos de los mecanismos sociales que contribuyen a las vidas re-membradas:

Las vidas privadas y colectivas, re-membradas adecuadamente, son interpretativas. Las "descripciones consistentes" o plenas son un análisis así. Esto implica hallar los vínculos entre las creencias y símbolos compartidos y valorados en el grupo y los eventos históricos específicos. Las particularidades se subsumen y se equiparan con temas grandiosos que se perciben como ejemplificaciones de preocupaciones fundamentales (p. 111).

La re-membranza como la define Myerhoff contribuye al desarrollo de un sentido de identidad de "múltiples voces" y ayuda a la gente a dar sentido a su existencia y a llegar a un sentido de coherencia mediante el "ordenar" su vida. Es mediante a la re-membranza que "la vida asume una forma que se expande hacia atrás en el pasado y hacia adelante en el futuro" (p. 111).

El concepto de re-membranza me abrió otra perspectiva sobre las conversaciones de "Decir hola de nuevo" e hizo que entendiera mejor algunos de los mecanismos que contribuían a los excelentes resultados que encontraba sistemáticamente en las consultas. Este concepto también me llevó a desplegar estas conversaciones y desde entonces las uso cada vez más en mi trabajo y no sólo en las consultas que tienen que ver con experiencias de pérdida o duelo.

Creo que las prácticas de re-membranza son por lo general relevantes para las conversaciones terapéuticas porque permiten que la gente desafíe lo que tanto la aisló —permiten que la gente desafíe las ideas identitarias que predominan en la cultura occidental, asociadas con la construcción de un yo encapsulado. Estas ideas enfatizan normas de auto-control, de contención propia, confianza en uno mismo, auto-realización y auto-motivación. Las fuerzas sociales y culturales del occidente contemporáneo que promueven identidades aisladas y donde prevalece una sola voz establecen el contexto que genera muchos de los problemas por los cuales las personas acuden a terapia. Las conversaciones de re-membranza brindan un antídoto a estas fuerzas y ofrecen modos alternos de entender la identidad y caminos alternos para conformarla.

En el contexto terapéutico, las conversaciones de re-membranza:

- Evocan la "vida" como un club de "afiliados" y la "identidad" como una "asociación" de vida: contrastan con las nociones de identidad que construyen un yo encapsulado. Estas conversaciones nos alientan a desarrollar nociones de identidad que destacan las contribuciones de otras personas en nuestras vidas y en nuestros entendimientos del sí mismo.

- Contribuyen a desarrollar un sentido de identidad de múltiples voces en vez de un sentido de una sola voz característico del yo encapsulado. Gracias a este sentido de identidad de voces múltiples, las personas encuentran que las vidas de otras personas se unen a las suyas en torno a temas atesorados y compartidos. Este sentido de identidad muestra conclusiones positivas —mas no heroicas— sobre las propias acciones en la vida y sobre quiénes somos, cada quién.

- Abren posibilidades para analizar las asociaciones de vida, sobre todo al enaltecer y honrar a algunos miembros de las asociaciones de vida. En este enaltecimiento, se otorga mayor autoridad a ciertas voces en cuanto al tema de la identidad personal, lo cual tiene el efecto de descalificar otras voces. Incluso podría revocar algunas membresías.

- Enriquecen la descripción de las versiones preferidas de identidad y los saberes de vida y habilidades para vivir que se generaron en colectivo en las relaciones significativas. Al revisar estas afiliaciones, podemos explorar estos relatos de identidad, estos saberes y destrezas en sus especificidades. Esto contribuye de manera significativa a la sensación de las personas de conocer su vida y sienta las bases para desarrollar propuestas específicas para proseguir con sus vidas.

- Proveen un entendimiento mutuo de las relaciones que mantiene una persona con las figuras significativas de su vida. Este entendimiento mutuo desplaza las concepciones de identidad que dibujan a la persona como "receptora pasiva" y enfatiza una reciprocidad en la contribución que resucita el sentido de agencia personal.

- Animan a no recordar el pasado de forma pasiva sino a volverse a involucrar deliberadamente con las figuras significativas de la historia personal y con las identidades importantes —o que podrían ser importantes— de la vida presente. No hace falta conocer directamente estas figuras e identidades para considerarlas importantes.

- Suelen empezar con dos series de investigaciones. La primera parte de esta investigación invita a la persona a:
  → hacer un recuento de las contribuciones de la figura en su vida.
  → atestiguar su identidad a través de la mirada de esta figura. Empieza el enriquecimiento de la descripción de los modos en que esta conexión conformó (o tiene el potencial de conformar) el sentido de quién es para esta otra persona y el sentido que tiene su vida.
- La segunda parte de esta exploración invita a la persona a:
  → hacer un recuento de las contribuciones a la vida de esta figura.
  → enriquecer la descripción de los modos en que esta conexión conformó (o tiene el potencial de conformar) el sentido de identidad de esta figura y el sentido que tiene su vida.

La figura 3.1 ilustra la conversación de re-membranza con Jessica, con un mapa basado en estas categorías de investigación.

Voy a introducir ahora otra historia acerca de las conversaciones de re-membranza. Espero ilustrar con ello algunas de las consideraciones relevantes para el desarrollo de un contexto favorable a la introducción de conversaciones de re-membranza. En la historia de Jessica pude introducir este tipo de conversación desde la primera entrevista. Pero las circunstancias no siempre son tan sencillas y en ocasiones tenemos que preparar estas conversaciones con mucho cuidado y de modo adecuado.

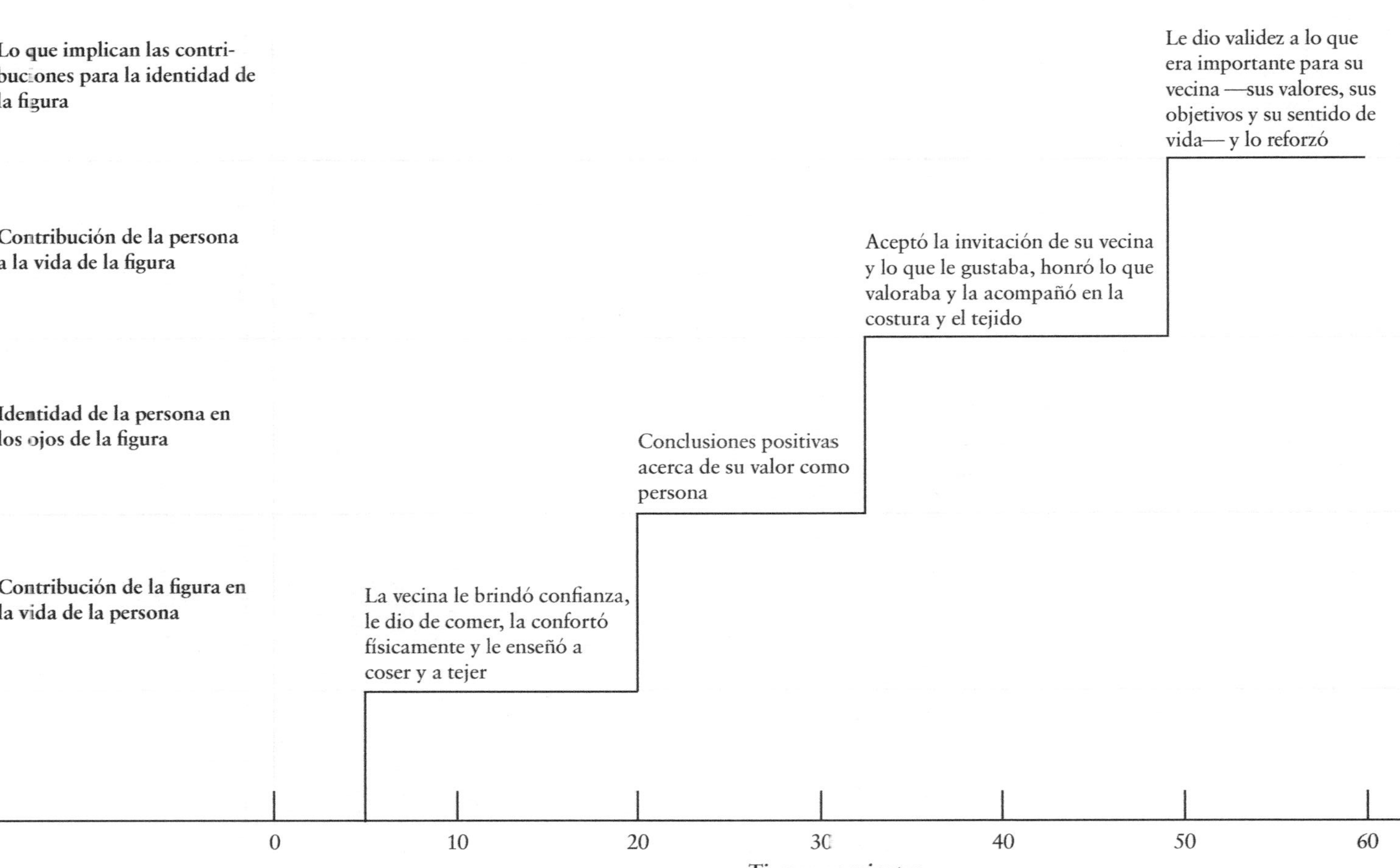

Figura 3.1. Mapeo de las conversaciones de re-membranza (Jessica)

THOMAS

Thomas se reunió con Cheryl, una terapeuta, durante cinco meses. En un principio aceptó las consultas tras la insistencia de un servicio de alojamiento. Era parte de un contrato elaborado para Thomas —el servicio de alojamiento lo sacaría de la calle y le proporcionaría el techo que buscaba si aceptaba ir a terapia. Thomas no tenía ningún interés en ver a una terapeuta pero aceptó el trato, pues se sabía bastante bueno para evadir preguntas y burlar el interés de otras personas, en particular el de las que brindan terapia. Asumió que sería capaz de usar estas habilidades para que le dieran de alta rápido y para que pareciera estar cumpliendo con los requisitos del servicio de alojamiento.

Thomas llegó 35 minutos tarde a su primera reunión con Cheryl y se sorprendió al ver que ella estaba muy tranquila al respecto. Thomas le dijo que "sinceramente, estaba perdiendo el tiempo" con él, que era una "causa perdida", que vivía "en un yermo emocional", que no había "posibilidades para su futuro", que pensaba que no le quedaba mucho tiempo en este mundo y que no lo encontraría muy receptivo. En su conversación con Cheryl, las cosas empezaron de un modo que le era muy familiar. Sin embargo, a los 25 minutos, algo falló en los planes que Thomas había trazado. En la primera parte del encuentro, sus tácticas por burlar el interés de Cheryl no parecieron funcionar y tuvo la vaga sensación de que ella "de algún modo, lo estaba empezando a conocer". Al final de esta breve primera reunión, Thomas estaba bastante desconcertado. Sintió que perdía el equilibrio y no supo cómo seguir con su plan original. Cuando se fue del consultorio de Cheryl, se quedó inmóvil en la acera un momento sin saber muy bien hacia dónde ir.

Al poco tiempo consiguió quitarse esta experiencia de la mente y regresar a su vida tal y como la conocía. Luego, de repente, a la semana, se volvió a sentir desconcertado. Había llegado temprano a la segunda reunión con Cheryl y no había llamado para decir que estaba enfermo, como era su intención. Estaba perplejo. No entendía cómo había llegado a este lugar y se empezó a preocupar por su estado mental. Luego, pareció que las cosas iban de mal en peor. Se sorprendió con ganas de quedarse conversando con Cheryl. Al final del segundo encuentro, Thomas estaba "bastante confundido", se sentía en un lugar "poco firme", "mareado" y "perdido" en cuanto a la forma de entender esta experiencia.

Esta vez le costó más sacarse esta experiencia de la cabeza y se sorprendió anhelando su siguiente encuentro con Cheryl. Siguió asistiendo a sus citas hasta que ocurrió que Cheryl se enteró que ella debía mudarse por motivos familiares. Thomas quedó devastado al enterarse. No lograba entender este sentimiento de devastación, pensó que se estaba volviendo loco. Sintió que no le quedaba otra opción que contarle a Cheryl las experiencias extrañas que había vivido en el contexto de sus reuniones. Esperaba que ella encontraría algún sentido. Hablaron un rato del tema. Cheryl había planeado derivarme a Thomas antes de mudarse: sugirió que nos encontráramos para una consulta al respecto. Thomas aceptó.

Y ésa fue la historia que escuché cuando me reuní con ellos. En un esfuerzo por ayudar a Thomas a darle sentido a lo que le pasaba en estas reuniones con Cheryl, los entrevisté a ambos sobre las experiencias de sus conversaciones. A los veinte minutos, Thomas cayó en la cuenta: "¡Reconocimiento, eso es! Por primera vez lo puedo ver. ¡Reconocimiento! ¡Lo que tanto me desconcierta es el reconocimiento de Cheryl! Nunca antes me había ocurrido algo así y no sé cómo tomármelo, de verdad no sé cómo".

Le pregunté a Thomas por qué, según él, le atraía este reconocimiento. "¡Ya sabes! Es algo humano. ¿Acaso no sabes que anhelar ser reconocido es algo humano?" respondió Thomas. Le dije que no estaba seguro de saberlo y le pregunté si le molestaba desarrollar este entendimiento: evocó la naturaleza humana para explicar lo que le estaba ocurriendo en sus reuniones con Cheryl. Luego lo entrevisté sobre las respuestas de Cheryl acerca de las historias de su vida y muy rápido obtuve un relato de algunas de sus habilidades de *reconocimiento*.

Thomas evocó la naturaleza humana para explicar su respuesta frente al reconocimiento de Cheryl. Hoy día es muy frecuente que la gente evoque la "naturaleza humana" de este modo (Ver Capítulo 2): este hábito de pensamiento nos lleva a esperar que las personas se vuelvan "naturalistas" en sus esfuerzos por entender los desarrollos de sus vidas. Aunque muchos de estos entendimientos en relación a la naturaleza son bastante hermosos y aunque se puedan reverenciar en el contexto terapéutico, no dejan de oscurecer la historia social y relacional de los desarrollos significativos de las vidas de las personas. Por lo mismo, los entendimientos "naturalistas" son muy endebles y nos llevan a callejones sin salida.

Para abrirle margen a las conversaciones de re-membranza, es importante sortear estos callejones sin salida y abrir caminos para dar espacio a la historia social y relacional de los desarrollos significativos de las vidas de las personas. Por ejemplo, una persona podría invocar la esperanza para explicar cómo sobrevivió un trauma histórico y atribuirle un estatus "naturalista" —es decir, proponer que a la hora de encarar lo que nos devasta, las esperanzas son parte de la naturaleza humana. Es una idea hermosa, pero no promueve el enriquecimiento de relatos. En el contexto de la terapia, podemos a la vez honrar estos entendidos y eludirlos al introducir preguntas como las siguientes:

- ¿Cómo pudiste mantener la esperanza a pesar de todo lo que viviste?

- ¿Tienes alguna idea de cómo lograste preservar tu relación con la esperanza en esta época tan difícil?
- De todas las personas que te conocen, ¿cuál sería la menos sorprendida al enterarse de que pudiste mantener la esperanza como lo hiciste?
- ¿Qué crees que estas personas vieron de ti, que les permitió predecir que podrías hacer esto?
- ¿Recuerdas algunas experiencias que podrían haber confirmado estas esperanzas?
- ¿Recuerdas algunas experiencias que podrían confirmar que para ti era sensato mantener estas esperanzas para tu vida?

Este tipo de preguntas crean aberturas por donde apreciar los desarrollos de vida que van más allá de los entendimientos naturalistas y sientan las bases para el enriquecimiento de los relatos. Además, nos ayudan a introducir conversaciones de re-membranza. Cuando Thomas acudió a este tipo de argumentos para explicar la forma en que entendía su respuesta a las expresiones de reconocimiento de Cheryl, introduje las siguientes reflexiones y preguntas:

- ¿En algún momento distinguiste este reconocimiento cuando te lo brindaron?
- ¿Me puedes contar algunas experiencias de vida que me ayuden a entender el modo en que distinguiste este reconocimiento cuando te fue ofrecido?
- ¿Sabes por qué este reconocimiento te era familiar? ¿Sabes lo que posibilitó que lo distinguieras como tal?
- Este reconocimiento no simplemente te llegó sino que le respondiste. Dejaste que te tocara y lo alojaste. Me da mucha curiosidad saber cómo supiste qué hacer en relación a este reconocimiento.

- ¿Me puedes contar algo de tu vida que me ayude a entender cómo supiste qué hacer con este reconocimiento?
- ¿Hay algunos relatos en tu historia que me permitan comprender tu habilidad para recibir este reconocimiento dentro de ti y dejar que te tocara así?

En respuesta a estas y otras reflexiones y preguntas, Thomas mencionó por primera vez a su madre:

Thomas: Seguro vas a querer saber de mi madre. Otros terapeutas han querido saber de ella. Se suicidó cuando yo tenía siete años. No me acuerdo muy bien. Lo único que sé es que yo estaba en casa cuando sucedió. Recuerdo que la busqué por toda la casa. La encontré en la tina. No se movía. Luego, todo se volvió borroso. Lo siguiente que logro recordar es que corría hacia algún lugar y me caía todo el tiempo. Nunca la volví a ver. Después, nunca nadie dijo mucho sobre ella. No me contaron gran cosa, sino que se había matado; yo no lo podía entender. Mucho después, supe que se había cortado las muñecas y que le había pedido a mi tío que me sacara, pero esto no pasó porque se desmayó en el jardín de enfrente por lo borracho que estaba. Después de un tiempo, viví con mi tía y con mi tío. Esta tía era la prima de mi mamá, pero fue horrible. No aguanté y me fui a la calle. Tenía catorce años. Estuve en un par de hogares de acogida que no me resultaron. Pero bueno, no quiero hablar de esto. Sólo te lo cuento porque los terapeutas siempre quieren saber estas cosas.

M: ¿No quieres hablar de esto?

Thomas: Ya me cansé de hablar de esto. Estoy cansado de todo esto.

M: Está bien. ¿Pero de qué estás cansado?

Thomas: Ya sabes… el cómo todo esto provocó mis problemas.

M: No estoy seguro de saber.

Thomas: Ya sabes, todos mis problemas, mi abuso de drogas viene de mi rabia, entiendes, de mi rabia que se vuelve contra mí.

M: ¿Rabia?

Thomas: Ya sabes, por lo que hizo mi madre. La rabia que tenía hacia mi mamá por rechazarme así. Por lo que le hizo a mi vida. Como sea, ya hice todo esto y sólo quiero soltarlo, sólo quiero que el pasado sea pasado.

M: ¿Estas ideas acerca de lo que le pasó a tu vida honran a tu madre o la deshonran?

Thomas: ¿Cómo?

M: ¿Dirías que estas ideas honran o deshonran la vida de tu madre y su relación contigo?

Thomas: ¿Qué? No creo que tenga… ¡Ah!

M: Tómate tu tiempo.

Thomas: Bueno, no lo he pensado mucho. Pero supongo que dan una imagen de ella muy mala. Sí.

M: Entonces, ¿dirías la deshonran o la honran?

Thomas: Bueno, si lo pones así, tendría que decir que la deshonran.

M: No me gustaría tener ninguna conversación que deshonrara a tu madre o que deshonrara su relación contigo. Tampoco me gustaría animarte a que sintieras rabia contra ella por ningún motivo.

Thomas: ¡No te gustaría! Bueno. Bueno.

M: Lo que sí quisiera es que me dieras permiso de hacerte algunas preguntas más acerca de ella y acerca de tu niñez. Me gustaría hacerlo porque cuando pregunté sobre la historia de tu familiaridad con el reconocimiento, surgió el nombre de tu madre y siento que hay más cosas en la historia de su conexión contigo.

Thomas: *(parece sorprendido)* Bueno.

M: Me interesaría cualquier recuerdo de tu conexión con ella que sea un recuerdo previo al suicidio.

Thomas: ¿Recuerdos previos al suicidio? Mira, de verdad me gustaría contestar tu pregunta, pero sinceramente no tengo ningún recuerdo claro de esa época de mi vida.
M: Bien. ¿Algún vago recuerdo entonces?
Thomas: No. Me temo que no. Ni siquiera vagos recuerdos.

Hablamos un rato más pero no alcanzamos a evocar recuerdos tempranos de la relación de Thomas con su madre que pudieran explicar por qué se refirió a ella al responder mis preguntas sobre la historia de su familiaridad con el reconocimiento. Se me ocurrieron algunas ideas para construir un contexto que pudiera ayudar a recobrar algunos recuerdos.

Unos ocho meses antes de reunirme con Thomas me consultó Juliet, madre de tres hijos. Me habían derivado a Juliet tras un intento de suicidio en el que estuvo a punto de perder la vida y que requirió que la internaran en un hospital. Juliet era madre soltera y había vivido momentos difíciles, probablemente del mismo tipo que los que vivió la mamá de Thomas quien también era madre soltera. Fue en el contexto de estos momentos difíciles y debido a cómo influyeron en sus acciones que Juliet llegó a la conclusión de que estaba entorpeciendo el desarrollo de sus hijos y su hija y que podría llegar a destruir sus vidas. Estaba muy angustiada. Anhelaba una mejor vida para ellos que la que vivió de niña y decidió que estarían mejor sin ella —decidió que si no estuviera, podrían estar mejor con su hermana mayor.

En mi primer encuentro con Juliet nos quedó claro que su decisión de quitarse la vida nació de su amor por sus hijos e hija, que este intento de suicidio era un acto de amor. Después, tuve unas cuantas reuniones memorables con Juliet y sus tres hijos. Para ellos, entender la acción desesperada de su madre fue una diferencia abismal. Cuando terminamos nuestras reuniones con Juliet y sus hijos e hija, ella aceptó inscribir su nombre en uno de mis registros de testigos-externos, para poder unirse a mi trabajo en algún momento apropiado del futuro.

Al final de mi primer encuentro con Thomas, le ofrecí opciones de cómo seguir con nuestras conversaciones. Le dije que conocía a una mujer llamada Juliet, que casi había logrado lo que su madre logró hacer —quitarse la vida. Dije que estaba seguro que Juliet estaría interesada en reunirse con nosotros una o dos veces, siempre que Thomas pensase que pudiera ser útil.

> **M**: Por supuesto, Juliet no podría sustituir a tu madre —dudo que alguien pudiera hacerlo. Pero quisiera entrevistarte acerca de lo que hablamos hoy y que Juliet fungiera de público. Luego te voy a pedir que nos escuches mientras la entrevisto acerca de lo que escuchó de tu relato. Creo que escuchará cosas en tu relato que yo no escuché y quizás cosas que ni siquiera tú has escuchado. Después, mi plan sería entrevistarte sobre lo que escuchaste de las reflexiones de Juliet. Ahora bien, no hace falta que lo hagamos para avanzar con nuestro trabajo. ¿Qué opinas de la idea?
>
> **Thomas**: Bueno… No sé… No lo había pensado. Pero ¿por qué no? Sabes, estoy en un momento de vida en el que no tengo nada que perder.

Esa misma tarde llamé a Juliet y le conté que había estado con un joven que había pasado por momentos muy duros en su vida y que había perdido de manera trágica a su madre a muy temprana edad. Cuando le pregunté a Juliet si estaba dispuesta a acompañarnos, no hubo duda ninguna en su respuesta —era algo que quería hacer, podíamos contar con ella. Juliet llamó tres días después. Reconstruyo nuestra conversación telefónica:

Juliet: Hablé con mis niños acerca de venir a tu siguiente reunión con Thomas. Cuando les conté, dijeron que también querían estar. De hecho, Craig dijo que *tenía que* venir. ¿Te parece bien si me acompañan?

M: Por mí está bien, pero es un tema de conversación bastante duro y no estoy seguro de que les haga bien…

Juliet: Mis hijos saben mucho del tema, por mi propia crisis. Y nos hemos vuelto buenos para hablar de cosas difíciles. Ha sido importante para toda la familia. Además, cuando les conté lo que me dijiste, todos se sintieron tristes por Thomas y les gustaría ayudar.

M: Bueno, voy a llamar a Thomas para contárselo y te llamo cuanto antes.

Llamé a Thomas para contarle de esta propuesta de incluir a estos niños y niña. Su respuesta fue: "Bueno, no es algo que hubiera pensado hacer. Suena un poco disparatado. Pero bueno, ¡ya estoy metido! ¡No tengo nada que perder!"

Pronto me reuní con Thomas, Juliet y sus dos hijos e hija: Craig, de trece años, Robert, de nueve años y Corinda que tenía seis años. Hablamos de cómo podríamos estructurar la reunión. Mi plan era entrevistar primero a Thomas sobre el relato de su vida. Juliet, Craig, Robert y Corinda presenciarían esta conversación como público. Luego, entrevistaría a Juliet, Craig, Robert y Corinda en torno a lo que escucharon de Thomas, que en este recuento fungiría estrictamente de público. Tercero, la idea era entrevistar a Thomas sobre lo escuchado en los recuentos de Juliet, Craig, Robert y Corinda. Durante esta parte de la conversación, estos últimos volverían a la posición de público y escucharían el relato de Thomas sobre sus narraciones. Todos aceptaron este plan para nuestra reunión.

En la primera parte del encuentro, Thomas y yo reprodujimos la conversación de nuestra primera reunión. Luego llegó el momento de que Thomas se sentara a un lado para que pudiera yo entrevistar a Juliet, Craig, Robert y Corinda acerca de lo que habían escuchado. Fue un recuento muy poderoso para todas las personas presentes:

M: *(se dirige a todos pero mira a Juliet, preocupado por la posibilidad de abrumar a los niños)* Empecemos por lo que les llamó la atención. ¿Hubo algo de lo que Thomas dijo que les llamó la atención? ¿O algo que notaran de él que les gustaría comentar?

Craig: Una cosa que dijo fue que se suponía que su tío lo sacaría, pues ella (la madre de Thomas) no quería que él fuera quien descubriera esto.

Robert: Sí.

Corinda: Yo pienso eso también.

M: ¿Qué...?

Craig: Y otra cosa fue que Thomas no dejó ver que le diera tristeza.

Robert: Sí, es cierto. Tal vez ya lloró mucho y ya no le queda nada más.

Corinda: Pienso lo mismo.

M: Craig, dijiste que la mamá de Thomas no quería que lo descubriera. ¿Qué te dice esto de su mamá? ¿Qué te dice de su relación con él?

Craig: Pues... Tal vez que sí se preocupaba por él. Sí, tal vez de verdad se preocupaba por él. ¿Qué piensas Rob?

Robert: Estoy de acuerdo. Ella se debe de haber preocupado por él. Seguro.

M: ¿Tú qué piensas, Corinda?

Corinda: Mi mamá me ama y... la mamá de Thomas lo ama a él. Sí, ella también lo ama. Me dio tristeza y... a Thomas también le da tristeza.

Craig: Creo que tal vez Corinda tenga razón.

M: ¿Juliet?

Juliet: *(llorando)* Ahora creo que sólo me gustaría estar sentada y seguir escuchando lo que dicen mis hijos, si se puede.

M: Claro que sí. Craig ¿Sabes por qué entendiste las cosas así como lo hiciste?

Craig: ¿A qué te refieres?

M: Lo que escuchaste de Thomas te llevó a la idea de que su mamá realmente se preocupaba por él y estuviste de acuerdo con Corinda de que podría haberlo amado. ¿Escuchaste algo que se conecte con lo que viviste? ¿Resonó en ti con algo respecto a lo que te ocurrió?

Craig: Sí, sí *(con lágrimas en los ojos)*. Podríamos decir eso.

M: ¿Te gustaría decir algo al respecto, o prefieres que no?

Craig: No, sí quiero. Creo que sé algo de lo que vivió Thomas. O sea, no es exactamente lo mismo, en realidad no lo es. Pero pudo haber sido lo mismo. Nosotros casi perdemos a nuestra mamá también. Pensamos que ya no se preocupaba por nosotros, pero no era cierto, en realidad no era cierto, ¿verdad, mamá?

Juliet: No, Craig, no era cierto, porque…

Craig: Supimos que ella pensaba que sólo nos estaba complicando las cosas, que sólo lo arruinaba todo. Supimos que ella creía que estaríamos mejor sin ella, ¿verdad? *(voltea hacia Robert y Corinda)*

Corinda: Sí.

Robert: Así es. De verdad fue difícil al principio. Estábamos muy alterados. Muy alterados. No podíamos lograr que Corinda dejara de llorar y no nos quería soltar a mí ni a Craig y al final, aun sabiendo que mamá iba a estar bien, cuando regresé a la escuela, los profesores tuvieron que dejar que Corinda se quedara conmigo en el aula. Pero eso estuvo bien, ¿verdad, Corinda?

Corinda: *(llorando)* Sí. Robert me cuidó.

Juliet: Quiero decir algo. Fueron tiempos muy difíciles para mí y estaba arruinando lo que más me importaba. Andaba muy baja de ánimos y pensé que estaba arruinando todo lo que era valioso para mí. En serio pensé que era una pésima madre. Como dijo Craig, pensé que los niños estarían mejor sin mí. Ahora ya sé que era una locura, pero es el lugar donde me encontraba en aquel momento.

M: ¿Estás diciendo, de alguna manera, que tu intento de suicidio fue un acto de amor?

Juliet: Sí. Sé que suena un tanto raro, pero en verdad lo fue.

M: Les voy a pedir en un momento que se sienten a un lado a escuchar mi conversación con Thomas acerca de lo que él escuchó de ustedes. Pero antes, me gustaría preguntarles cómo ha sido para ustedes estar aquí y ayudarnos como lo hicieron.

Juliet: Para mí ha sido mucho. No sé nada de la madre de Thomas, pero me sentí conectada con ella. Pensé en la confusión que estaría viviendo. Estoy segura de que no era perfecta. Yo sé que tampoco he sido perfecta con mis hijos, pero pienso que como madre, puedo entender un poco lo que sería para ella abandonar a su hijo. Mi corazón está con ella. Mi corazón realmente está con Thomas por su pérdida. Pero también está con su mamá por su pérdida.

M: ¿Dónde los deja todo esto ahora?

Juliet: *(llorando)* Me siento triste pero también siento el poder del amor de las madres por sus hijos. Siento el poder del amor por mis tres hijos. También me siento orgullosa de que hablaran como lo hicieron hoy. Sólo espero que Thomas saque algo de esto.

M: ¿Cómo ha sido para ustedes tres desempeñar este papel hoy?

Robert: Me alegra que hayamos venido.

Corinda: A mí también. ¿Y tú, Craig?

Craig: Hemos pasado por muchas cosas y si hablar de ello puede ayudar a alguien más, me parece estupendo. Mamá y nosotros, los niños, hablamos de la tristeza que sienten muchas personas y de que no tienen que estar tan tristes. Así que nosotros los niños nos sentimos bien haciendo esto, ¿verdad?

Robert: Sí.

Corinda: Sí.

M: Bueno, gracias por todo lo que han hecho en esta reunión. Ahora voy a conversar con Thomas de lo que escuchó al oírnos hablar.

Las lágrimas corrían por el rostro de Thomas durante buena parte de los recuentos de Juliet, Craig, Robert y Corinda. Lo invité a ponerle palabras a estas lágrimas y a decir lo que le había sucedido al oírnos. Thomas estaba tan sumergido por sus emociones que no pudo responder. Pregunté si un descanso podría ser útil y asintió con la cabeza. Salió al patio a fumar. Juliet, los niños y la niña se fueron a la cocina a tomar algo. Regresamos a los quince minutos. Thomas seguía preso de emociones muy fuertes pero ya podía hablar.

Thomas: Estaba... No estaba preparado para esto.

M: ¿Para qué no estabas preparado? ¿Nos puedes contar un poco?

Thomas: Fue la forma en que Craig, Robert, Corinda y Juliet se conectaron con lo que dije. Sabes, pensé que esto sólo era un trámite más. Sinceramente, te quise seguir el juego cuando acepté esta idea. Pero resultó algo totalmente diferente. Sí, completamente diferente.

M: ¿Qué cosa en particular en la conexión de Craig, Robert, Corinda y Juliet con tu historia hizo que este relato fuera tan diferente?

Thomas: Todo, todo. Desde el principio cuando Craig mencionó que mi madre se preocupaba por mí. Y con lo que dijeron Robert y Corinda. Corinda realmente me hizo llorar cuando dijo que mi mamá me amaba. Ahora mismo trato de no pensar en lo que dijo Corinda, porque si lo hago no voy a poder hablar, de nuevo. Y lo que dijo Juliet, incluida esta parte de conectarse con el corazón de mi madre por su pérdida. La verdad, no entiendo por qué me impactó tanto, pero así fue. Fue muy fuerte. ¡Uf! Allí voy otra vez *(llora de nuevo)*.

M: Cuando escuchaste, ¿se te vino algo en particular a la mente? ¿Alguna imagen mental? ¿Te diste cuenta de algo, lo que sea? ¿Tal vez algo acerca de tu madre? ¿Quizás sobre su relación contigo? ¿Algo acerca de lo que significaste para ella?

Thomas: Supongo que sí. Aunque lo voy a tener que pensar con calma. Me llegaron muchos pensamientos a la mente y todos están enredados. Me cuesta encontrar algo en particular, pero hubo algunos destellos entre todo esto.

M: ¿Destellos?

Thomas: Es la mejor palabra que se me ocurre. Como pequeños destellos de luz arrojados sobre mi historia. No puedo decir mucho más y no los podría traer de vuelta ahora.

M: ¿Tienes alguna idea de por qué los recuentos de Juliet, Craig, Robert y Corinda te tocaron de la manera en que lo hicieron? ¿Tienes alguna idea de lo que resonó en ti?

Thomas: Ahora no se me ocurre nada en particular. No sé si lo que Juliet y sus hijos dijeron de mi madre es cierto. Pero dado el impacto que ha tenido en mí, creo que debe haber algo de verdad. ¡Vaya! En verdad nunca había tenido una experiencia como ésta, no exagero. De verdad que no.

M: Estamos llegando al final de nuestro tiempo. ¿Dónde te llevó este ejercicio? ¿Dónde te encuentras ahora?

Thomas: ¿A qué te refieres?

M: A veces estos encuentros son como viajes y las personas llegan a lugares de sus vidas que no les eran visibles antes del encuentro. ¿Sientes que estás parado en un lugar ahora que...?

Thomas: Ya, entiendo a qué te refieres. Esto le dio la vuelta completa a algunas partes de mi vida. Ha sido bastante desconcertante y no estoy seguro pero creo que puede ser importante.

Juliet, sus hijos y su hija nos acompañaron en la siguiente reunión. Fue en este contexto que Thomas tuvo algunos vagos recuerdos de su madre, recuerdos de los que no tenía conciencia hasta aquel momento. Uno de estos recuerdos era el de caminar con su madre desde un centro comercial hacia su casa. Thomas suponía que fue el año previo al suicidio. Tenía algún recuerdo de que su mamá había estado ausente y una vaga sensación de que había estado en el hospital por motivos que él no podía entender. En el camino se encontraron a un perro muerto —un terrier, pensaba— que habían atropellado. Thomas pensó recordar a su madre diciendo algo como: "Los niños de por aquí ya han visto suficientes cosas malas". Luego acunó al perro en sus brazos, lo cargó hacia la parcela de un edificio abandonado y le pidió ayuda a Thomas para cavar un hoyo en la tierra. Luego puso al terrier en esta pequeña tumba y ambos lo cubrieron con escombros. Aunque no se acordaba de sus palabras, sí recordó que "le había dado la extremaunción al terrier" y que había despedido su alma. Luego caminaron hacia la calle, ella lo tomó de la mano. Pero no emprendieron el viaje de regreso a casa enseguida sino que se sentaron en la acera, su madre lo miraba y lloraba. Al parecer duró un buen rato. Thomas le preguntaba a su mamá una y otra vez lo que pasaba pero ella no podía responder.

Este recuerdo sentó las bases para una rica conversación de remembranza, estructurada por las dos categorías de indagación que describo en este capítulo. Antes de empezar con la investigación, hice algunas preguntas generales que, esperaba, prepararían el camino para iniciar esta conversación de re-membranza:

M: Thomas, te acordaste de que tu mamá dijo algo como: "Tenemos que hacer algo. Los niños de por aquí ya han visto suficientes cosas malas".

Thomas: Sí, así es.

M: Luego enterraron al terrier. ¿Qué te sugiere del valor que le concedía a la vida de los niños?

Thomas: Supongo que conoció a muchos niños que tenían una vida difícil. Seguro la preocupaba y creía que los niños son importantes. Sí, seguro valoraba a los niños.

M: También te acordaste que le dio la extremaunción al perro y que despidió su alma.

Thomas: Sí, así es.

M: ¿Este gesto te sugiere algo en cuanto a su actitud frente a la vida?

Thomas: Supongo que sí, seguro. Pero no sé muy bien cómo decir lo que significó. Tal vez sea algo sobre respetar que hay algo único en cada vida, algo que valorar. Voy a tener que pensarlo más para encontrar las palabras apropiadas.

Luego me encaminé hacia la conversación de re-membranza con preguntas que ayudaron a Thomas a recordar cuánto había contribuido su madre en su vida:

M: Te incluyó en cada paso de este ritual, en formas en que no se suele involucrar a los niños.

Thomas: Sí, es lo que recuerdo.

M: ¿Tienes alguna idea de cómo pudo tocar la vida de ese niño pequeño que lo incluyeran así?

Thomas: ¿Me repites la pregunta?

M: ¿Tienes alguna idea de cómo pudo haber contribuido en tu vida el que tu madre te incluyera como lo hizo?

Thomas: Bueno, sólo se me ocurre que debí de sentir calientito por dentro y, quizás me sentí algo importante, como si fuera lo suficientemente grande para manejar esto. Como si yo valiera la pena.

M: También dijiste que por momentos, tu madre te tomó de la mano durante este ritual.

Thomas: Sí, estoy seguro de que sí.

M: ¿Cómo te imaginas que esto influyó en la vida de ese niño?

Thomas: *(llorando)* Lo único que logro pensar ahora es que me debe de haber hecho sentir vivo por dentro. Es lo único que puedo pensar ahora. Quizá encuentre otras formas de decirlo más adelante.

Con la siguiente serie de preguntas alenté a Thomas a que fuera testigo de su identidad a través de los ojos de su madre:

M: ¿Cómo explicas que te haya incluido en algo en que no se suele incluir a los niños, a las niñas?

Thomas: No sé si tenga una respuesta.

M: ¿Qué sugiere que te incluyera en relación a un respeto por ti?

Thomas: ¿Que era un niño con quien podía contar? Quizá fue eso. Que era el tipo de niño en quien se podía confiar para manejar esto. Que había algo un tanto sólido en mí.

M: ¿Un tanto sólido?

Thomas: Sí, que era un niño que no necesitaba ser protegido para estas cosas, creo. Pero todo esto me lleva muy lejos, necesito pensar más.

M: Está bien. ¿Puedo hacer otra pregunta, diferente?

Thomas: Por supuesto. Si no te importa que no tenga muchas respuestas.

M: ¿Cómo entiendes el contacto físico por parte de tu madre en aquel momento? ¿Qué te sugiere de lo que valoraba y apreciaba de ti?

Thomas: ¿Que le hacía bien estar conmigo en aquel momento? Que era rico estar conmigo, que era buena compañía incluso siendo pequeño y eso porque... ¿Tal vez porque aunque era pequeño, podía entender lo que hacía?

M: Después, estuvieron sentados juntos en la acera. Ella lloraba y sólo te miraba. ¿Qué crees que vería en ti en ese momento?

Thomas: *(llorando)* No sé. ¿Tal vez algo sobre el alma en mí? *(Bastante triste. Indica con una seña que ya no puede hablar y que necesita un descanso).*

M: *(más tarde, después del descanso)* Me contaste muy rápido lo que tu mamá podría haber apreciado de ti. ¿Te parece si regresamos uno o dos pasos atrás y te hago algunas preguntas acerca del modo en que contribuyó a tu vida? Si tenemos claridad al respecto, nos va ayudar aún más a averiguar lo que valoraba en ti.

Thomas: Claro que sí, adelante.

Formulé preguntas que lo ayudaron a contar cómo podía haber contribuido a la vida de su madre:

M: Respondiste al hecho de que te incluyera y la acompañaste en cada paso del ritual de entierro del perro.

Thomas: Sí, se podría decir que sí.

M: ¿Cómo te imaginas que haya sido para tu mamá que la acompañaras como lo hiciste?

Thomas: ¡Hombre, estas son preguntas importantes! Bueno, quizá le dio un sentimiento de seguridad. Como una sensación de estar unidos, como… trato de buscar la palabra adecuada, hay una palabra para eso.

M: Tenemos mucho tiempo.

Thomas: ¡Diablos! ¡Qué frustrante! Es una palabra como… ¡solidaridad! ¡Eso es! Quizá le dio un sentimiento de solidaridad.

M: ¿De solidaridad?

Thomas: Sí, que nos preocupáramos por algo que a muchas personas no les importa, quizá le dio un sentimiento de solidaridad.

M: ¿Cómo crees que haya sido para ella poder darle la mano a este niño en estos momentos? ¿Cómo te imaginas que la pudo haber tocado?

Thomas: *(llorando)* ¿Una sensación de calidez?

M: Una sensación de calidez. ¿Le trajiste calidez a su vida?

Thomas: Creo que sí… tal vez… sí.

M: ¿Se te ocurre algo más acerca de la forma en qué tu presencia hizo que la experiencia fuera diferente para tu madre?

Thomas: Sí. Pero prefiero dejar esa respuesta por ahora y pensar con calma lo que me está pasando.

M: Está bien.

Estas últimas preguntas intentaban ayudar a Thomas a enriquecer el relato de la forma en que esta conexión con su madre había conformado lo que ella sentía en cuanto a quién era y en cuanto al sentido que tenía su vida:

M: ¿Cómo te imaginas que influyó que te unieras a ella en el ritual de entierro en su sentido de lo que importa en la vida? ¿Será que confirmó sus creencias, lo que atesoraba? ¿O piensas que sería irrelevante para el sentido que tenía de la vida?

Thomas: No, no. Sólo se me ocurre que debió de haber reforzado lo que atesoraba.

M: ¿Que debió de haber reforzado lo que atesoraba?

Thomas: Sí. Apenas empiezo a divisar su postura ante las cosas, sabes. O incluso…

M: ¿Yo sé…?

Thomas: Mira, nunca lo sabré pero tal vez había algunas cosas por las que mi mamá se apasionaba y que son muy importantes.

M: ¿Y tu respuesta apoyó esto? ¿O qué dirías: lo validó, lo confirmó, lo comprobó? O…

Thomas: Sí, quizá sería todo eso a la vez.

M: Tu madre pudo agarrar la mano de su hijo pequeño después de despedir al alma del perro. ¿Cómo te imaginas que pudo influir en su sentido de ser madre?

Thomas: No estoy seguro, quiero decir la palabra "orgullosa", pero no estoy seguro…

Durante varios encuentros, volvimos a estas preguntas y a otras similares: Thomas estaba cada vez más seguro que el origen de su familiaridad con el reconocimiento se encontraba en la relación con su madre. Empezó a desarrollar un sentido mucho más fuerte de las contribuciones mutuas en sus vidas y en el sentido de identidad de cada uno. Esto afectó de modo muy positivo las conclusiones de Thomas acerca de su propio valor. Al empezar a apreciar las contribuciones de un niño de seis años en la vida de su madre, pudo reanimar su sentido de agencia personal y erosionar la concepción que tenía de él como sujeto pasivo frente a las fuerzas de la vida.

Estas conversaciones de re-membranza también hicieron que Thomas volviera a conectar con el tipo de valores y propósitos que, empezó a pensar, lo vinculaban con la vida de su madre. A medida que se enriqueció el conocimiento de este vínculo —mediante un trabajo arqueológico en torno a su familia de origen—, Thomas desarrolló la destreza de evocar la presencia de su madre en su vida, lo cual le pareció, lo fortalecía mucho. Fue un antídoto al sentimiento de vacío y de desolación y a los sentimientos de inutilidad y de desesperación que tanto lo habían abrumado por un largo periodo en su vida. En el contexto de estas conversaciones, Thomas se percató de las nuevas posibilidades que existían en los horizontes de su vida. Durante un tiempo, empezó a adentrarse en estas posibilidades. También conoció a una tía (prima en segundo grado de su madre) que le tuvo mucho cariño a su madre cuando eran jóvenes. A Thomas le encantó construir una relación con esta tía, cuya familia lo adoptó.

La figura 3.2 muestra el mapa del inicio de la conversación de re-membranza con Thomas.

CONCLUSIONES

En este capítulo describí algunas de las ideas que conforman las conversaciones de re-membranza. Estas conversaciones pueden servir de antídoto para los entendimientos de identidad que permean la cultura occidental contemporánea y que tanto aíslan a las personas. Si consideramos la vida como una asociación con afiliaciones e introducimos prácticas configuradas de modo muy específico por el reconocimiento de que la identidad se forja con figuras significativas del pasado y del presente de una persona, se abren diversas posibilidades para reconstruir la identidad en el contexto de las conversaciones terapéuticas.

Al volver a narrar las historias de mis conversaciones con Jessica y con Thomas, Juliet y su familia, traté de brindar un relato exhaustivo del tipo de indagación terapéutica asociada con el mapa de las conversaciones de re-membranza. También describí algo del trabajo preliminar que debemos realizar a veces antes de iniciar una conversación de re-membranza. Muchas veces, no se logra reincorporar la

Figura 3.2. Mapeo de las conversaciones de re-membranza (Thomas)

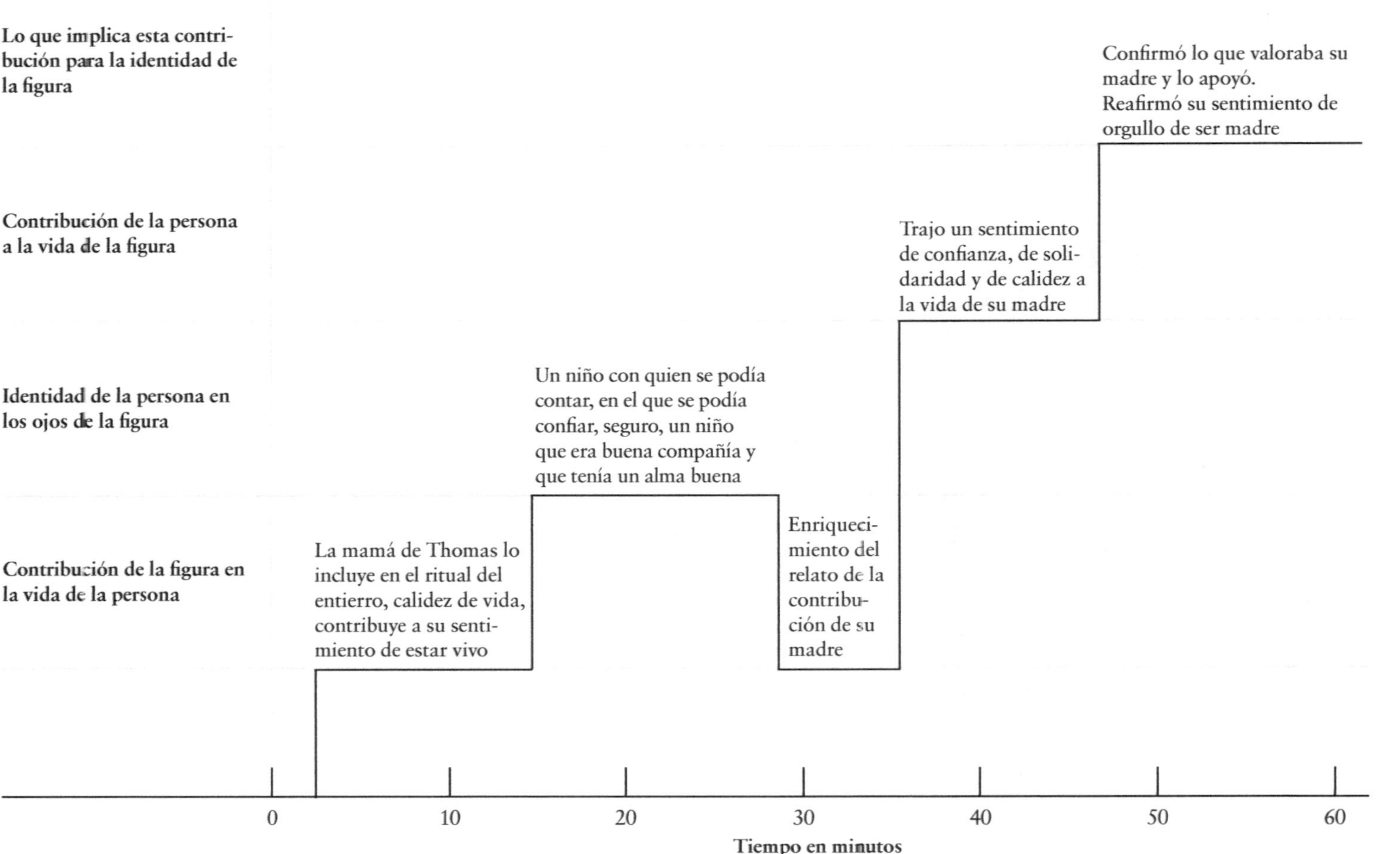

relación con las figuras importantes del pasado o del presente si no se hace una larga preparación.

Después de muchos años de reunirme con personas para tratar los dilemas de sus vidas, esta metáfora de re-membranza ha tocado mi propia vida de mil formas. Por ejemplo, estas consultas me alentaron a ahondar en mis vínculos con las figuras significativas de mi propia historia y en el modo en que contribuyeron a conformar mi vida y mi trabajo. También provocó que se enriquecieran mis conversaciones con mis familiares y amistades. Estas conversaciones me permitieron analizar las afiliaciones de mi propia asociación de vida. Además, el involucrarme de modo rutinario con la metáfora de re-membranza también contribuyó a una mayor conciencia del papel que jugaron las personas que me consultan en el desarrollo de mi trabajo y a un mayor sentido de lo que valoro en mi trabajo. Sobra decir que me ha nutrido mucho.

4

Ceremonias de definición

Estructurar las sesiones terapéuticas en ceremonias de definición permite el enriquecimiento de los relatos. Estas ceremonias son rituales que reconocen y "enaltecen" las vidas de las personas, contrariamente a muchos rituales de la cultura contemporánea que las enjuician y las degradan. En muchos de estos rituales degradantes, sus vidas se miden con la vara de normas socialmente construidas. Estas personas son juzgadas como inadecuadas, incompetentes, enfermizas y muy a menudo como un fracaso en cuanto a su identidad. Las ceremonias de definición permiten que la gente cuente o represente sus historias de vida ante un público de testigos externos que se elige con mucho cuidado y responde a estas historias con recuentos que conforman una tradición específica de reconocimiento.

Las respuestas de las y los testigos externos no están moldeadas por prácticas contemporáneas de aplauso —que ratifican, señalan aspectos positivos, felicitan y demás— ni por prácticas profesionales de evaluación e interpretación. Su papel no consiste en expresar opiniones, dar consejos, formular declaraciones ni introducir historias morales o sermones sino en conversar acerca de las expresiones que les atrajeron de la narración, acerca de las imágenes que estas expresiones evocaron, acerca de las experiencias personales que resonaron con estas expresiones y acerca de su sentir en cuanto al modo en que estas expresiones tocaron sus vidas.

En los recuentos elaborados por testigos externos se vuelve a representar lo que la gente valora en sus actos de vida de un modo que resuena y brinda mucho reconocimiento. Gracias a estos recuentos, las personas sienten además que sus vidas se unen a las de otras alrededor de temas que comparten y atesoran: las contratramas de su existencia se enriquecen significativamente.

ALISON, FIONA, LOUISE Y JAKE

Fue un viernes en la tarde. Terminé una cita y estaba a punto de empezar otra cuando la recepcionista me preguntó si podía atender la llamada de una mujer joven que decía que no me retendría mucho. Contesté. Reproduzco a continuación nuestra conversación telefónica:

Alison: ¡Hola Michael! ¡Soy Alison! No sé si te acuerdas de mí. Te fui a ver con mi mamá y mi papá hace tiempo. De hecho fue hace bastante tiempo.

M: Alison, recuérdame tu apellido.

Alison: Johnston, Alison Johnston, creo que te fui a ver para…

M: ¿Fue hace unos diez años?

Alison: Sí. De hecho fue hace unos doce años. Cuando tenía quince años. Ahora tengo 27.

M: ¿Y tienes un hermano un poco más grande que hacía atletismo?

Alison: Sí. ¡Así es! ¡Así que te acuerdas de mí!

M: Alison, ¡me da mucho gusto saber de ti después de tanto tiempo! ¡Doce años!

Alison: Sí, te quise llamar hace algún tiempo. Sólo para ponerte al día. Me está yendo bien y pensé que te daría gusto saberlo.

M: ¿Y cómo está Henrietta? (*Uno de los peluches que uso en mi*

*práctica y que no había visto en doce años. A veces presento pelu-
ches a las personas que llegan a consulta. Los dotamos de una serie de experiencias de vida, de características personales, de sentimientos y habilidades para resolver los problemas con los que las
personas se pueden identificar muy bien. Estos peluches permiten
que las personas experimenten sentimientos de solidaridad y se
animen en sus esfuerzos por tratar sus problemas y dificultades
(White, 2006).*

Alison: De hecho, ésa es la otra razón por la que te llamo. En aquel
entonces Henrietta y yo tuvimos altibajos y pasamos por momentos difíciles. Me siento muy ligada a ella. Pero últimamente me
he sentido un poco egoísta por aferrarme a Henrietta, sobre todo
cuando imagino que podría ayudar a otras niñas y a otros niños.
Ya sabes, niños que sigan mis pasos y a quienes les podría ayudar
conectarse con ella. Sé que ella significó mucho para mí. Y pensé
que ya era hora de que regresara a trabajar contigo.

M: Suena a que estás dando un gran paso.

Alison: Así es. Sé que voy a estar un poco triste, pero es lo correcto.

M: Bueno. ¿Por qué no nos vemos para una ceremonia de traspaso para celebrar sus contribuciones en sus respectivas vidas?
¿Qué te parece?

Alison: Excelente. ¿Nos vemos para tomar un café?

M: Me parece muy bien.

Alison dijo que prefería que nos encontráramos en un café de la
zona para esta ceremonia de traspaso. Me dio gusto volver a verla
y poder ponerme al día de lo que había pasado en su vida en los
últimos doce años. También me dio gusto volver a ver a Henrietta
y escuchar el papel que cada una había jugado en la vida de la otra
durante estos años. Alison me dio permiso para que anotara cosas
de su trabajo conjunto y al final de nuestra conversación le pregunté

si quería firmar lo que había escrito. Esto, le dije, podría ser una nueva referencia para la carpeta de Henrietta. A Alison le encantó la idea. También apuntó su número de teléfono. Cuando le pregunté si quería recibir llamadas de la persona que conocería a Henrietta en el transcurso de mi trabajo, Alison dijo que le daría mucho gusto. Dijo que le encantaría compartir historias de su conexión con Henrietta y de lo que le había permitido en su vida.

Me di cuenta que no había invitado a Alison a inscribirse en mis registros de testigos externos. En estos registros apunto los datos de la gente que acepta acompañarme en mi trabajo con otras personas. Aproveché la oportunidad para describirle el papel del testigo externo y le pregunté si le interesaría inscribirse. Enseguida me recordó que dos personas habían presenciado uno de nuestros encuentros, doce años antes. Recordó que le había parecido muy útil y dijo que con gusto ocuparía este lugar para otras personas.

A las cinco semanas llegaron a consulta Louise, Jake y su hija, Fiona. Fiona tenía dieciséis años y llevaba quince meses luchando con la anorexia, que había hecho que la ingresaran dos veces en un hospital. Fiona me recordaba en algunos aspectos a Alison. En nuestra primera reunión hallé la oportunidad de presentarle a Henrietta. También le presté su carpeta y mencioné que acababa de ver a Alison. También le dije a Fiona que si la quería llamar, Alison estaría muy contenta de hablarle de su relación con Henrietta.

En mi segundo encuentro con esta familia, me enteré que Fiona había llamado a Alison y que esto la había ayudado. Alison le pareció, entre otras cosas, muy comprensiva. Esto me llevó a proponerle que Alison nos acompañara en otro encuentro y describí el papel que desempeñaría si lo hacía: primero escucharía mi conversación con Fiona y sus padres. Luego, ellos se sentarían a un lado y escucharían con mucho detenimiento mientras entrevistaba a Alison acerca de lo que ella escuchó de su relato. Luego Alison regresaría a la posición de público y Fiona y sus padres hablarían de lo que habían escuchado del recuento de Alison. Les conté que según mi experiencia, esta forma de estructurar los encuentros contribuye a menudo a acelerar desarrollos positivos y les dije que si Fiona y sus padres decidían seguir trabajando así, tendrían que dejarme saber qué tipo de preguntas les gustaría que hiciera en presencia de Alison y las que querían que evitara. A Fiona le entusiasmó la idea y sus padres la secundaron.

Alison nos alcanzó en la cuarta sesión. Cuando entrevisté a Fiona y a su familia —Alison ocupaba el lugar de público—, nos enfocamos sobre todo en la influencia de la anorexia, en sus modos de operar en la vida de la familia y en sus relaciones. Hablamos de su experiencia al respecto, de los aspectos de sus vidas que procuraban apartar de la esfera de influencia de la anorexia y de sus iniciativas por desafiar el estatus de la anorexia. En esta conversación, Alison fue "testigo externa" —tomo prestado el término de Barbara Myerhoff (1982, 1986): no participó de forma activa en la conversación sino que la presenció desde afuera.

Cuando me pareció oportuno, intercambiamos los papeles y entrevisté a Alison acerca de lo que había escuchado. Fiona y sus padres fungían ahora de público. Resultó que el recuento que hizo Alison de los relatos que había escuchado incidió mucho en las vidas de Fiona y de sus padres. En la tercera etapa, volvimos a intercambiar los papeles y entrevisté a Fiona y a su familia acerca de lo que habían escuchado del recuento de Alison.

La siguiente transcripción da cuenta de la segunda etapa del encuentro y de la respuesta de Alison a las historias compartidas por Fiona y por sus padres. Mis preguntas estructuraron las respuestas de Alison.

M: Alison, ¿podrías empezar con lo que escuchaste, con lo que más te llamó la atención?

Alison: Creo que Fiona y sus padres son lo más asombro...

M: Alison, ¿nos podríamos centrar en lo que escuchaste y que más te llamó la atención? Para poder seguir luego con tus reflexiones.

Alison: Claro. Bueno, fueron varias cosas. Fiona contó cómo está cobrando cada vez más conciencia de las expectativas de perfección que han ocupado tanto espacio en su vida y de cómo está hablando de ellas con su mamá. Y con otras personas. Dijo que empezó a verbalizar estas expectativas cuando tiene dificultades con ellas. Alguien usó las palabras "desenmascarar la anorexia" y es lo que Fiona está haciendo. Creo que el que Fiona permita la presencia de otras personas es un gran paso. Fiona podría haberse entregado a la anorexia y, de hacerlo, se habría quedado completamente sola. Entonces habría sido muy fácil para la anorexia arrebatarle la vida.

M: ¿Fue eso y otras cosas también? Dijiste "varias cosas".

Alison: Sí. Fiona no sólo verbalizó estas expectativas. También dijo que su mamá le había preguntado lo que le dice la anorexia cuando las cosas no van bien. Sé que Fiona no siempre le responde, pero su mamá siempre le deja una puerta abierta e incluso adivina en voz alta lo que puede estar tramando la anorexia cuando Fiona no habla. Otra cosa es que su mamá le empezó a contar todas las expectativas que carga. Le contó cómo escucha siempre esa vocecita en su cabeza que dice: "¿Eres buena esposa?" o "Se supone que estás aquí por los niños", o, "pero no has hecho el aseo todavía" o "Te ves demasiado así o asá". Sé que su mamá se ha sentido muy mal, como si fuera responsable de lo que le está pasando a Fiona, como si le hubiera fallado a Fiona, pero no ha dejado que todo esto se interponga en su acompañamiento de Fiona.

M: Bueno. ¿Hubo algo más que...?

Alison: Una cosa más. Se trata del papá de Fiona.

M: Bueno.

Alison: Dijo que estaba aprendiendo cuando escuchaba a Fiona y a su mamá hablar como lo hacen. Así que se ve que tiene interés. También está abierto a lo que dijeron.

M: Gracias, Alison. Me queda claro lo que te llamó la atención aquí. ¿Qué te vino a la mente al escucharlo?

Alison: ¿Lo que me vino a la mente mientras escuchaba?

M: ¿Cómo sentiste a estas personas por lo que escuchaste de ellas? ¿Cómo afectó la imagen que tienes de ellas?

Alison: Bueno, pensé en una tormenta. Imaginé a Fiona y a su mamá a la intemperie en esta enorme tormenta. Era algo gigantesco, como un ciclón. Creo que fue porque anoche vi las noticias de este tremendo ciclón en Darwin. Sólo que con Fiona y su mamá, es un ciclón hecho de todas estas expectativas de quiénes debieran ser o no. Tuve esta imagen del ciclón doblegando sus vidas como árboles, torciéndolas tanto que casi se aplastaban en el suelo. Pero no se van a quebrar. Están a la intemperie juntas, pero a veces se empiezan a levantar.

M: Es una imagen muy fuerte.

Alison: Sí. Y su papá también está ahí, pero de un modo distinto. A ver. Si lo pienso, sí, eso es, está buscando mejores formas de inclinarse para que todos puedan remontar la situación.

M: ¿Qué escuchaste de Jake que te llevó a esta imagen?

Alison: Es que dijo que aprendía cuando escuchaba a Fiona y a su mamá, cuando estaban, ya sabes, desenmascarando la anorexia. Él estuvo abierto a lo que escuchó y me di cuenta que no estaba imponiendo sus propios planes.

M: La imagen de estas personas a la intemperie, atravesando este ciclón es muy buena. ¿Qué te sugiere de lo importante para Fiona y sus padres?

Alison: ¿De lo que es importante para ellos?

M: Sí. ¿Qué crees que valoren Fiona y sus padres? ¿Qué cosas crees que atesoren?

Alison: Bueno, Fiona y su mamá son dos mujeres que hablan de lo que les sucede por dentro. Hablan de todas estas expectativas sobre quiénes deberían ser y lo que deben enfrentar. Así que quizás tenga que ver con sus esperanzas. O tal vez con sus sueños, con esos sueños que nunca pudieron conversar antes.

M: ¿Qué tipo de sueños sería?

Alison: Pues tener vidas diferentes, no tener que vivir con todas estas frustraciones. Tener una vida donde poder respirar aire limpio. Quizás tener derecho… tener derecho a algo más. Ese tipo de cosas.

M: Piensas que se trata de estas esperanzas y sueños. ¿Hubo algo en particular que se podría relacionar con estas esperanzas y con estos sueños?

Alison: Cuando la mamá de Fiona contó que sabía que Fiona anhelaba muchas de cosas que la anorexia estorbaba y que ella misma, la mamá de Fiona, recién había empezado a pensar en algunas cosas que ella también anhelaba, en cosas que había desterrado de su mente mucho tiempo atrás, casi que para siempre.

M: También viste a Jake a la intemperie con ellas, en ese ciclón, buscando formas de inclinarse para que la familia pudiera atravesar todo esto. ¿Qué te sugiere de lo que le importa a Jake?

Alison: Bueno, como dije, él también está ahí. Creo que algunas de estas nuevas orientaciones no van a ser fáciles para él porque también va a tener que hacer cambios. Creo que va a tener que hacer cosas diferentes, cosas que no había hecho antes, sobre todo porque la mamá de Fiona ya tiene más claridad en cuanto a sus expectativas y a las cosas que anhela. Creo que de verdad podría ser mucho esfuerzo para él.

M: Dijiste que él está ahí también. ¿Qué te sugiere de lo que es importante para él?

Alison: Quizás tenga que ver con la capacidad de salirse un poco de su zona de confort y poder ver más allá. No sé si me explico…

M: Como empezar a ver más allá, a no dejar que…

Alison: Sí. Algo así como ver más allá de lo que se puede ver.

M: Hablaste de las cosas que escuchaste que de verdad te llamaron la atención y de cómo esto te dio una idea de Fiona y de sus padres. ¿Nos podrías contar un poco cómo tocó algún lugar sensible en tu propia vida?

Alison: Conozco la respuesta. Me llevó directo a mi propia lucha contra la anorexia. La anorexia realmente me tenía arrinconada. Me tenía de rodillas y casi me mata. Estuve a punto de morirme. Ahora lo sé. Por un rato casi todo el mundo se rindió a mi alrededor. Casi me quedo sola. Cuanto más sola me encontraba, peor se ponía la situación. Pero tenía estas líneas de vida. No me había dado cuenta que habían estado ahí todo el tiempo y uno de estas líneas de vida era mi propia mamá. Recuerdo que fue muy importante percatarme de que no éramos tan diferentes. Quiero decir, éramos diferentes pero estábamos lidiando con tantas cosas parecidas. Y nos ayudamos mucho la una a la otra.

M: ¿A qué te refieres?

Alison: Bueno, ahora lo puedo decir mejor. Mi mamá y yo empezamos a conversar más de lo que nos pasaba por dentro y aunque ella no sufría anorexia, lo que ella sentía era bastante parecido. Ya sabes, todas estas expectativas que la golpeaban, día tras día, noche tras noche.

M: Ya, entiendo. ¿Te puedo hacer otra pregunta?

Alison: Sí.

M: Presenciaste el relato de algunos aspectos de las vidas de estas personas e hiciste un recuento de lo que escuchaste de sus relatos. Cuando las personas atestiguan relatos importantes y cuando alcanzan a responder como lo hiciste, muchas veces recorren sus propias vidas. Ser testigo de estas historias las lleva a un lugar al que no habrían llegado estando de compras o en el trabajo. Por eso me interesa cualquier reflexión tuya acerca del lugar al que te llevó todo esto. Quizás a nuevas ideas acerca de tu propia vida. O a darte cuenta de algunas cosas. Lo que sea.

Alison: Bueno, lo que sí sé es que entiendo mejor cómo remonté todo esto y cómo recuperé mi vida de la anorexia. Supe que era importante que mi mamá no dejó que me aislara, aunque sus ideas acerca de lo que pasaba en mi cabeza me podían irritar mucho. Y de verdad me irritaban. Pero creo que tengo más claridad sobre cómo mi mamá y yo lo logramos juntas y sobre lo importante que fue para mí escuchar lo que ella pensaba por dentro.

M: Llegar a una mejor comprensión ¿Tienes alguna idea de lo que ese entender trajo a tu vida?

Alison: Creo que pude apreciar mejor mi relación con mi mamá y esto me hace sentir calientita por dentro. También me doy cuenta del papel que desempeñó mi padre y de lo duro que debió ser para él hacer tantísimos cambios que tenía que hacer. Sé que él diría que es una mejor persona por lo mismo, pero tiene que haber sido muy duro a veces. Creo que voy a ir a conversar con él al respecto.

M: Qué crees que resulte de esta conversación. Qué resultados crees que tenga el que hables con él.

Alison: No lo sé, pero creo que sería bueno para nuestra relación.

M: Ya casi llega el momento de intercambiar lugares con Fiona y sus padres. Pero antes de terminar ¿podrías volver justo a lo que escuchaste de Jake que te abrió a la posibilidad de conversar con tu padre? ¿Podrías regresar también a lo que escuchaste de Fiona y de su madre que te permitió apreciar mejor tu relación con tu madre, y te dejó esa sensación de calorcito por dentro?

Alison: Bueno…

Después de este recuento, Alison retomó su lugar de público. Empecé a entrevistar a Fiona y a sus padres acerca de lo que habían escuchado en ese recuento, acerca de lo que les había llamado la atención, de cualquier imagen que hubiera evocado de sus propias vidas e identidades y acerca de las formas de entender sus propias vidas que podrían haber surgido. Les pregunté de sus entendimientos acerca de la razón por la cual algunos aspectos específicos del recuento de Alison les habían llamado la atención y del lugar al que habían llegado al presenciar este recuento. En respuesta a estas preguntas supe que el recuento de Alison había sido una experiencia muy profunda para esta familia.

La metáfora del ciclón había resonado profundamente en estas personas, así como las reflexiones de Alison en cuanto a lo que le sugería que valoraban en la vida. Las reflexiones de Alison permitieron que siguieran hablando del sentido de la vida, que volvieran a familiarizarse con los propósitos y valores que eran fundamentales en sus vidas y que fortalecieran estos propósitos y valores.

Fiona contó que el recuento la había ayudado a tener una idea más clara de lo que pretendía la anorexia. Dijo que la ayudó a vislumbrar lo que podría ser un futuro lejos de la anorexia. Todo esto, dijo, la había nutrido nuevas esperanzas. Aunque se encontraba en un punto donde todavía le costaba distinguir los pensamientos que fomentaban la anorexia de los que la ayudaban a aparecer con más fuerza en la vida, sentía que las reflexiones de Alison "habían ayudado a disipar un poco la bruma".

Louise habló, bastante conmovida, de cómo el recuento la había aliviado un poco. Se sentía muy agobiada por el fracaso y la culpa. La validación que experimentó en el recuento casi la sobrepasó. Era algo que jamás habría pensado recibir.

Fiona y Louise dijeron cuánto las habían tocado las reflexiones de Alison sobre su relación. Lloraron un buen rato cuando hablaron de las frustraciones asociadas con el trabajo en equipo que iniciaba y de algunos de los avances que sentían que empezaban a lograr en su proyecto de liberar a Fiona de las garras de la anorexia y de liberar la vida de Louise de los empobrecedores mandatos que imponía su rol de género.

Louise habló de la inspiración que recibía de Fiona en su iniciativa por hablar en voz alta de su experiencia interna con las expectativas de perfección —contó cómo todo esto le permitió empezar a expresar lo que nunca antes había verbalizado y empezar a encarar algunas de las fuerzas de vida que se aliaban con estos mandatos. Al escucharla, Fiona se quedó sin palabras por un rato: el ser una fuente de inspiración para su madre era una gran novedad que procesar. Me pareció que esta noticia fue una especie de antídoto a su sensación de desolación y de vacío.

A Jake le afectaron bastante las reflexiones de Alison sobre su propia contribución en las "formas de inclinarse para poder atravesar lo que había que atravesar". Reconoció que lo vivía como un reto, que le había requerido hacer cosas que nunca había hecho antes, como desafiar viejos hábitos en su relación con Louise —incluso aquellos hábitos que reflejaban lo que él daba por sentado, lo que contribuía a las fuerzas en contra de las que ella se alzaba. Habló de las resistencias que sintió por dentro y con las que estaba luchando, pero también de algunas de las formas en que se las había arreglado para "soltar un poco". Se sentía orgulloso al pensar que se estaba volviendo "menos rígido".

Al final de nuestro encuentro, cuando nos despedimos, le pregunté a Alison si pensaba que sus padres tendrían interés en acompañarla como público en otro encuentro, para una conversación con Fiona y sus padres, y si lo podían hacer. Pregunté si estarían dispuestos a participar con ella en un recuento. Alison pensó que les agradaría bastante la idea. Fiona, Louise y Jake también se entusiasmaron con la propuesta y tres encuentros más tarde, los padres de Alison nos acompañaron.

Por la retroalimentación que recibí y la información acerca de los desarrollos que siguieron nuestras conversaciones —primero con Alison como público, y después con ella y sus padres— me quedó claro que estos dos encuentros contribuyeron a puntos de inflexión significativos en la recuperación de Fiona de la anorexia nerviosa. Creo que las contribuciones de Alison y de sus padres a estos puntos de inflexión pesaron mucho más que cualquier contribución que pude haber hecho desde mi lugar de terapeuta. Esto es lo que suele ocurrir cuando convocamos públicos para trabajar de este modo. Sin embargo, es muy poco probable que logremos tales resultados si no desarrollamos preguntas que alcancen a estructurar los recuentos del público. Las categorías de indagación que desarrollé durante muchos años en los que exploré estos recuentos conformaron mis preguntas.

Describo en los siguientes apartados la historia de esta práctica en la que involucramos a públicos, las ideas que contribuyeron a refinarla y las categorías de indagación que estructuran los recuentos. También abordo una serie de consideraciones importantes para el buen uso de esta práctica.

INVOLUCRAR AL PÚBLICO: UNA ETAPA PREVIA AL USO DE LAS CEREMONIAS DE DEFINICIÓN EN LA PRÁCTICA TERAPÉUTICA

En los años ochenta, comencé a involucrar públicos de modo activo en mi trabajo con familias, junto con mi amigo y colega David Epston. Nos inspiramos en parte al observar que cantidad de niños y niñas con quienes nos reuníamos invitaban espontáneamente públicos para compartir sus desarrollos de vida preferidos. Por ejemplo, en el contexto de nuestros encuentros con familias, les entregábamos certificados que acuñaban los logros importantes en sus esfuerzos por reclamar sus vidas de los problemas que los acechaban. Estos niños y niñas siempre acababan por enseñar sus certificados a otras personas —sus hermanos y hermanas, sus primos y primas, sus amigos o sus pares en la escuela. Por lo general, esto tenía el efecto de provocar en el "público" preguntas que los llevaban a relatar las hazañas que mencionaban los certificados y a veces incluso a demostrar sus habilidades. Estas preguntas y respuestas del público incidían claramente en el reconocimiento de los desarrollos de vida preferidos de estas niñas y niños y contribuían a que persistieran y se expandieran.

La práctica de involucrar públicos en nuestro trabajo con familias también se inspiró en nuestras exploraciones de la metáfora narrativa. Valorábamos mucho el grado al cual las narrativas personales conforman las vidas de las personas, y el grado al cual estas narrativas personales son coautorías en el contexto de las relaciones que les son significativas. Nos dimos cuenta en nuestro trabajo de la importancia vital que tenía el enriquecimiento de relatos para abrir a las personas a una serie de posibilidades a la hora de abordar sus problemas y preocupaciones. No habíamos reconocido estas posibilidades antes. Para nosotros, era obvio que el público jugaba un papel muy importante en el enriquecimiento de los relatos.

El tercer factor que nos llevó a convocar públicos fue nuestra conciencia del punto al que las normas culturales construidas socialmente, las instituciones culturales y sus relaciones de poder moldean las narrativas personales. Vimos muchas veces cómo nuestras conversaciones terapéuticas contribuían a desplegar narrativas personales que contradecían estas normas socialmente construidas y conformaban acciones que desafiaban estas relaciones de poder. En estas circunstancias nos percatamos de la importancia de involucrar públicos que desempeñaran un papel en la validación de estas narrativas personales alternas. Todo esto contribuyó entre otras cosas a construir un sentimiento de solidaridad con respecto a los valores y aspiraciones de vida que reflejaban las narrativas personales. Esto nos animó mucho en circunstancias que de otro modo hubieran amainado cualquier desarrollo de relatos que contradijera lo que esperábamos.

Estas observaciones respecto del papel de las y los testigos externos disiparon cualquier idea de que convocar a un público se pudiera considerar como una práctica terapéutica secundaria. Sin embargo, en aquella época, era muy raro que involucráramos directamente al público en nuestras conversaciones terapéuticas. Más bien, alentábamos a las personas que consultaban a identificar a otra gente cuyas respuestas podrían ayudar a los desarrollos preferidos en sus vidas y las ayudábamos a buscarla. Muy a menudo recurríamos a medios escritos para lograr nuestro cometido —certificados, cartas dirigidas a un destinatario específico, etcétera.

Durante años, el involucrar a públicos en nuestras conversaciones fue un tema constante en nuestro trabajo. Al principio recurríamos a las redes de familiares y de amistades, a la escuela y al trabajo, a la gente conocida, incluso a los vecinos, vecinas y comerciantes —a la gente que las personas que llegaban a consulta conocían— y a comunidades que no conocían. A medida que ahondamos en esta práctica, empezamos a recurrir a las personas que nos habían consultado antes. Les preguntábamos si nos querían acompañar en nuestro trabajo en algún momento para contribuir a resolver los problemas y preocupaciones de otras personas. En general, recibían estas invitaciones con mucho entusiasmo —estas personas estaban más que dispuestas a apuntar sus datos en nuestros registros. Puedo contar en los dedos de una mano las veces en que, a lo largo de estos años, alguien declinó la invitación a ser parte de uno de estos registros.

EL ORIGEN DE LAS CEREMONIAS DE DEFINICIÓN

El trabajo de la antropóloga cultural Barbara Myerhoff (1982, 1986) nos ayudó a entender mejor la importancia de las contribuciones del público. Su entendimiento del papel de la "ceremonia de definición" en los proyectos identitarios de la gente nos alentó a seguir explorando y desarrollando modos de convocar públicos en nuestras conversaciones terapéuticas y a investigar el tipo de respuestas que parecían funcionar mejor a la hora de contribuir al enriquecimiento de los relatos y de perseverar y expandir los desarrollos preferidos en la vida de las personas. Myerhoff describió la ceremonia de definición a partir de un relato de los proyectos identitarios de una comunidad judía de ancianos y de ancianas de Venice, Los Ángeles. A mediados de los años sesenta, su trabajo de campo se centró en esta comunidad.

A finales del siglo XX, muchas de las personas de esta comunidad judía dejaron los *shtetls* de Europa del Este cuando eran muy pequeñas y migraron a Estados Unidos. Más adelante, cuando se jubilaron, el cálido clima del sur de California, amable con su salud, y los bajos costos de la vivienda en Venice (un lugar a orillas del mar) les atrajeron al condado de Los Ángeles. Muchas de estas personas llegaron a sentirse bastante aisladas por haber perdido a sus familias ampliadas en el Holocausto y porque sus hijos e hijas habían dejado la casa. El aislamiento hizo que muchas dudaran incluso de su existencia y sintieran una falta de certeza alimentada por un sentimiento de invisibilidad ante los ojos de la comunidad en general, ante los ojos de sus redes más cercanas y ante sus propios ojos.

Con la ayuda de Maurie Rosen, una trabajadora comunitaria muy dedicada y talentosa, estos ancianos y ancianas construyeron un sentido de comunidad en Venice. Fue en el contexto de esta comunidad que recuperaron su sentido de existencia y que lo volvieron a cargar de vitalidad. De todos los mecanismos que contribuyeron a esta recuperación y a esta vitalidad, la ceremonia de definición fue la que jugó un papel crucial. Myerhoff usó el término *Ceremonia de definición* para describir los foros, acordados por esta comunidad, en los que sus miembros podían contar y volver a contar sus historias de vida y actuarlas y volverlas a actuar. En estos foros, estas personas pudieron volver a aparecer en sus propios términos ante los miembros de la comunidad y ante personas externas que habían invitado a participar.

> Cuando las culturas están fragmentadas y descompuestas, puede resultar difícil encontrar un público adecuado. Puede que no se presenten de por sí las circunstancias espontáneas y que las tengamos que inventar artificialmente. Llamé a estas representaciones "Ceremonias de definición" porque las entiendo como un definirse a sí mismos en colectivo con la intención específica de proclamar ante un público una interpretación que de otro modo no habría estado al alcance de las personas con quienes trabajamos. Este público se tiene que capturar por cualquier medio necesario y se le hace ver la verdad de la historia del grupo así como la entienden sus miembros. Las personas socialmente marginadas, los grupos ignorados, despreciados, los individuos que viven "identidades deterioradas" como las llama Erving Goffman suelen buscar oportunidades que les permitan aparecer ante otras personas a la luz de su propia interpretación (Myerhoff, 1982, p. 105).

Estas ceremonias de definición brindaron un antídoto frente a los efectos del aislamiento que vivían las personas de esta comunidad y a su sensación de invisibilidad —el principal resultado de este aislamiento. Myerhoff (1986) destacó el papel de las ceremonias de definición y afirmó:

> Las ceremonias de definición tratan con problemas de invisibilidad
> y de marginalización. Son estrategias que ayudan a las personas a
> ser vistas en sus propios términos, gracias a la presencia de personas
> que atestiguan su valor, su vitalidad y su ser (p. 267).

La participación de las personas de la comunidad en estas ceremonias
de definición fomentó en ellas un *ethos* del vivir que se centraba en
desplazar las conclusiones "pobres" de identidad para recuperar conclusiones "consistentes". La vida se volvió un proyecto de identidad.
Estos proyectos identitarios se caracterizaron por una conciencia muy
particular de reflexión sobre ellas mismas. Dotadas de esta conciencia, las personas que integraban la comunidad se percataron de que
participaban en la construcción continua de sus propias identidades y
de la de otras personas. Con esta conciencia se mantuvieron alertas al
modo en que sus propias contribuciones conformaban la producción
de sus vidas y de las demás. Esta conciencia les permitió "asumir la
responsabilidad de inventarse a sí mismas a la vez que preservaban
su sentido de autenticidad y de integridad" (Myerhoff, 1982, p.100).
Todo esto permitió que intervinieran en la configuración de sus vidas
en modos que armonizaran con lo que valoraban en la vida.

Myerhoff (1982) destacó la naturaleza excepcional de este fenómeno.

> A veces las condiciones conspiran para que una generación entera
> se vuelva agudamente consciente de sí misma en extremo y participe
> entonces plenamente de su propia historia, brinde sus propias
> definiciones de sí, afiladas e insistentes, y explique su destino, su
> pasado y su futuro. Las personas se vuelven entonces intérpretes
> conocedoras del drama histórico que ellas mismas escriben: ya no
> son sujetos de estudio de otra persona. Se "hacen" a sí mismas, a
> veces incluso se "hacen crecer a sí mismas", lo cual no es inevitable ni

automático, sino reservado a personas especiales, en circunstancias especiales (p. 100).

Como parte de esta conciencia de reflexión sobre sí mismas, las acciones de las personas integrantes de la comunidad reflejaron una comprensión del grado al que la identidad:

- Es un logro público y social y no un logro personal, individual.
- Está conformada por fuerzas históricas y culturales más que por fuerzas de la naturaleza humana, independientemente del modo en que se conciba esta naturaleza humana.
- El resultado de derivar una sensación de autenticidad mediante procesos sociales que reconocen nuestras reivindicaciones preferidas en cuanto a nuestra identidad e historia (contrariamente a la idea de que la gente halla la autenticidad en su vida mediante la introspección y la identificación y expresión de las esencias del sí mismo).

El énfasis en las "definiciones colectivas", en el imperativo de "aparecer ante otras personas", en "los testigos del valor, de la vitalidad y del ser" y en "el proclamar interpretaciones ante un público que de otro modo no estaría disponible" resalta la importancia crucial del público en las ceremonias de definición. Las respuestas del público a las historias que se cuentan y representan en estos foros corroboraron estas historias. Que el público reconociera las reclamaciones[1]

---

1 El término reclamaciones no se usa aquí en forma peyorativa sino que refleja la idea de que todas las conclusiones de identidad nacen como reivindicaciones identitarias construidas socialmente, y que la verificación social de estas reivindicaciones es la que les da veracidad. En el contexto de esta verificación social, los reclamos identitarios son dotados de un estatus de verdad, y esto tiene un efecto muy fuerte en la conformación de la vida de la persona y de las respuestas que otras le dan a sus acciones.

identitarias expresadas en estas historias era lo que le daba autenticidad a estas reclamaciones, estas reivindicaciones de identidad. Que el público reconociera estas historias fue lo que contribuyó significativamente a que las personas de la comunidad alcanzaran una sensación de unidad en cuanto a quienes reivindicaban ser en la vida. En el contexto de estos foros, el público se vio "participando del drama de otra persona"; las personas se volvieron "testigos que casi involuntariamente empujan una trama hacia delante".

> Estas personas judías mayores… abren las cortinas entre lo real y lo irreal, lo imaginado de lo que ocurría, para atravesar el umbral abren estas cortinas junto con la gente que atestigua, tras ellas, junto con estos testigos que encuentran, a menudo para su sorpresa, que participan de algún modo en el drama de alguien más […] Habiendo traspasado este umbral, se vuelven el "quinto en discordia",[2] se vuelven testigos que empujan casi involuntariamente una trama hacia adelante; sus historias ya no son sólo suyas sino que siguen viviendo, entretejidas con las historias de vida de otras personas (Myerhoff 1986, p. 284).

Myerhoff insistió en la importancia de la participación activa de las y los testigos externos en las ceremonias de definición. Los recuentos del público fueron los que mayor autenticidad otorgaron a las reclamaciones de identidad expresadas en estos relatos. Sus recuentos dieron un carácter "más público y factual" a estas reclamaciones, sirvieron para amplificarlas y conferirles autoridad. Sembraron en la comunidad la sensación de estar acordes con lo que

---

2 N. del T. Novela epónima (1970) del escritor canadiense Roberston Davies. "El quinto en discordia" se refiere a Dunstan Ramsay, un personaje que a pesar de su papel secundario, es esencial para el desarrollo de la trama.

reclamaban para sus vidas. Los recuentos del público desempeñaron el papel principal en la renovación del sentido de autenticidad de la comunidad.

LAS CEREMONIAS DE DEFINICIÓN EN LA PRÁCTICA TERAPÉUTICA

La descripción de Myerhoff del papel de las y los testigos en las ceremonias de definición resonó mucho con algunos de los descubrimientos que surgieron de nuestra práctica terapéutica —descubrimos la importancia del público para el enriquecimiento de relatos, la construcción de conclusiones de identidad consistentes y la persistencia y expansión de resultados preferidos en las vidas de las personas que nos consultaban. Como en el caso de esta comunidad judía de adultos mayores de Venice, percibimos que los públicos que convocábamos en nuestro trabajo permitían que las personas que nos consultaban:

- Volvieran a aparecer en sus propios términos antes los ojos de su comunidad y ante los ojos de personas externas que invitábamos a participar.
- Experimentaran un reconocimiento de las reclamaciones de identidad que expresaban en sus relatos.
- Experimentaran cómo se legitimaban sus reclamaciones de identidad.
- Intervinieran en la conformación de sus vidas en modos que armonizaran con lo que atesoraban.

Nos quedó claro que los públicos que involucramos en nuestro trabajo fungían de testigos, conferían un carácter "más público y factual" a las reclamaciones de identidad de la gente e impulsaban "casi sin querer el flujo de una trama".

Al entender la importancia de la participación del público en nuestras prácticas terapéuticas, nos enfocamos todavía más en provocar recuentos de lo que escuchaba el público en los relatos de los desarrollos preferidos en la vida de las personas. Sin embargo, en aquella época nuestra forma de involucrar a los públicos en nuestro trabajo era más que nada indirecta.

El trabajo de Tom Andersen (1987) sobre "equipos de reflexión" nos llevó a involucrar al público de manera más directa en las conversaciones terapéuticas. Al principio, buscamos a este tipo de público en las redes de vida de las personas que nos consultaban y en nuestras propias redes. Más tarde también los convocamos desde las disciplinas profesionales. En aquella época comencé a explorar los aspectos de los recuentos de los testigos externos que mejor funcionaban a la hora de contribuir al enriquecimiento de los relatos en las conversaciones terapéuticas. Describo en el siguiente apartado algunos de los hallazgos de estas exploraciones. Me enfoco en la estructura de los encuentros estructurados en ceremonias de definición y en las particularidades de la tradición de reconocimiento asociada a los recuentos del público.

LA ESTRUCTURA DE LAS CEREMONIAS DE DEFINICIÓN

En la práctica terapéutica las ceremonias de definición se dividen en tres etapas distintas:

1. Que la persona que recibe la ceremonia de definición narre el relato significativo de su vida.
2. El recuento, por parte de las personas que invitamos a desempeñar el papel de testigos externos (vuelven a contar la historia que escucharon).

3. La recapitulación de estos recuentos por parte de las personas que reciben la ceremonia de definición.

La narración

En esta primera etapa entrevistamos a la persona que consulta y los testigos externos escuchan, desde su lugar de público. En el contexto de esta entrevista buscamos oportunidades de hacer preguntas que animen a las personas a narrar historias de vida significativas, historias importantes en lo que atañe a su identidad personal y relacional. Los testigos externos escuchan con mucho cuidado los relatos que se cuentan y se preparan para involucrarse en un recuento de lo que escucharon.

En mi encuentro con Fiona, sus padres y Alison, empecé por entrevistar a Fiona y a sus padres. Esta entrevista nos permitió explorar más en detalle las operaciones de la anorexia nerviosa en la vida y en las relaciones de los miembros de la familia, su experiencia al respecto, y las numerosas fuerzas que sustentaban la anorexia nerviosa. También nos permitió explorar los desarrollos que no favorecían la anorexia nerviosa y los fundamentos de estos procesos. Pudimos explorar lo que estos procesos reflejaban de lo que la familia valoraba y de la historia de lo que valoraba. Mientras, Alison fungía de público, de testigo externo de la conversación a la que me refiero como *narración*. No participó de modo activo de esta conversación sino que la presenció desde afuera.

El recuento

Cuando parece haber llegado el momento, las y los testigos externos intercambian de lugar con las personas cuyas vidas están en el centro de la ceremonia de definición. Estas personas presencian ahora el recuento del público. Por lo general, nuestras preguntas moldean este recuento. El recuento no da cuenta del contenido completo de la narración, ni resume lo que escucharon las y los testigos externos: es un recuento de los aspectos de la narración original que les atrajeron. Al condensar y tejer estos aspectos de la narración, este recuento rebasa en gran medida los límites de la narración original. Contribuye de este modo al enriquecimiento de los relatos de las relaciones y la identidad de las personas cuyas vidas están en el centro de la ceremonia. Los recuentos del público también contribuyen a tejer las historias de vida de las personas alrededor de temas compartidos y resuenan profundamente en las personas ya que representan de forma más vivaz lo que valoran y brindan mucho reconocimiento.

Una vez que expandimos lo suficiente la historia de Fiona y de su familia para otorgarle a Alison una base de donde responder, le pedí a la familia que se sentara a un lado mientras entrevistaba a Alison sobre lo que había escuchado. Mis preguntas la ayudaron a desarrollar un recuento que representara lo que Fiona y sus padres valoraban. Estas preguntas alentaron a Alison a identificar los aspectos de la narración que más le habían llamado la atención y que más habían despertado su interés. Mis preguntas también la llevaron a hablar de las imágenes o representaciones mentales que evocaban lo expresado por la narración, a contar lo que estas expresiones tocaban en su propia experiencia y qué tanto la removían. Así, el recuento de Alison condensó elementos de la narración original y rebasó sus límites en varios sentidos. Este recuento contribuyó de modo significativo al tipo de enriquecimiento de relatos que volvió a definir la relación de Fiona con sus padres y sus respectivas identidades. También contribuyó al enriquecimiento de los relatos al tejer las vidas de todos los participantes en torno a temas específicos que tenían que ver con lo que pretendían en sus vidas y con lo que valoraban. En un encuentro posterior, los padres de Alison la acompañaron como testigos externos y también hilamos sus historias de vida con estos temas.

Una parte clave de los recuentos de los testigos externos es que se adhieran a una cierta tradición de reconocimiento. Podemos describir esta tradición de reconocimiento en cuatro grandes categorías de indagación. Uso la palabra *indagación* para enfatizar el que los recuentos no responden a un sentimiento de "todo vale" sino que los guían nuestras preguntas. Estos recuentos no tratan de reafirmar, de felicitar, de destacar cosas positivas, de enfocarse en las fortalezas y en los recursos, de emitir juicios morales ni de evaluar la vida de las personas siguiendo ciertas normas culturales (sean estas evaluaciones positivas o negativas). Tampoco tratan de interpretar la vida de otras personas, de formular hipótesis, de intervenir para resolver sus problemas, de dar consejos ni de presentar historias morales o sermones, de volver a poner los eventos de vida de estas personas en un marco, de imponer historias alternas acerca de sus vidas, de tratar de ayudarlas con sus dificultades y dilemas ni de expresar preocupación por sus vidas. Es más, las respuestas de la gente que atestigua las conversaciones no se relacionan tanto con la empatía o con la simpatía, sino con las resonancias —las respuestas que mejor funcionan son las que vuelven a presentar lo que la gente valora en modos que resuenen mucho.

Cuando defino lo que no son estos recuentos de las y los testigos externos, no quiero sugerir que todo lo que se suele hacer en nombre del reconocimiento sea inapropiado para responder a los sucesos de vida de las personas. No pretendo cuestionar la validez de estas respuestas en la vida diaria: se me ocurren muchas ocasiones en las que es apropiado y se pueden tomar en cuenta la felicitación, a reafirmación, el consejo y demás. Sin embargo, es muy poco probable que en el contexto de las conversaciones de las ceremonias de definición, estas respuestas contribuyan al enriquecimiento de los relatos. Puede incluso que generen conclusiones de vida muy pobres.

Además, muchas de las respuestas que mencioné antes involucran actos que enjuician a las personas —por ejemplo, el felicitarlas implica que estas personas actuaron bien según algún criterio en particular y que el público ocupa un lugar de saber que lo acredita para hacer tales aseveraciones. El contexto terapéutico no es un contexto de vida cotidiano: con estas respuestas de felicitación, es muy fácil que las personas sientan que se las trata con condescendencia, que el público no entiende y se toma sus problemas a la ligera, que no es sincero, que les está ridiculizando y que se burla de ellas. Existen en el contexto terapéutico relaciones de poder y cualquiera de estas experiencias puede llevar a una sensación de alienación inducida por la persona que brinda terapia o por las que presencian y atestiguan la conversación.

Tenemos, como terapeutas, una responsabilidad ética por las consecuencias de la participación del público en contextos terapéuticos. Podemos observar mejor esta responsabilidad si estructuramos los recuentos de los testigos externos. Cuando hablo de estructura, no quiero decir que tenemos que restringir la participación del público. Más bien, en mi experiencia esta estructuración brinda las condiciones para que el público vaya más allá de lo que acostumbra en su pensamiento y verbalice lo que de otro modo no diría. En general, los recuentos no se restringen a dar respuestas familiares y obvias a las historia de vida de las personas.

Los recuentos estructurados según las siguientes cuatro categorías de indagación pueden resonar mucho en las personas cuyas vidas están en el centro de la ceremonia de definición. Este resonar contribuye significativamente al enriquecimiento de los relatos, ayuda a que se refuerce la familiaridad con lo que se valora en la vida y a erosionar y desplazar varias de las conclusiones de vida y de identidad negativas. Esta resonancia también ayuda a la experiencia de compartir saberes para alcanzar formas de abordar los dilemas y dificultades que se quieren tratar.

Antes de detallar las cuatro categorías de indagación, ofrezco un breve repaso del modo en que preparo a los testigos externos para las ceremonias de definición.

PREPARAR A LOS TESTIGOS EXTERNOS

Antes de que los testigos externos participen de un encuentro, suelo hablar brevemente con estas personas; las informo que las invitaremos en sus recuentos a:

- Ser parte de una tradición de reconocimiento que entiendo tiene mucha importancia para el enriquecimiento de relatos.
- Involucrarse en recuentos que resulten de una escucha atenta y que se centren en aspectos particulares de la historia que les atrajeron.
- Expresar estos recuentos en modos que no sean impositivos.
- Responder desde lo personal y hablar de su entendimiento de lo que les atrajo, de por qué los atrajo y de cómo esto les afectó.
- Abstenerse de muchas de las formas comunes en que las personas responden a los relatos de vida de otras personas, como dar su punto de vista, dar consejos, emitir juicios y teorizar.

Luego negocio la posibilidad de intervenir con alguna pregunta si siento que puede contribuir a que obtengamos respuestas que favorezcan el enriquecimiento de relatos, o si pienso que el recuento se adentra a territorios de reconocimiento que contradicen la tradición que intentamos reproducir en nuestros recuentos. También les dejo claro que es necesario que les pueda yo interrumpir ya que asumo totalmente la responsabilidad ética de las consecuencias de los recuentos. Los testigos externos siempre reciben muy bien el que tomemos este acuerdo, pues les ayuda a amainar la aprensión que puedan tener y a alejar los temores y preocupaciones en torno a la tarea que nos compete. También les tranquiliza porque les da la libertad de responder a mis preguntas sin tener que estarse vigilando —lo cual les restringiría demasiado a la hora de responder.

Luego, suelo describir las cuatro categorías de indagación que conforman mis entrevistas con estas personas. Cuido mucho el lenguaje que uso para que les sea familiar y tomo en cuenta consideraciones culturales, de edad y de etapa del desarrollo de los testigos externos. En este momento puede que les entregue una copia de la siguiente descripción (o algo que se acerque a esta descripción).

LAS CUATRO CATEGORÍAS DE INDAGACIÓN

1. Nos centraremos primero en lo que se expresó. Le voy a pedir que identifique y hable de lo que escuchó, de lo que más le atrajo: lo que le llamó la atención y capturó su imaginación. Aquí me interesan sobre todo las expresiones que le hicieron sentir lo que esta persona valora en su vida. Estas expresiones pueden ser palabras o frases específicas, un estado de ánimo o un sentimiento en particular. Cuando comente las expresiones que más le atrajeron, estará señalando que su interés por la vida de la persona es algo especial y distinto —no se trata de un interés general por lo humano ni de un interés en general. El que nos centremos en estas expresiones en particular hará que su recuento sea más preciso.

2. En segundo lugar, nos enfocaremos en las imágenes. Le voy a pedir que describa las imágenes que surgieron mientras escuchaba —las imágenes evocadas por las expresiones que le atrajeron. Estas imágenes pueden tomar la forma de ciertas metáforas acerca de la vida de la persona, o pueden ser imágenes mentales acerca de su identidad o de sus relaciones. También pueden ser una "sensación" que derive de la vida de la persona. Después de esta descripción, le alentaré a reflexionar sobre lo que estas metáforas e imágenes mentales pueden reflejar de los propósitos, valores, creencias, aspiraciones, sueños y compromisos de la persona —sobre lo que quiere para su vida y sobre lo que valora. Cuando lleguemos a este

punto le haré preguntas para acentuar lo que estas imágenes podrían decir de la vida y la identidad de la persona; no le voy a pedir que elabore conclusiones categóricas al respecto.

3. En tercer lugar nos centraremos en lo que resonó en su interior.[3] Le voy a invitar a que nos cuente por qué le atrajeron tanto estas expresiones, y a que se enfoque sobre todo en su entendimiento de por qué estas expresiones resonaron con su propia historia. Cuando nos centramos en las expresiones de una persona desde nuestro propio contexto de vida, nuestro interés se transforma en algo que suelo llamar "interés encarnado", contrariamente a un interés desencarnado. En otras palabras, su interés se establece claramente como algo personal, ya no es un interés académico; se vuelve un interés comprometido y vital y no un interés distante desde el sillón de un experto. Lo más importante en este momento es que cuente las experiencias de su propia historia que aparecieron y que le recordaron estas expresiones. Para las personas que pertenecen a las disciplinas profesionales, esto puede incluir experiencias de conversaciones terapéuticas que mantuvieron con otras personas.

4. Nos vamos a enfocar en lo que le transportó. Le voy a invitar a identificar los modos en que le removieron estas historias de vida y le voy a pedir que hable de ello. Es casi imposible que como público, presenciemos los dramas de vida de otras personas sin que nos remuevan de un modo u otro. Y digo "remover" en el sentido más amplio de la palabra. Puede que le ayude pensar en los

---

3 En este capítulo uso el término *resonancia* para describir dos fenómenos distintos. Primero, uso el término para caracterizar los recuentos de las ceremonias de definición, entendiendo que resuenan poderosamente con aquello que las personas valoran en sus vidas. Segundo, uso este término para caracterizar las resonancias personales experimentadas por los testigos externos. Estas resonancias se experimentan en respuesta a las expresiones de las personas.

lugares a los que esta experiencia le llevó y a los que no habría llegado si hubiera estado trabajando en el jardín o si hubiera estado de compras en aquel momento. Todo esto le puede ayudar a prepararse para mis preguntas acerca de los lugares a los que le llevó la experiencia en cuanto a sus pensamientos, incluso sus reflexiones acerca de su propia existencia, sus entendimientos acerca de la vida o sus perspectivas de vida en general. O a dónde le llevó esta experiencia respecto de ideas para conversaciones que podría mantener con figuras de su propia vida, acerca de posibilidades de actuar respecto a dificultades en su vida y relaciones. Este reconocimiento será un relato acerca de cómo su vida fue tocada en modos que contribuyeron a que se volviera otra persona que la que era antes de atestiguar las expresiones de la persona que llegó a consulta y a que tuviera la oportunidad de responder a eso.

Después de describir las cuatro categorías de indagación en términos que queden claros para las y los testigos externos, les propongo que en su escucha del relato, se esfuercen simplemente por estar conscientes de lo que les llama la atención y atentos a las imágenes, reflexiones o pensamientos que todo esto les evoca. Les aviso que las herramientas que permiten responder al tercer y cuarto nivel de indagación (resonancia y transporte) saldrán de mis preguntas al hilo del recuento.

Para ilustrar un poco más las categorías de indagación, mapeé los recuentos de Alison en un "Mapa de conversación de las ceremonias de definición" (figura 4.1). Este mapa general representa el viaje de esta conversación como algo progresivo y gradual en su movimiento por recorrer las cuatro etapas de indagación de los testigos externos. El recuento de Alison no fue tan lineal en su progresión, ya que una y otra vez la invité a volver a centrarse en lo que decían Fiona, Louise y Jake. Cuando nos esmeramos por centrarnos en lo

Figura 4.1. Mapeo de los recuentos de Alison (testigo externo)

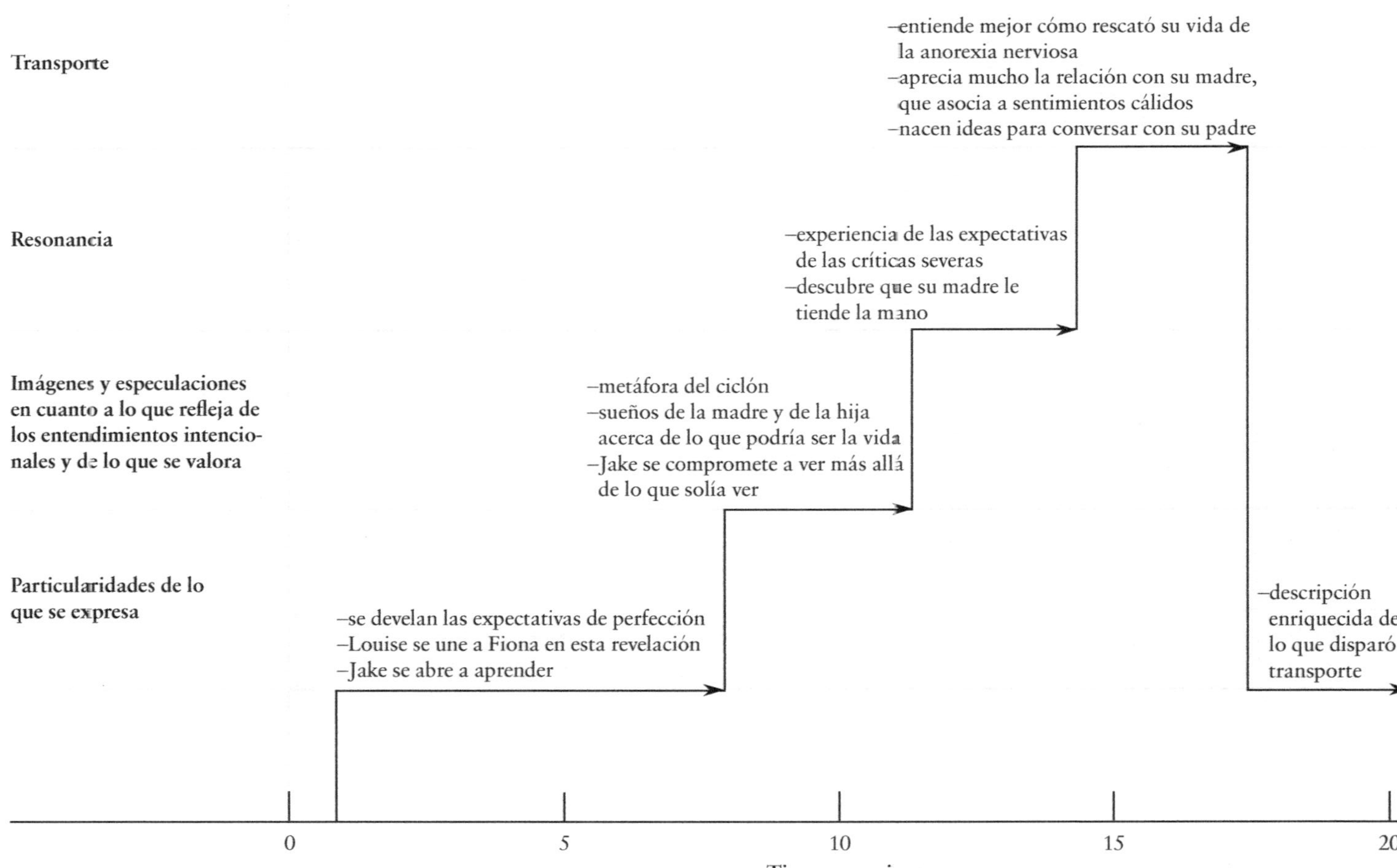

que expresan las personas que están en el centro de la conversación terapéutica, aseguramos que todas las respuestas del público se enraícen en las expresiones de las personas que llegan a consulta. Esto le da autenticidad a estas respuestas y es una de las características de las ceremonias de definición de las prácticas narrativas.

Desarrollé las categorías de indagación (expresión, imagen, resonancia y transporte) a partir de mis exploraciones de la participación del público en la práctica terapéutica. También probé con otras categorías de indagación y aunque muchas influyeron en mi práctica, me pareció que las cuatro categorías que describo aquí fueron las que mejor funcionaron para el enriquecimiento de los relatos. Estos hallazgos se basan en lo que observé de primera mano de los efectos de los recuentos y en la retroalimentación que recibí de las personas cuyas vidas están en el centro de las ceremonias de definición.

También pensé que los recuentos que parecían más perfectos y a los que las y los testigos externos concedían más importancia eran los que estructuraban las cuatro categorías de indagación. Cuando estas personas se fijan en lo que más les llama la atención de las expresiones de la gente, se expande su conciencia de los pensamientos asociados y de las imágenes de vida e identidad que disparan estas expresiones. Estas imágenes de vida e identidad suelen ser ricas en metáforas, analogías y similitudes. Puede que desencadenen resonancias en sus historias de vida. Así como la superficie del tímpano resuena cuando la alcanzan reverberaciones de las ondas sonoras, los aspectos de nuestra experiencia personal pueden resonar en respuesta a las reverberaciones de la imagen que se proyecta. Estas experiencias —muchas de las cuales no han sido atendidas antes— "se encienden" y afloran en la memoria de las personas. Sentimos entonces que nuestras historias de vida se unen de algún modo con las de las personas que se encuentran en el centro de la ceremonia de definición.

IMAGEN, REVERBERACIÓN, RESONANCIA Y KATARSIS

Los conceptos de imagen, reverberación y resonancia vienen del trabajo de Gaston Bachelard (1969), un filósofo de la ciencia que escribió sobre las imágenes de ensoñación y la poética de la imagen. Considero que gran parte de sus ideas es muy pertinente para la práctica terapéutica en general y para la indagación con testigos externos en particular. El que haya tenido estos tres conceptos presentes en mis entrevistas con estas personas conformó mis respuestas de modo significativo.

Otro concepto que me influyó mucho es el de katarsis, implícito en la cuarta categoría de indagación (transporte). Lo escribo con "k" para distinguirlo de las nociones contemporáneas de catarsis asociadas a metáforas de liberación, de alivio, de desahogo, etcétera. Me refiero con ese término al sentido clásico y más difundido del concepto —la katarsis es un fenómeno que ocurre cuando alguien atestigua expresiones de dramas de vida muy fuertes. Este se asocia sobre todo al modo de responder a la representación de las tragedias griegas. Según la definición clásica, si una experiencia es katártica remueve a la persona que la vive —la remueve no sólo porque vive una experiencia emocional, sino porque la transporta a otro lugar, desde donde:

- Llegar a nuevas perspectivas sobre nuestra vida e identidad.
- Volverse a involucrar con aspectos de la historia de cada quién que se habían dejado de lado.
- Volverse a conectar con valores y metas que reverenciaba para nuestra vida.
- Construir nuevos significados para algunas experiencias de nuestra vida que no se entendían antes.
- Experimentar cierta familiaridad con saberes de vida y habilidades para vivir de las que apenas tenía conciencia antes.

- Empezar a dar pasos en la vida que de otro modo nunca habríamos considerado.
- Rebasar con el pensamiento lo que uno suele pensar.

Creo que en la práctica con testigos externos, el uso del concepto de katarsis es muy afín a la prioridad que concedemos a la descripción de las particularidades de lo que expresan las personas cuyas vidas están en el centro de las ceremonias de definición. Y eso porque el fenómeno de katarsis tiene que ver con expresiones de vida muy específicas que tocan fibras sensibles, nos atraen, capturan nuestra imaginación en gran medida, encienden nuestra curiosidad y nos fascinan.

El concepto de katarsis nos lleva a investigar los modos en que nos transportan los relatos de las personas que están en el centro de la ceremonia de definición. Nos alienta a reconocer cómo estos relatos nos llevan a lugares que no podíamos haber imaginado. Nos ayuda a encontrar los caminos adecuados para reconocer que estas fuertes expresiones de vida conformaron nuestras vidas y que nos volvimos otra persona que la que habríamos sido si no hubiéramos presenciado estas expresiones. Estos reconocimientos cobran más fuerza aún si se enraízan en los detalles de su influencia —no son grandiosos ni halagadores.

También habría que notar que el concepto de katarsis no sólo se aplica a los recuentos del público: creo que es apropiado para entender nuestras respuestas como terapeutas ante los dramas de la vida cotidiana que presenciamos en nuestras conversaciones terapéuticas, en contextos de enseñanza y cuando trabajamos con comunidades.

A veces la gente que funge de público tiene dificultades para identificar la katarsis. Cuando sucede esto, podemos explorar las ramificaciones potenciales de su experiencia de resonancia. Por ejemplo, cuando una persona reconoce que algo resonó en su interior, puede que cuente cómo contribuyó una tía favorita que veía en momentos difíciles, pero quizás le cueste identificar una respuesta katártica. Podemos entonces entrevistarle rápido para saber si la tía tenía conciencia de la importancia de su contribución, y si no, podemos preguntar lo que significaría para ella saberlo y cómo el reconocerlo de modo directo podría tocar la vida del testigo externo. Otro ejemplo: un testigo externo podría contar una añoranza que él o ella experimentaron en el contexto de la resonancia, pero puede que le cueste rastrear elementos de la katarsis. Podemos, en respuesta, indagar acerca de la experiencia de divulgar esta añoranza en público: ¿Cómo te sentiste al hablar abiertamente de este anhelo aquí? ¿Qué efectos tiene el que des este paso? ¿Te va a ayudar a visibilizarlo para otras personas? Si sí, ¿cuáles serían las consecuencias?

La recapitulación del recuento
Después del recuento, las y los testigos externos retoman su lugar de público y entrevistamos a las personas cuyas vidas están en el centro de la ceremonia sobre lo que escucharon en el recuento. Así, se involucran en un segundo recuento: recapitulan el recuento de las personas que fungen de testigos externos.

Llevamos esta entrevista siguiendo las mismas cuatro categorías de indagación —expresión, imagen, resonancia y transporte— pero esta vez el foco de la segunda categoría de indagación (imagen) permanece en las imágenes de vida e identidad de la persona y no tanto en las del público. En otras palabras, entrevistamos a la persona acerca de las metáforas o imágenes mentales de su vida que evocaron los recuentos de las y los testigos externos.

Entrevistamos a las personas acerca de:

- Las expresiones de los testigos externos que les llamaron la atención.
- Las imágenes o representaciones mentales que evocaron estas expresiones (las que pertenecen esta vez a sus vidas y no a las

de los testigos externos), lo que reflejan de sus intenciones para sus vidas y lo que valoran en sus vidas.

- Las experiencias personales que tocaron estas expresiones.
- El lugar al que estas expresiones llevaron a los testigos externos en sus pensamientos, sus comprensiones y percepciones de sus propias vidas y sus reflexiones sobre sus posibilidades para actuar.

En esta etapa del encuentro con Alison, Fiona, Louise y Jake, empecé por entrevistar a Fiona y a sus padres acerca de lo que habían escuchado del recuento de Alison. Les pregunté lo que les había llamado la atención en particular y lo que había despertado su interés. Luego quise saber lo que estas expresiones evocaron para ellos: para Fiona, la visión de nuevas esperanzas para un futuro sin anorexia; para Louise, era la imagen de una madre perseverando frente a poderosas fuerzas desalentadoras y la imagen de la inspiración que le daba Fiona al reclamar su vida de la anorexia; para ambas, un retrato de su reconfortante trabajo en equipo y de mujeres que desafiaban expectativas injustas en su vida; para Jake se trató de un sentimiento más fuerte de compromiso con valores de justicia, expresado en su voluntad por encarar los retos asociados a la negociación de nuevos acuerdos en su relación con Louise y Fiona.

También entrevisté a Fiona y a la familia acerca de las experiencias que resonaron con estos aspectos del recuento de Alison y acerca de los destinos a los que podrían llegar en sus comprensiones y reflexiones sobre lo que posibilitaba para sus vidas el hecho de haber presenciado este recuento y el haber participado de ello. Supe que Fiona había, entre otras cosas, logrado una mayor claridad en cuanto a las operaciones de la anorexia nerviosa y en cuanto a aspectos de su trabajo en equipo con Louise; Louise sintió que se liberaba de algunas cargas de culpa y que alcanzaba nuevos entendidos en cuanto a los retos y desarrollos de su propia vida —retos y desarrollos análogos a los que experimentaba Fiona. Jake tenía algunas propuestas para modificar algunas de sus formas de ser con Fiona y Louise, que antes asumía por completo.

Moverse entre las tres etapas de la narración y los recuentos
Los cambios entre la narración, el recuento y la recapitulación del recuento son movimientos claros y relativamente formales. Por ejemplo, es importante que los testigos externos no atraigan al público a su círculo de conversación: no se dirigen directamente al público sino que hablan de lo que escucharon en sus respectivas narraciones (o de la persona que brinda terapia). Si se dirigieran directamente a las personas cuyas vidas están en el centro de la ceremonia, las privarían de su calidad de oyentes, lo cual tendría profundas implicaciones en cuanto a la orientación de la escucha del público; limitaría lo que de otra manera podrían oír estas personas. El que se pierdan estas distintas posiciones comprometería las condiciones que abren al enriquecimiento de los relatos.

Para facilitar los distintos cambios de lugar, podemos usar pantallas unidireccionales o televisiones en circuitos cerrados. Sin embargo, no siempre es necesario y en muchos contextos en los que uso la estructura de la ceremonia de definición —incluso en el trabajo comunitario—, es muy raro que disponga de tales comodidades; muy a menudo tampoco son las apropiadas. En estas circunstancias, las personas que fungen de público se sientan aparte de las que narran y vuelven a narrar. El público forma un círculo con la persona que ofrece terapia.

Cuando describí la estructura de la ceremonia de definición en contextos terapéuticos, enfaticé tres etapas de narración y de recuentos. Pero cuando se dan las circunstancias apropiadas, cuando tenemos mucho tiempo y cuando hay mucho interés y mucha energía por parte de las personas que participan, podemos alternar estas etapas una y otra vez para alcanzar múltiples niveles de narración y recuento. Puede haber incluso una cuarta etapa en la que todas las partes se unen para hablar de lo que vivieron durante el ejercicio. Ya ahondé en esta cuarta etapa en otro libro (White, 1995).

EXPANDIR LA REPRESENTACIÓN DE LA KATARSIS

Cuando la persona que llega a consulta siente que la parte katártica fue muy benéfica, puede resultar apropiado usar otra variante de las etapas de las ceremonias de definición, como en el caso de las personas que tienen un sentido de agencia personal muy bajo; suele pasar con las personas que vivieron importantes traumas. Cuando las personas tienen un sentido de agencia personal muy bajo, se suelen sentir irrelevantes, vacías, desoladas y paralizadas —como si su vida estuviera congelada en el tiempo. El reconocimiento por parte de las y los testigos en la etapa de katarsis —sus explicaciones acerca del modo en que las historias que escucharon de la persona les transportaron— puede ser un antídoto muy bueno para contrarrestarlo.

Cuando sentimos que los recuentos de las y los testigos externos resonaron mucho en la persona que llegó a consulta, podemos conversar después de la ceremonia de definición y proponerles expandir la representación de la katarsis. Estas "representaciones expandidas" apuntan a ayudar a las personas que fungen de testigos externos a reconocer los efectos duraderos de la katarsis en sus vidas. Este reconocimiento puede tomar la forma de notas, cartas, grabaciones en audio o en video que se mandan a las personas cuyas vidas están en el centro de las ceremonias de definición. También pueden ser otros gestos que transmitan la importancia de la katarsis respecto a los sucesos que desencadenan las ceremonias de definición. Doy un ejemplo a continuación.

Marianne tenía una historia de trauma importante y recurrente. Había luchado con las consecuencias de este trauma por un largo periodo de su vida. En nuestro segundo encuentro la entrevisté en presencia de tres personas que fungieron de público. Dos de ellas me habían consultado antes acerca de los efectos de un trauma en sus vidas. La tercera, Hazel, era una terapeuta muy interesada en el trabajo con personas que habían sufrido un trauma.

En la primera parte de nuestro segundo encuentro, entrevisté a Marianne acerca de su experiencia con el trauma, acerca de sus consecuencias en su vida, de sus respuestas al trauma y acerca de los fundamentos de estas respuestas. Luego entrevisté a las personas que nos acompañaban y me pareció que a Mariannne la atraía mucho la katarsis de Hazel. Hazel habló en su reconocimiento de algunas de las cosas nuevas a las que había llegado y que la podrían ayudar en su trabajo con dos mujeres que la consultaban por los efectos de los traumas en sus vidas. Hazel dijo que hasta aquel momento se había sentido un poco limitada en sus consultas con estas dos mujeres, y frustrada por no poder hallar una forma de trabajar que la satisficiera. También contó que en el último mes más o menos le había preocupado estarles fallando a estas dos mujeres. Cuando le tocó hacer un recuento desde el papel de testigo externo, Hazel habló de estos nuevos entendimientos y de lo que pensaba que le permitirían en sus conversaciones terapéuticas con las dos mujeres. Terminó este reconocimiento de su katarsis diciendo: "Gracias a lo que escuché de Marianne, ahora me queda mucho más claro cómo llevar mis conversaciones con estas dos mujeres". Cuando entrevisté a Marianne sobre su respuesta a los recuentos del público, demoró un rato en este relato de la posibilidad de contribuir con Hazel en su trabajo. Parecía un poco asombrada: "Siempre pienso que soy un poco inútil o sencillamente una carga para las demás personas. ¿Quién habría pensado alguna vez que puedo hacer algo que ayude a alguien más? Es algo importante y le voy a dar vueltas y vueltas en mi cabeza, de verdad. ¡Me voy a tardar un rato!".

Al final de este encuentro Hazel ya estaba muy consciente del significado de su reconocimiento en la katarsis. A las tres semanas recibí en mi oficina dos cartas dirigidas a Marianne, junto con una nota de Hazel. En esta nota, Hazel explicaba que las dos cartas habían sido escritas en colaboración con las mujeres que había mencionado y que relataban los modos en que la historia de Marianne había abierto nuevos caminos para que estas mujeres alcanzaran a enfrentar las consecuencias del trauma en sus vidas. Hazel también sugería que le leyera estas cartas a Marianne en nuestro siguiente encuentro.

Las cartas conmovieron tanto a Marianne que tuvo que salir dos veces al patio para, dijo, "recomponerse". También la estremecieron los regalos que descubrimos en los dos sobres. Una de las cartas venía acompañada de una hermosa tarjeta hecha a mano con una dedicatoria que honraba su contribución. La otra carta venía con cinco cupones para un expreso y un pastel en un café.

Al poco tiempo, Marianne me informó que nunca había vivido algo que se acercara ni lo más mínimo a este tipo de reconocimiento en toda su vida —todo esto estaba a "años luz" de cualquier cosa que hubiera vivido. También dijo que había sido importante que este reconocimiento se diera de un modo que no podía rechazar o negar; no lo había sentido como un intento de destacar sus lados positivos sino como un relato objetivo de las repercusiones de lo que había expresado. Reconocer esto le permitió nuevas iniciativas para recuperarse del trauma de su historia. También supe que esta experiencia la había confortado en las esperanzas que guardó en secreto por mucho tiempo: anhelaba que todo lo que había pasado no fuera en vano.

Como mencioné antes, el desarrollo de las conversaciones de katarsis puede significar mucho para las personas que sufrieron un trauma. Es muy común que estas personas se agarren del anhelo secreto de un mundo diferente por lo que tuvieron que pasar, que se aferren a la esperanza secreta de que todo lo que han sufrido no fue en vano, a un deseo escondido de contribuir a la vida de otras personas que vivieron experiencias similares, a la fantasía de hacer algo por aliviar el sufrimiento de otras personas, o a una exaltación por participar en actos de desagravio en relación a las injusticias del mundo. Puede que el desarrollo de las conversaciones de katarsis resuene mucho con estos anhelos, esperanzas, deseos, fantasías y exaltaciones que podrían ser antídotos a las sensaciones de vacío y de desolación.

ELEGIR LOS TESTIGOS EXTERNOS

Como dije antes, cuando empecé a realizar ceremonias de definición, elegía a los testigos externos sobre todo en las redes de familiares y de amistades, en los entornos escolares y en el trabajo. Eran personas conocidas, como los vecinos y los comerciantes cercanos. También los elegía en comunidades que las personas que llegaban a consulta no conocían. A veces elegía personas de mi mundo y de mis redes sociales o a personas que pertenecían a las disciplinas profesionales y nos visitaban para formación y consultas.

Pero a medida que fui desarrollando estas ceremonias, incluí testigos de las listas de personas que habían llegado a consulta y que aceptaban acompañarme en mi trabajo con otras personas que podrían seguir su camino. La gente siempre recibía con mucho entusiasmo que las invitara a inscribirse en mis registros. Creo que este entusiasmo se debe en parte a que muchas de estas personas experimentaron de modo directo algún recuento con testigos externos en el contexto de sus propias sesiones terapéuticas conmigo: entienden que su contribución a la vida de otras personas puede ser bastante profunda. También entienden que la responsabilidad por los problemas de las personas que ayudan no recaerá en ellas y que su participación no durará tanto en el tiempo.

Reposicionamiento

Cuando convocamos testigos externos en la familia de la persona que consulta, en general tenemos que ayudar a estas personas a "reposicionarse" antes de participar como público —y más cuando estos familiares tienen importantes conflictos con las personas cuyas vidas están en el centro de la ceremonia de definición. Y es que estas ceremonias de definición les requieren romper con sus modos habituales de responder a las personas que serán sujeto de sus recuentos. Las respuestas habituales pueden parecer muy incrustadas en las tensiones de las relaciones familiares y cuesta mucho quebrantarlas.

Por lo general los miembros de la familia logran apartarse mejor de las respuestas acostumbradas si los invitamos a departir, durante la ceremonia de definición, de sus modos habituales de relacionarse. Una buena manera de lograrlo es llevarlos a adoptar una postura alterna desde la cual les sea más fácil encarnar la tradición de testigos externos. Para ayudarles a establecer esta posición alterna, podemos invitar a la familia a compartir relatos de experiencias de vida donde sintieron reconocimiento, comprensión, compasión o aceptación: la podemos invitar a que identifique las figuras que se lo permitieron. Los miembros de la familia pueden entonces volverse a posicionar como una de estas figuras en el recuento de la ceremonia de definición. Es importante que las figuras elegidas por la familia puedan ser aceptadas por las personas que están en el centro de la ceremonia de definición. Las figuras escogidas no deben ser personas con quienes tuvieron experiencias negativas o por las que se sienten alienadas de un modo u otro. Si elegimos una figura que la persona que está en el centro de la ceremonia de definición desconoce, es importante que describamos la identidad de esta figura antes de que la consideremos como digna de ser aceptada.

Antes de la investigación de "reposicionamiento", proponemos una charla acerca de las dificultades que pensamos podrían aparecer a la hora de tratar de responder en modos que nos son los habituales. También observamos que aunque muchas cosas se pueden lograr únicamente en el contexto de las relaciones familiares, algunas otras se logran mejor en el contexto de otras formas de relacionarse. Después de esta observación sugerimos que los miembros de la familia no se reposicionen entre sí o como otros miembros de la familia inmediata.

Una vez que identificamos las figuras que proponemos para el reposicionamiento, podemos indagar cómo expresaron el reconocimiento, la comprensión, el amor, la compasión o la aceptación. En esta indagación alentamos a que los miembros de la familia expliquen en detalle el tipo de habilidades empleadas por estas figuras en estas expresiones. Así enriquecemos el relato del saber-hacer relacional asociado a estas expresiones y es más fácil que lo reproduzcamos en el contexto de la ceremonia de definición. Si hace falta podemos preparar aún más a las y los testigos externos alentando a la familia a brindar un entendimiento de lo que estas expresiones sugieren del sentido de vida que tienen estas figuras, de sus perspectivas en la vida, de sus propósitos, valores y creencias. No debemos apresurar la descripción de las habilidades y los sentimientos de estas figuras: si hace falta, le podemos dedicar una sesión entera.

Una vez que logramos esta parte, informamos a los miembros de la familia que les ayudaremos a mantenerse en la posición que eligieron para la ceremonia de definición. Suele ser bueno llegar a un acuerdo acerca de la posibilidad de interrumpir la conversación si notamos que los miembros de la familia caen en respuestas habituales. Además, informamos a la familia que en caso de que esto suceda, la consultaremos sobre formas de proceder: podría ser una simple llamada de atención para que se vuelvan a situar en las posiciones elegidas u otra conversación de reposicionamiento (para entender mejor las habilidades asociadas a las expresiones de reconocimiento de la figura elegida). Podemos detener el ejercicio por un rato para tener más claridad en cuanto a los obstáculos que surgen a la hora de actuar desde las posiciones elegidas o para explorar lo que más ayudaría a asumir estas posiciones. También podemos abandonar el ejercicio y trabajar con otros enfoques.

No siempre hace falta que los miembros de la familia se reposicionen, pero sí es imprescindible cuando existen muchas tensiones entre los miembros de la familia y las personas cuyas vidas están en el centro de la ceremonia de definición. Las personas interesadas en leer una ilustración del reposicionamiento de los miembros de una familia pueden consultar mi artículo "Práctica narrativa, terapia de parejas y disolución del conflicto" (White, 2004).

RESPONSABILIDAD DEL TERAPEUTA PARA GUIAR LAS CEREMONIAS DE DEFINICIÓN

Independientemente del origen de los testigos externos, nos toca asumir, como terapeutas, la responsabilidad última por la conformación de los recuentos. Si no nos hacemos cargo de esta responsabilidad desde el inicio de sus recuentos, es muy probable que surjan otras tradiciones (que no son las de los testigos externos) a la hora de responder a los relatos de vida de la gente. Esto ocurre incluso cuando las y los testigos externos están familiarizadas con las categorías de indagación importantes para el enriquecimiento de los relatos.

Cómo responder a los superlativos

Muchas veces, las personas que fungen de testigos externos empiezan muy pronto a usar superlativos en sus recuentos: "Creo que Joan es la persona más asombrosa" o "¡Ah! Harry es un tipo extraordinario". Cuando sucede esto, las volvemos a situar de inmediato en la primera categoría de indagación: el recuento de los aspectos de la expresión con los que resonaron. Por ejemplo, podríamos decir: "Bueno, veo que valoras mucho a Joan. Cuéntame ¿qué fue lo que más te atrajo de lo que escuchaste o sentiste en su relato?" o "Me gustaría saber lo que escuchaste exactamente que conformó tus impresiones de Harry. ¿Podríamos empezar con lo que Harry dijo que realmente te tocó?

Cómo responder a las tendencias autobiográficas

Los testigos externos también tienden a "irse a lo autobiográfico" cuando las cosas les resuenan. Cuando responden a la invitación de encarnar su interés por la vida de una persona, comparten muy a menudo un pequeño relato de algún episodio de sus propias historias. Estos mini-relatos no son un mero recuento de la experiencia que resonó con aspectos de la historia de la persona, sino una descripción de los modos en que respondieron a lo que se narró, de lo que les significó, de lo que permitió en su vida, etcétera. Si no le prestamos la debida atención, este relato se adentra rápidamente al territorio de los consejos mediante historias morales o sermones, o al territorio de un mero compartir de experiencias: desplaza las experiencias de la persona que se encuentra en el centro de la ceremonia de definición.

Cuando una persona recurre a la autobiografía, la podemos alentar a enriquecer el relato de la experiencia que le resonó: "Nos contaste cómo viviste esta experiencia en tu propia historia y lo que te permitió. Pero me gustaría saber más cosas de la experiencia en sí. ¿Te parece si regresamos un poco y te hago algunas preguntas al respecto?". También nos podemos volver a enfocar en las expresiones de las personas que están en el centro de la ceremonia de definición: "Está claro que la historia que escuchaste resonó profundamente con tus propias experiencias. ¿Nos podrías contar algo más de los aspectos del relato que escuchaste que tanto resonaron en ti?

En la siguiente transcripción propongo un ejemplo de un recuento que se vuelve autobiográfico. Muestro cómo alcanzamos a volver a orientar la conversación hacia las expresiones de las personas que estaban en el centro de la ceremonia de definición. El recuento respondió a una conversación con Leanne, una madre soltera, y sus dos hijas, Amy (siete años) y Rebecca (cuatro años). Lo que más preocupaba a Leanne era lo que entendía como un retraso en el desarrollo de Amy. Lo percibía como un fracaso en su relación con Amy. Habló de su sensación de haber fracasado como madre. Uno de los testigos que participaban del encuentro era un terapeuta, John. Empezó su relato de resonancia como sigue:

John: Me hizo tanto eco esto. Me llevó a la infancia; yo me parecía a Amy en muchos sentidos, tampoco me relacionaba mucho con otros niños. Me aburría fácilmente. A veces era un poco travieso. Muchas veces de hecho. Y si el diagnóstico TDAH hubiera existido, sé que me lo hubieran adjudicado, como lo hicieron con Amy. Pero mi madre era maravillosa. Le dijo a todo el mundo, "éste es mi hijo, sé que es diferente en algunas cosas y pueden apreciar muchas de estas cosas si saben cómo acercarse a él. Déjenme y les cuento lo que es diferente en él para que lo puedan aprender a apreciar. Era simplemente maravillosa. También le decía a todo el mundo: "Te voy a contar cómo…".

M: ¿Cómo te sentiste cuando te volviste a encontrar con esta imagen de tu madre?

John: Fue muy fuerte. Realmente bello (*sonríe*). Así vivía mi madre. Tenía estos principios acerca de…

M: Me gustaría entender un poco más lo que escuchaste o atestiguaste en la historia de Leanne que evocó tan fuertemente esta imagen de tu madre. ¿Qué viste de la historia de Leanne que reflejó las formas de actuar de tu madre?

John: ¡Oh! Es muy fácil. Fue cuando Leanne…

El relato de la experiencia de resonancia de John se había vuelto autobiográfico —en su relato se identificó con Amy y con sus dilemas, contó la respuesta maravillosa de su madre, los principios que conformaban su respuesta, y cómo reflejaba todo esto sus modos de ser en la vida. Me gustó mucho este relato de John pero me preocupaba su naturaleza autobiográfica —corríamos el riesgo de que Leanne lo recibiera como una historia con tintes morales o como un sermón y que consolidara algunas de sus conclusiones de identidad negativas, ya que podía juzgarse mal a sí misma si se comparaba con esta otra mujer que John reverenciaba. Evadimos este peligro al alentar a John a hablar más de lo que le evocó de su propia madre el relato de Leanne. En vez de sentir que la comparación entre sus acciones y las de la madre de John la perjudicaba, Leanne pudo hallar los paralelos que se tejían entre su identidad de madre y la de otra madre que honraban. El que nos volviéramos a centrar en las expresiones de Leanne también fue un preludio a mis preguntas sobre el transporte o los aspectos katárticos de su historia:

M: Entiendo que escuchar la historia de Leanne fue una experiencia muy fuerte para ti —Leanne evocó la imagen de tu madre, y fue hermoso para ti. ¿Cómo crees que te irás hoy después de esta experiencia?
John: Me siento muy bien y me gustaría quedarme con esto un poco más.
M: ¿Te puedo preguntar algo de tu trabajo?
John: Claro, adelante.
M: ¿A veces te consultan madres solteras?
John: Claro que sí. Y creo que sé lo que me quieres preguntar. Creo que hay cosas que escuchar en mi trabajo que no he escuchado tanto como podría.

M: ¿Estás diciendo que algo de lo que escuchaste del relato de Leanne y de lo que contaste de lo que tocó en ti va a contribuir a que escuches cosas en las historias de otras mujeres que podrías no haber escuchado tan a fondo?
John: Así es. Es lo que estoy diciendo.

Leanne estaba bastante emocionada cuando la entrevisté acerca de la recapitulación del recuento. El relato de lo que resonó en John, los paralelos que se dibujaron entre sus expresiones y las de la madre de John y su reconocimiento de katarsis la tocaron profundamente. Nos quedó claro que era un antídoto a sus conclusiones de ser un fracaso. Leanne dijo que se sentía menos agobiada y que podía vislumbrar algunas formas de seguir con sus esfuerzos por enfrentar sus preocupaciones hacia Amy. Mapeé el recuento de John en la figura 4.2.

Podemos contrarrestar la tendencia autobiográfica si sugerimos, si orientamos a los testigos externos hacia la tradición de reconocimiento asociada con los recuentos, si les pedimos que se esfuercen por priorizar no tanto los sucesos de vida que conocen bien y que les son familiares, sino las experiencias que podrían haber apartado de sus memoria —o que sólo percibían vagamente antes de escuchar los relatos de las personas cuyas vidas están en el centro de la ceremonia de definición.

Cómo responder al "rebajamiento"

Cuando pedimos a los testigos externos que reconozcan la katarsis, puede que respondan "rebajándose". Por ejemplo: "Al escuchar cómo Joan enfrentó lo que tuvo que sufrir, me di cuenta que no le llego ni a los talones a la hora de enfrentar algunas cosas que a mí me ha tocado vivir. Joan lo hizo mucho mejor de lo que podría haberlo hecho yo". Cuando la gente se rebaja así, demerita su vida en aras

Figura 4.2. Mapeo del recuento de John (testigo externo)

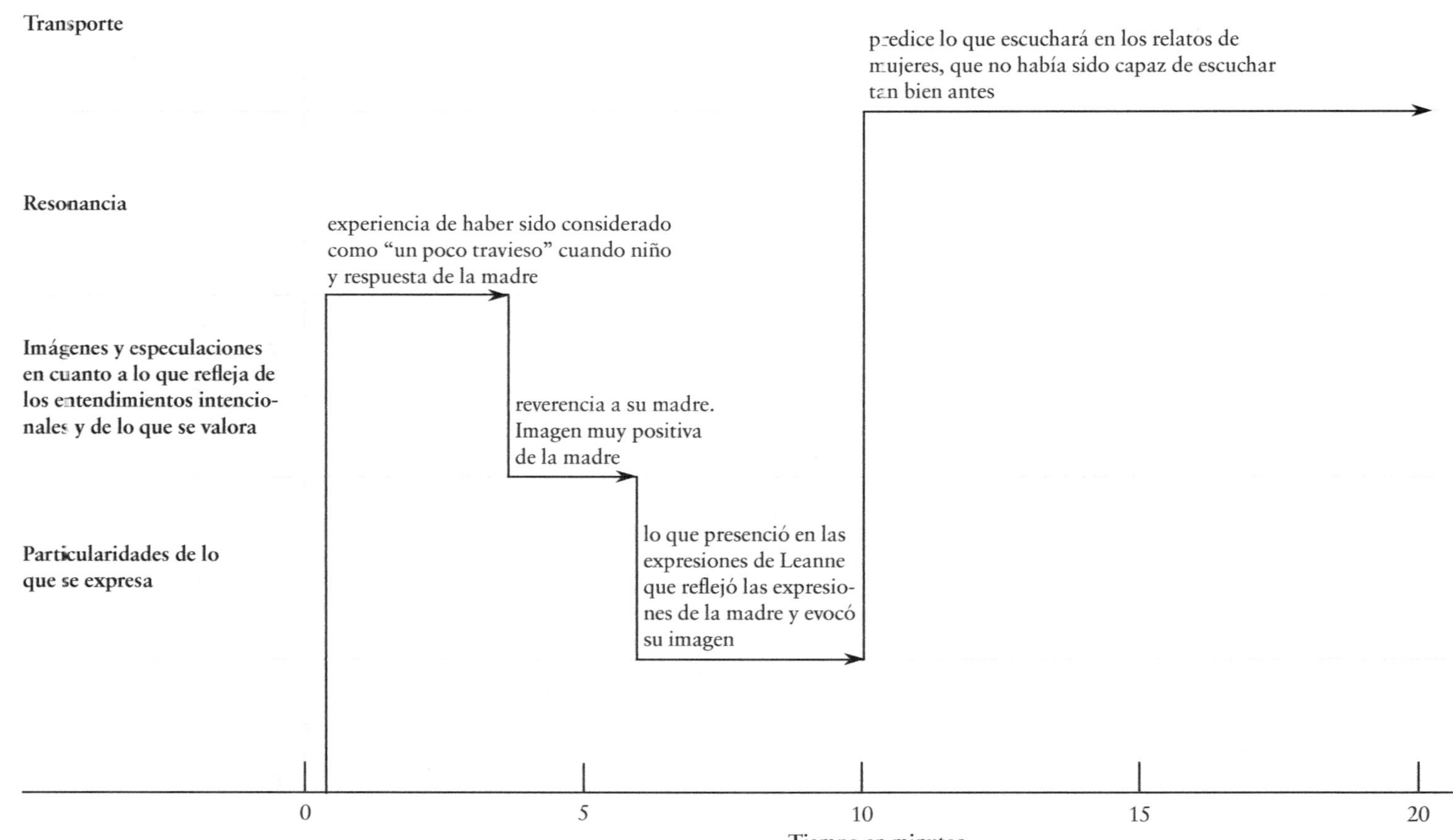

de realzar la de otra persona. Esto se percibe invariablemente como algo muy poco útil porque lleva a la persona a la sensación de no ser entendida y erosiona la sensación de estar unidos en torno a temas compartidos. Otro peligro de ese rebajarse es que construye una identidad heroica de la persona que está al centro de la ceremonia de definición y aunque los relatos identitarios heroicos se hayan divulgado bastante en la cultura contemporánea, pueden producir mucho aislamiento y alienar a las personas que volvemos héroes.

Responder a la angustia

La estructura de la primera etapa de la ceremonia de definición suele llevar a conversaciones en las que las personas empiezan a significar algunas de las iniciativas de vida que habían dejado de lado y a revelar trazos de tramas subordinadas positivas. Cuando estas personas asumen el lugar de público para el recuento, los testigos externos tienen por lo general bastante material de donde partir para sus respuestas. En este punto, es muy común que respondan a las expresiones del relato que estaban específicamente vinculadas con las tramas subordinadas positivas. Pero a veces les atraen expresiones de angustia, incluso relatos de frustración y de dolor. En estas circunstancias es importante que hagamos preguntas que develen los valores, esperanzas y sueños implícitos en estas expresiones de angustia. Por ejemplo, si la persona que funge de testigo externo se va hacia expresiones de dolor, la podemos alentar a especular sobre lo que nos podría revelar de lo que atesora la persona. Si quien funge de testigo es atraída por expresiones de desesperación, la podemos alentar a especular sobre lo que podría reflejar de los sueños y esperanzas de la persona para su vida. Si la atrae el lamento de una persona acerca del vacío en su vida, la podemos alentar a reflexionar sobre lo que podría sugerir que es importante para esta persona en aras de alcanzar un sentimiento de intimidad.

Este enfoque se basa en las ideas de Jacques Derrida (1973, 1976, 1978). Aunque Derrida se haya enfocado en la deconstrucción en los textos, considero que sus ideas son muy útiles en el contexto de las conversaciones terapéuticas. Derrida afirma que el significado de una palabra, frase u oración depende de las palabras, frases u oraciones que la rodean —sólo se puede atribuir significado a algo distinguiéndolo de todo lo que está en su contexto. En el contexto terapéutico, esto significa que para expresar una experiencia de vida, la gente tiene que distinguirla de otras experiencias contrastantes que la rodean. Por ejemplo, para expresar la desesperación, hay que distinguirla de otra experiencia que no tenga que ver con desesperación —distinguirla por ejemplo, de una experiencia de vida que defina una expresión de esperanza. Si queremos expresar el dolor, debemos distinguir las experiencias que lo conforman de otra experiencia que se lea como señal de lo que se valora en la vida o que represente lo atesorado. Así, el dolor se puede entender como un testimonio de lo que la persona valora, de lo que ha sido vulnerado, y la angustia como un homenaje al logro de esta persona por preservar su relación con lo que valora a pesar de las fuerzas que la desalientan. Detallé este principio y lo que implica en otro texto (White, 2000, 2003).

Si las y los testigos externos cuentan algunas de sus experiencias de vida más dolorosas, podemos extraer lo implícito en la tercera etapa de indagación (resonancia). Podemos alcanzar este resultado mediante preguntas que permitan que hablen de lo que atesoran y que las expresiones de las personas que están al centro de la ceremonia abordaron. En lo que se refiere a la katarsis, podemos llegar a lo implícito con preguntas que ayuden al público a ir más allá de las expresiones de dolor en sus esfuerzos por identificar los modos que los podrían haber transportado.

La siguiente transcripción ilustra la historia de Roger, un testigo externo, con el recuento de su resonancia con el tema del dolor. El recuento respondió a la narración de un padre, Patrick, y de su hijo adulto, Kevin. Los dos hombres se habían distanciado unos años pero reanudaron su relación en el contexto de nuestras conversaciones. Resultó muy importante para ambos. Mi pregunta ayudó a Roger a destacar lo implícito de su recuento.

Roger: Lo que realmente me movió fue ver la alegría en los rostros de Patrick y de Kevin. También pude ver lo que este reencuentro significó para ambos. Pude ver el cariño que había entre ellos. Tocó algo muy doloroso en mí (*llora*).

M: ¿Te sientes bien para contarnos un poco?

Roger: Nunca tuve este tipo de conexión con mi padre. Fue un hombre muy duro. Nunca me dio cariño. Aparte de hacérmela pasar mal, no creo que haya realmente existido para él. Así que nunca me tocó algo así. El solo hecho de hablarlo me duele.

M: ¿Hubo otras personas que fueron como una especie de padre en tu vida?

Roger: No. Tampoco alcancé a conocer a mis abuelos. No sé nada de ellos.

M: Pero no te resignaste a lo que tenías, ¿verdad?

Roger: No, creo que no.

M: No entiendo. No hubo otro tipo de padre que te brindara una experiencia diferente. ¿Qué fue lo que impidió que te resignaras a lo que tenías? ¿Sólo el aceptar lo que acostumbrabas?

Roger: No sé. Quizás sea sólo… ¿sólo ese anhelo mío por conectarme de algún modo con mi padre?

M: ¿Sabes lo que mantuvo este anhelo vivo? ¿Me podrías contar algunas historias acerca de tu vida para explicar cómo te aferraste a este anhelo? ¿Cualquier cosa que pudiera haber alentado o impulsado este anhelo? ¿Cualquier cosa que lo valide de un modo u otro?

Roger: ¿Alentado? Pues… Sabes, me dejas pensando. Mi mamá murió cuando era muy joven, y su madrastra hizo lo que pudo por cuidarme. Recuerdo que no me iba muy bien en la preparatoria y que intentaba dejarla. Pero mi abuela me consiguió un tutor temporalmente, lo cual ayudó a que las cosas cambiaran. ¡Es increíble!

M: ¿Qué es increíble?

Roger: Nunca se me ocurrió. Pero ¿sabes qué? Hay cosas de Patrick que me recuerdan a ese hombre, a mi tutor. Para empezar, también era irlandés, y se portaba muy bien conmigo, ¡de veras! ¡Ah!

M: Si entiendo bien, hoy hablaste por primera vez abiertamente de tu anhelo por lo que presenciaste entre Patrick y Kevin. Por primera vez conectaste tu anhelo con el tutor irlandés de hace muchos años.

Roger: Sí. Sí.

M: ¿Y qué sientes?

Roger: Es como si hubiera hablado de algo y descubierto algo que estuvo allí todo el tiempo pero que yo no podía ver.

M: ¿Hace alguna diferencia?

Roger: Claro que sí. Tengo algo que no sabía que tenía. Voy a pensarlo y hablarlo más. ¡Eso sí, alivia el dolor, incluso ahora!

Gracias a esta entrevista, el anhelo implícito en la expresión de dolor de Roger se hizo visible y fue nombrado. Su expresión de dolor se relacionaba con un anhelo de ser reconocido y de conectarse con un hombre adulto. Las respuestas del tutor de Roger habían sustentado ese anhelo cuando Roger era niño: el reconocerlo tuvo efectos muy profundos en la resonancia de Roger y en su katarsis. (La figura 4.3 muestra mi mapa del recuento de Roger). Para Patrick y Kevin, presenciar que la vida de Roger se viera tan tocada por la historia del cómo recuperaron su relación fue, a su vez, bastante intenso y contribuyó de modo muy significativo al enriquecimiento del relato de su relación.

Revelar lo implícito no significa que nos esforcemos por amainar la frustración o el dolor que la gente expresa; no tratamos de huir de estas experiencias ni de sustituirlas por otras menos molestas sino que somos coherentes con la idea de asumir que la vida consta de múltiples historias y cumplimos con nuestra intención de reproducir la tradición de reconocimiento que alienta el enriquecimiento de los relatos.

Advertencias

Algunas veces, puede que en la terapia, nos fragilicemos y dimitamos de nuestra responsabilidad por orientar las respuestas de los testigos externos. Es muy probable que ocurra cuando la gente que funge de testigo externo tiene conocimientos privilegiados de las experiencias y dificultades de las personas que se encuentran en el centro de las ceremonias de definición. En estas circunstancias me sorprendí varias veces al inicio de los recuentos con una actitud bastante poco activa: me alarmó ver que me convertía en un mero espectador del desarrollo del tipo de respuestas (del público) muy poco propensas al enriquecimiento de los relatos y a las resonancias.

Esta vulnerabilidad surge cuando confundimos los conocimientos privilegiados con un cierto saber-hacer. Tener conocimientos privilegiados de ciertas experiencias y circunstancias de vida es una cosa, pero saber cómo expresarlo en modos que puedan contribuir al enriquecimiento de los relatos y en modos que resuenen muy fuerte en los demás y los sanen es otra cosa. Podemos asumir la responsabilidad de conformar estos recuentos y reconocer a la vez la importancia del conocimiento privilegiado de las personas que atestiguan las conversaciones.

Figura 4.3. Mapeo de los recuentos de Roger (testigo externo)

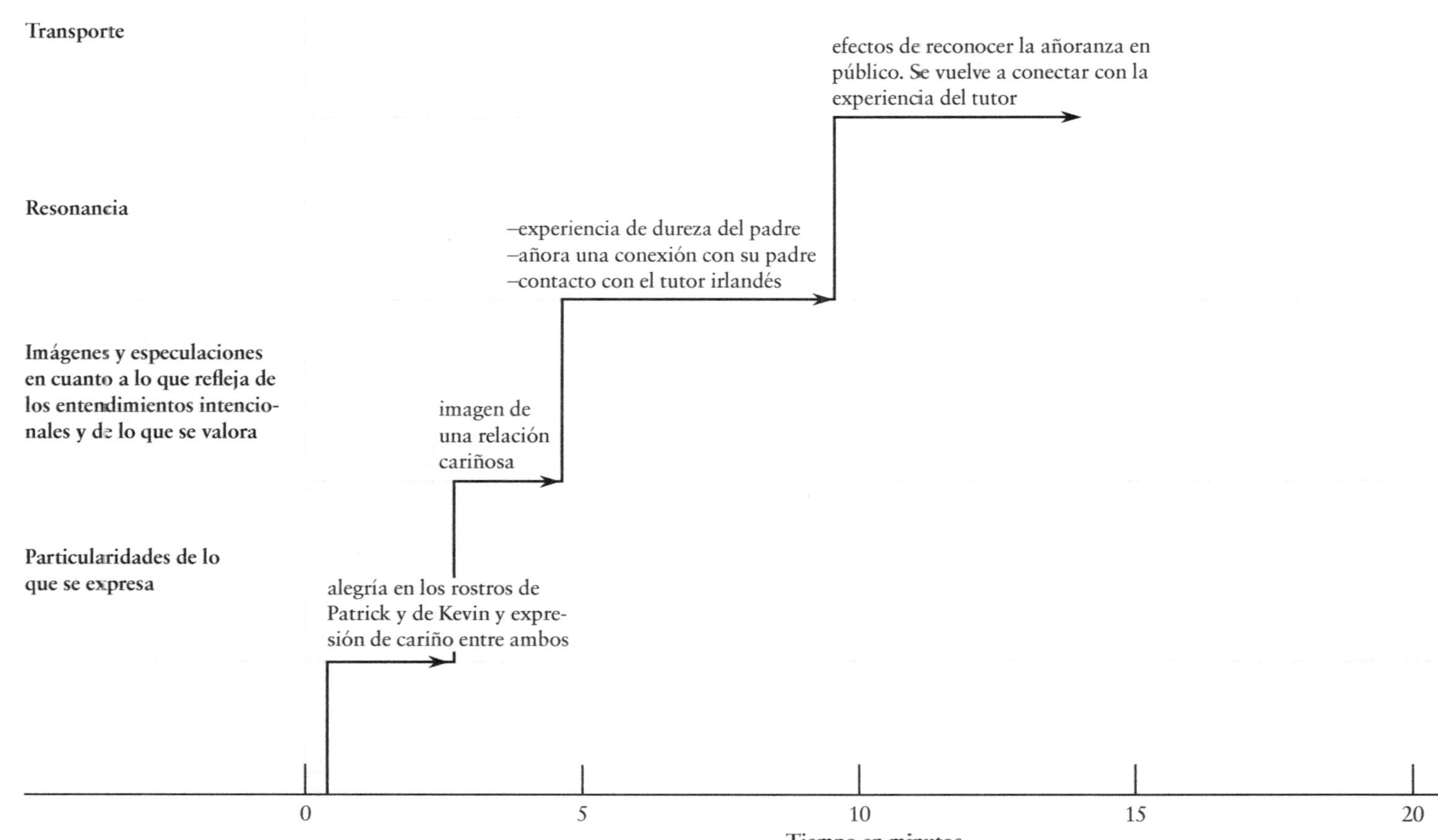

Cuando estas personas vienen de las disciplinas profesionales también puede que nos volvamos vulnerables y dimitamos de nuestra responsabilidad por orientar sus respuestas. Sobre todo cuando conocen las prácticas de las ceremonias de definición, e incluso las categorías de indagación que conforman los recuentos. A veces, abandonaba esta responsabilidad, sólo para encontrarme con que los testigos externos reproducían otras tradiciones de respuestas: teorizaban e planteaban hipótesis sobre las vidas y relaciones de la gente, evaluaban sus expresiones y llegaban a ciertos diagnósticos siguiendo los conocimientos expertos de las disciplinas profesionales, hablaban de cómo intervenir o tratar los problemas de vida de las personas, y se involucraban en otras prácticas que informaban ciertos discursos profesionales o populares de la psicología.

Estas advertencias no pretenden criticar al testigo externo que reproduce sin querer algunas de estas respuestas ante las historias de vida de la gente. Me sorprende mucho lo difícil que puede llegar a ser romper con estas respuestas ortodoxas. No quiero cuestionar la validez de estos discursos en general, sino subrayar consideraciones que creo, son vitales para establecer las condiciones que abran al enriquecimiento de los relatos en el contexto de la práctica de ceremonias de definición.

Existen sin embargo circunstancias en las que no necesitamos asumir este papel protagonista en la conformación del recuento del público. Cuando estas personas conocen un poco más la tradición del recuento, podemos mantenernos al margen y dejar que se entrevisten unas a otras según esta tradición o que designen a alguien en el grupo que asuma esta responsabilidad. Siempre me ha parecido que cuando las y los testigos externos aprenden a conocer esta tradición de recuento, la necesidad de que yo tome parte activa a la hora de moldear estos recuentos disminuye mucho.

TECNOLOGÍA, ANONIMATO Y ÉTICA

Aunque haya descrito las prácticas de las ceremonias de definición como algo que involucra la participación directa de testigos externos, no siempre tiene que ser el caso.

Por ejemplo, cuando no pueden presenciar las conversaciones en persona o cuando las personas a quienes se dirige la ceremonia de definición piden anonimato, la tecnología de las videoconferencias nos brinda otras posibilidades para los recuentos.

También podemos usar la tecnología para grabar los recuentos del público que responden a nuestros relatos y que siguen a su vez los relatos de vida de la gente. Obviamente las personas involucradas tienen que estar de acuerdo. En otras palabras, las personas que brindan terapia podemos recibir a alguien que aceptó escuchar de lejos nuestra narración de las historias que surgieron en la conversación terapéutica. Este encuentro se graba en audio o en video, así como el recuento del testigo externo que responde a lo que narramos. Estas grabaciones se pueden reproducir en el siguiente encuentro con las personas de quienes trata el recuento y podemos provocar un recuento del recuento después de que la gente haya visto o escuchado la cinta grabada. Esta opción es adecuada cuando el público no puede presenciar la conversación terapéutica o cuando se requiere de anonimato.

En cuanto al anonimato en general, rara vez es un problema para las personas que participan de estos contextos. Sin embargo tenemos que informar plenamente a las personas que están en el centro de las ceremonias de definición acerca de estos procesos y de esta estructura antes de que tomen decisiones en cuanto a la participación de las y los testigos externos. También tendríamos que darles la oportunidad de hablar con otras personas que hayan vivido la experiencia de estar en el centro de las prácticas de las ceremonias de definición. Debemos preguntar además si existen algunos temas acerca de los cuales la gente no quiere ser entrevistada en el contexto de la ceremonia de definición, y asegurarles a estas personas que no comunicaremos ningún dato personal a las personas candidatas a testigo externo —todo lo que deban saber de las vidas de la gente saldrá directamente de las personas que nos consultan en el curso del recuento. Tendríamos que informar a las personas que contemplaremos y respetaremos las reglas de confidencialidad que se acostumbran en los contextos de terapia grupal.

En mi experiencia, las personas rara vez declinan la posibilidad de involucrar a testigos externos de modo directo en sus encuentros conmigo. Además, las que tuvieron la oportunidad de estar en el centro de las ceremonias de definición casi siempre optan por volverse a encontrar en el contexto de ceremonias de definición cuando les doy a escoger entre este tipo de encuentros y una sesión a solas conmigo. Respecto de los temas de confidencialidad y de anonimato, la gente se suele entusiasmar con la idea de poder compartir sus relatos de vida con otras personas.

Escuché muy pocas veces a compañeros y compañeras de las disciplinas profesionales verbalizar la preocupación de que el involucrarse en prácticas de ceremonias de definición podría atropellar la ética de nuestra profesión. Cuando revisé el código ético de estas disciplinas, no hallé ningún conflicto con las prácticas que describí en este capítulo. Concluí más bien que estas prácticas concuerdan con los principios que expresan estos códigos éticos. Sin embargo, si los lectores y lectoras se preocuparan por los conflictos entre estas prácticas y los códigos éticos de sus asociaciones profesionales, sería importante que lo resolvieran revisando los códigos éticos relevantes y confeccionando estas prácticas de modos que honren cualquier preocupación que pueda surgir.

CONCLUSIONES

Describí en este capítulo las prácticas terapéuticas asociadas con las ceremonias de definición. Estas prácticas contribuyen a la reproducción de una tradición de reconocimiento que puede resonar mucho para las personas que se encuentran en el centro de dichas ceremonias, que llevan a enriquecer los relatos y a expandir el sentido de agencia personal. Estas prácticas sientan las bases para que la gente pueda encarar sus problemas y dificultades.

Es muy importante notar que como terapeutas podemos experimentar a menudo una sensación de torpeza o sentirnos incómodas cuando empezamos a explorar las prácticas de ceremonias de definición. Es probable que esta torpeza se deba al que reproducimos una tradición de reconocimiento que dista de las respuestas a las que acostumbramos en la terapia, cuando tratamos las historias de vida de la gente. Nuestra incomodidad también se puede asociar a la estructuración de un contexto que contradiga el diálogo directo, de persona a persona, que moldea hoy la mayor parte de las conversaciones terapéuticas. La sensación de torpeza y la incomodidad disminuyen a medida que los efectos de estas prácticas de reconocimiento se vuelven visibles y a medida que se evidencia la importancia de romper con los diálogos de persona a persona.

De todas las prácticas terapéuticas que me encontré en el transcurso de mi carrera, quizás las que se asocian con ceremonias de definición sean las más eficientes. Observé una y otra vez cómo los recuentos del público logran algo que está bastante por encima de lo que puedo lograr desde mi papel de terapeuta. También lo vi en muchas ocasiones, mientras observaba las exploraciones de otras y otros terapeutas en las ceremonias de definición. Pero esto no disminuye la importancia de nuestras contribuciones como terapeutas. Los recuentos de las ceremonias de definición logran resonancias para las personas que nos consultan cuando los conforman una buena indagación por parte del testigo externo y cuando vigilamos de cerca las consideraciones vitales al éxito de estas prácticas.

5

Conversaciones que iluminan desenlaces extraordinarios

Aunque la vida esté rica en experiencias vividas, sólo le damos sentido a una pequeña parte de esta experiencia. Los aspectos de la experiencia vivida a los que concedemos importancia son aquellos que incorporamos a nuestros relatos de vida familiares y conocidos, y son aspectos que escogemos con mucho detalle. Gran parte de la miriada de experiencias de la vida diaria pasa de largo como una pequeña señal luminosa en el radar de nuestra conciencia, y entra directo en un vacío histórico. Muchas de estas experiencias no están tejidas en las tramas o temas de los relatos que predominan en nuestras vidas: no las registramos, ni les conferimos significado alguno. Pero estas experiencias fuera de fase pueden ser bastante importantes y, cuando las circunstancias lo permiten, pueden quedar constituidas como "desenlaces extraordinarios" —o "excepciones". La identificación de los aspectos que están fuera de fase con la experiencia vivida puede brindarnos un punto de partida para desarrollar relatos de vida alternos.

En la preparación del desarrollo de estas tramas, nuestra tarea como terapeutas es la de ayudar a las personas a darle importancia a algunos de los aspectos de la experiencia vivida que dejaron de lado. Cuando nos involucrarnos en esta tarea es muy común que asumamos un papel protagónico en ese atribuir de significado: nos esforzamos por convencer a las personas del valor que tienen estos aspectos de las experiencias vividas y asumimos la autoría de estos aspectos. Y resulta peligroso, ya que puede ser impositivo y corremos el riesgo de alienar a las personas que nos consultan. Además nos coloca en el centro de la conversación terapéutica y cerramos las puertas a la posibilidad de una indagación en común.

Las conversaciones que iluminan desenlaces extraordinarios ayudan a descentrar nuestra participación como terapeutas, y privilegian la autoría de las personas que consultan. Estas conversaciones ayudan a la gente a conferirle significado a ciertos aspectos de su experiencia, aspectos que estaban fuera de fase; también las ayudan a caracterizarlos y a reflexionar sobre ellos. Esto suele ser una novedad para las personas que nos consultan ya que muchas veces no han podido sino estar sujetas a los significados y posturas que otras personas enarbolan acerca de sus vidas. Las conversaciones que iluminan desenlaces extraordinarios permiten entre otras cosas que la gente verbalice lo que pretende para sus propias vidas y que se familiarice con lo que valora en la vida. Es un trampolín para actuar y encarar sus problemas, dificultades y dilemas.

PETER Y TRUDY

Conocí a Peter —tenía catorce años— y a su madre Trudy, madre soltera en una consulta con Melanie, la terapeuta que me los derivó. Melanie trabajaba en un centro de detención de seguridad media donde Peter era recluso cuando surgió esta consulta. Era uno de los centros en los que Peter había pasado tiempo en su incipiente vida. La mayoría de los encarcelamientos fueron el resultado de haber destruido la propiedad de otras personas, pero algunos fueron por asalto y robos menores. Peter tenía un ya prolongado hábito de perder el control cuando se sentía frustrado con la vida y en esas ocasiones podía ocasionar daños terribles.

Se hicieron muchos esfuerzos para animar a Peter a responsabilizarse y a darse cuenta de la gravedad de sus actos pero sin ningún resultado. La falta de respuesta de Peter ante estos esfuerzos llevó a las personas que lo trataban de ayudar a concluir que era incapaz de reflexionar sobre su vida, de prever las consecuencias de sus actos y que era relativamente inepto en lo que se refiere a tomar responsabilidades. Lo juzgaron como incapaz de pensar en términos abstractos, remitiéndose sólo a pensar en lo concreto.

Pero recientemente, Melanie había notado un desarrollo interesante en la vida de Peter: en el centro de detención había manejado un incidente, frustrante para él, abandonando la sala y yéndose al gimnasio en vez de arremeter en contra de la gente y destruir cosas. Dado que era más habitual que Peter se saliera de control en estos momentos, a Melanie le pareció que esta respuesta ante la frustración era muy importante. Pero también se dio cuenta que esta iniciativa de Peter se podría diluir muy fácilmente. Esperaba que gracias a una consulta conmigo la podríamos cargar de significado para abrir paso al desarrollo de una trama de vida alterna para Peter. Melanie también esperaba que esta consulta le permitiera dar otros pasos de naturaleza semejante.

El último punto en la agenda de Melanie para nuestra entrevista era mejorar la relación de Peter con su madre, relación que estaba muy alterada por las circunstancias de vida de ambos. Poco antes, las autoridades locales le habían entregado a Trudy una vivienda y ahora le podían dar a Peter un techo, cuando obtuviera el permiso de salir del centro de detención: parecía el momento idóneo para explorar posibilidades de desarrollar una alianza entre madre e hijo.

Que Melanie hubiera valorado la iniciativa de Peter de "alejarse de la situación" al sentirse frustrado y su entendimiento de que esta iniciativa podría brindar un punto de entrada al desarrollo de una trama de vida alterna resonaron muy fuerte en mí. Peter y Trudy claramente aprobaban su agenda para esta reunión. Les pregunté a ambos si estarían de acuerdo en que hiciera algunas preguntas más sobre la iniciativa reciente de Peter de alejarse del escenario de la frustración. Trudy respondió a mi propuesta:

Trudy: Melanie me contó y en el momento pensé que era esperanzador. Así que ya lo hablamos y no sé si haya mucho más que decir. Justo el otro día Peter se volvió a meter en problemas y las cosas se volvieron a descarrilar.

M: Melanie me mencionó este reciente percance y me doy cuenta que te preocupa. Por lo que entiendo este tipo de contratiempos ha sido bastante común, mientras que alejarse del escenario de la frustración no es demasiado habitual en la historia de Peter.

Trudy: ¡Uy! Sí. Es verdad. Eso fue diferente, muy diferente.

M: Por eso me interesa saber más al respecto, porque fue diferente. Me gustaría hacerte a ti y a Peter algunas preguntas para poder averiguar más al respecto.

Trudy: Sí, supongo que podría ser interesante.

M: ¿Y tú qué tal, Peter? ¿Estás de acuerdo en que es diferente? ¿Que alejarte del escenario de la frustración es diferente?

Peter: Sí.

M: ¿Te interesaría explorarlo un poco?

Peter: Me da lo mismo.

M: ¿Preferirías hablar de otras cosas?

Peter: No.

M: Ok. Peter, tu mamá acaba de decir que fue esperanzador. Ésas fueron sus palabras. ¿Dirías lo mismo o tienes algo diferente que decir del alejarte del escenario de la frustración? ¿Quizás lo dirías con otras palabras?

Peter: No.

M: ¿No qué?

Peter: Lo que mi mamá dijo está bien.

M: ¿Entonces tú dirías lo mismo? ¿Que es un proceso esperanzador?

Peter: Sí, supongo.

M: ¿Por qué dirías que es esperanzador?

Peter: No sé. Supongo que porque no tuve tantos problemas esa vez.

M: Entiendo que te sentías bastante alterado y que eras capaz de cualquier cosa. ¿Cómo fue que no te metiste en tantos problemas esta vez?

Peter: Sólo me alejé y ya. Eso es todo.

M: ¿Entonces podría ser un nombre para lo que hiciste? ¿"Alejarse del problema"?

Peter: Sí, pensé, "¿a quién le sirve?"

M: ¿Esta vez fue diferente porque pensaste que no lo necesitabas? Y esto te permitió…

Peter: Supongo que retroceder un paso.

M: ¿Retroceder un paso?

Peter: Sí, esta vez retrocedí un paso.

M: Entonces fueron las tres cosas. Retroceder un paso, pensar que no lo necesitabas y alejarte del problema.

Peter: Sí. Así es.

M: Cuéntame un poco más de ese "pensar que no lo necesitabas".

Peter: Sólo lo pensé.

M: ¿Cómo te sentiste en el momento?

Peter: Bastante acalorado.

M: ¿Te sentías bastante acalorado, pero aun así pudiste retroceder un paso y pensar las cosas?

Peter: No se me fue.

M: ¿Cómo que no se te fue?

Peter: Lo tuve presente, no se me fue.

M: Está bien, entonces se trata de todas estas cosas: retroceder un paso, pensar las cosas, darte cuenta de que no lo necesitas, tener las cosas presentes, no dejar que se te vayan y alejarte del problema.

Peter. Sí, eso sería.

M: ¿Y qué te permitió?

Peter: ¿Qué quieres decir?

M: ¿Qué pasó después, que no habría pasado si se te hubiera escapado?

Peter: Bueno, mantuve mis privilegios.

M: ¿Cuáles privilegios?

Peter: La salida de fin de semana. Mi clase de metalistería. No tuve que ir con el terapeuta.

M: Está bien. ¿Algo más?

Peter: No me quitaron la televisión ni el gimnasio.

M: Estoy empezando a entender lo que te permitió retroceder un paso, pensar las cosas, darte cuenta de que no lo necesitabas, tener las cosas presentes, no dejar que se te fueran y alejarte del problema.

Peter: Sí. Y esta vez no arruiné nada. No me puse como loco, ni reventé todo.

M: ¿Perdón?

Peter: En vez de volverme loco y reventarlo todo.

M: ¿Hay algo que me puedas contar que me ayude a entender cómo lo lograste? En vez de arruinar las cosas, preservaste todos tus privilegios.

Peter: Tal vez, tal vez fue… No sé.

M: Dijiste "tal vez". ¿En qué estabas pensando cuando dijiste "tal vez"?

Peter: Bueno… tal vez estaba mirando un poco más adelante en el camino hacia el lugar donde quería estar.

M: ¿Fue parte de lo que pasó?

Peter: Creo que sí.

M: Supongo que todo esto no salió de la nada —retroceder un paso, pensar las cosas, darte cuenta que no lo necesitas, tener las cosas presentes, no dejar que se te fueran, alejarte del problema y mirar hacia adelante en el camino. ¿Se te ocurre algo que te pudiera haber llevado a este lugar?

Peter: ¿Cómo qué?

M: Como algo reciente que haya pasado y que pueda haber sido una base para este proceso, o algo que te pueda haber ayudado a prepararte a dar este paso. ¿Tal vez algo que haya marcado el camino para que te pudieras alejar del problema?

Peter: Mmm… debe de haber algo. Pero no se me ocurre ahora.

M: ¿Tal vez le podría preguntar a tu mamá?

Peter: Adelante.

M: Trudy, hablamos de todo lo que significa para Peter. También hablamos de lo que le permitió. ¿Se te ocurre algo que lo pueda haber llevado a esto? ¿Algo más que hayas notado en su vida que haya preparado este camino?

Trudy: Todo lo que sé es que cuando las cosas se descarrilan, como suele suceder con Peter, puede haber consecuencias muy graves. Romper la ley puede hacer que te encierren. Y romper la ley cuando ya estás encerrado puede empeorar las cosas. Peter ya ha estado encerrado suficientes veces, eso sí le puedo decir. Parecería que simplemente no es capaz de llevar su propia vida. Que es incapaz de asumir responsabilidades.

M: Entiendo que te preocupas mucho por lo que pasa en la vida de Peter y por lo que pasa cuando se descarrila.

Trudy: Claro que sí.

M: ¿Cómo te afectan estas preocupaciones? ¿Cómo han afectado tu vida?

Trudy: Bueno, algo seguro es que se me va el sueño por lo que hace, eso sí te puedo decir.

M: ¿Se te va el sueño? ¿Por qué? ¿Es la preocupación, o...?

Trudy: Por supuesto que es la preocupación. Es algo constante.

M: ¿Y la preocupación tiene el efecto de...?

Trudy: Me estresa mucho.

M: ¿Y esto dificulta que tú y Peter...?

Trudy: Que nos llevemos bien. Claro que sí.

M: ¿Llevarse bien es algo importante para...?

Trudy: Siempre quise que nos lleváramos bien. Sigo con esta esperanza. Es lo que me está sosteniendo. Ojalá fuera así.

M: Gracias, Trudy. Para mí, es fundamental entender lo que te importa y si te parece, regresaremos a este punto.

Trudy: Claro que sí.

M: Peter, me ayudaste a entender de qué se trata este proceso de alejarte del problema y también me pusiste al día sobre lo que te permitió. Me gustaría que más adelante volviéramos a descifrar juntos lo que te llevó allí. Pero por ahora, me interesaría saber cómo ves esta nueva situación.

Peter: ¡Ah! Bueno, no...

M: Tengo una lista aquí de lo que entraña todo esto: alejarte del problema, retroceder un paso, pensar las cosas, darte cuenta que no lo necesitas, tener las cosas presentes, no dejar que se te vayan, alejarte del problema y mirar hacia delante en el camino. También tengo otra lista de algunas de las cosas que te está permitiendo, como mantener tus privilegios, evitar volverte loco y destrozar las cosas. ¿Qué te parece? ¿Qué te parece ver que esto esté sucediendo en tu vida?

Peter: Me imagino que es bueno verlo.

M: Es bueno y es bueno y es bueno. Hay muchos tipos de bueno. ¿Qué tipo de bueno es éste? ¿Y para quién es bueno? ¿Te refieres a que es bueno para ti, para tu madre o para el centro de detención?

Peter: Es positivo.

M: ¿Es positivo para quién?

Peter: Positivo para mí.

M: Es positivo para ti. ¿Nos podrías contar un poco en qué es positivo para ti?

Peter: Sí. Sólo me hace sentir bien.

M: ¿Sabes por qué te hace sentir bien?

Peter: Es como bueno sentir que estás llegando a algún lugar.

M: Se trata del sentimiento de llegar a algún lugar. ¿Por qué te importa llegar a algún lugar?

Peter: Porque voy a ser capaz de hacer algo de mi vida, por eso. Voy a poder decir lo que quiero y hacer algo al respecto.

M: Suenas muy claro.

Peter: Sí. Sé que voy a poder hacer que pasen cosas. Si las cosas no funcionan, el solo hecho de saberlo significa que voy a ser capaz de hacer algo al respecto.

M: Llegar a algún lugar en tu vida y tener algo que decir del rumbo que toma tu propia vida ¿ha sido algo importante para ti desde hace mucho tiempo?

Peter: Creo que sí. Sí, pienso que sí lo ha sido. Al menos por un año, o tal vez más, pienso.

M: ¿Peter, te parece si le pregunto a tu mamá lo que piensa?

Peter: Seguro, adelante.

M: Trudy, esto es lo que entiendo hasta ahora. En esta situación reciente ocurrió que Peter retrocedió un paso, pensó las cosas, se dio cuenta que no lo necesitaba, tuvo las cosas presentes, no dejó que se le fueran, se alejó del problema y miró hacia adelante en el camino, hacia donde quiere estar. Y esto le permitió no volverse loco y destrozar las cosas. Pudo conservar sus privilegios como la salida de fin de semana, las clases de metalistería, sus tiempos para ver televisión e ir al gimnasio. Cuando le pregunté a Peter qué le parecía, dijo que lo hacía sentir bien porque lo llevaba a algún lugar en la vida. También escuché que tener algo que decir sobre el rumbo que toma su propia vida ha sido importante desde hace ya algún tiempo. Si tomas cierta distancia y miras todo esto, ¿qué nombre le pondrías a este proceso en general?

Trudy: Diría que se trata de que maneje su propia vida. Durante mucho tiempo pensé que nunca lo veríamos.

M: Que maneje su propia vida. ¿Te hace sentido, Peter?

Peter: Sí. Es lo que hago.

M: Trudy ¿qué sientes que podría posibilitarle a Peter este proceso de manejar su propia vida?

Trudy: Bueno, podría mejorar su vida. Y no entrar en centros de detención.

M: ¿Mejorar su vida en qué sentido?

Trudy: Como dije. Le podría permitir no estar detenido en estos centros.

M: ¿Algo más?

Trudy: Podría mejorar su vida en muchos sentidos.

M: ¿Cómo...?

Trudy: Bueno, aunque las cosas le fueron mal, siempre supe que Peter tenía talentos. Siempre le interesó saber cómo funcionan las cosas, desarmar cosas y te puedo decir que siempre ha desarmado y vuelto a armar cosas para ver cómo funcionaban. Es algo que le podría ser útil ahora si manejara más su vida. Lo podría ayudar a salir adelante y a conseguir un buen trabajo donde no aburrirse. Y esto es algo que le podría dar algún espacio para tener su propia vida. Tendría mayor margen de movilidad.

M: ¿Y cómo sería para ti Peter? ¿Si manejar tu propia vida lo permitiera?

Peter: Eso sería realmente positivo.

M: Sé que ya contestaste esta pregunta, pero me gustaría entender mejor lo que "realmente positivo" significa para ti. Te lo pregunto de nuevo porque creo que puede haber algo más en este proceso de manejar tu propia vida.

Peter: No sé. Sólo me daría gusto ver que pude hacer que sucediera lo que tenía que suceder. Me daría gusto poder lograr que sucediera lo que quiero.

M: ¿Te daría gusto ver que puedes hacer que suceda lo que tiene que suceder y lo que quieres que suceda?

Trudy: Hay algo seguro. Estaría mucho más a gusto con su vida.

M: ¿Peter?

Peter: Sí, las cosas estarían mucho más cómodas.

M: Bien. Entiendo mejor lo que podría significar para ti este proceso de manejar tu propia vida. Estarías más a gusto y te alegraría ver que puedes hacer que suceda lo que necesitas y lo que quieres que suceda. Tengo una pregunta: ¿Por qué te daría gusto ver esto?

Peter: Mmm… No estoy seguro.

M: ¿Te parece si le hago esta pregunta a tu mamá?

Peter: Sí, con confianza.

M: Trudy, ¿por qué piensas que Peter consideraría que manejar su propio futuro es algo realmente positivo?

Trudy: Podría resolver mejor las cosas por sí mismo. Y además, tiene derecho a esto.

M: ¿Derecho a qué?

Trudy: Tiene derecho a manejar su propia vida. Tiene derecho a tener su propio espacio. Todo el mundo tiene este derecho, pero con frecuencia nos lo arrebatan. Sé que se lo arrebataron a Peter. Sé que no ha tenido esta oportunidad.

M: ¿Qué piensas, Peter? Tu mamá dice que pensó que dijiste que es un proceso realmente positivo porque tienes derecho a manejar tu propia vida y derecho a tener tu propio espacio. ¿Te hace sentido?

Peter: Sí.

M: ¿Por qué dirías que hace sentido?

Peter: Porque no tuve esa oportunidad de niño.

M: ¿Qué pasó?

Peter: Ah, mi padrastro me trató muy mal.

M: ¿Él te arrebató ese derecho?

Peter: Sí. Totalmente.

Trudy: Tengo que decirte que me siento muy mal al respecto porque yo lo traje a la vida de Peter. Traje a ese hombre a nuestras vidas y dejé que esto siguiera. Fue complicidad de mi parte. Dios, fue horrible y siempre me sentiré culpable por eso. Sé que pude haber quedado paralizada por la culpa.

En este punto de la conversación terapéutica, me pareció que habíamos recorrido una distancia considerable en un tiempo relativamente breve. El punto de entrada a esta conversación fue la acción de Peter de abandonar el escenario de la frustración. Cuando empecé a consultar a Trudy y a Peter sobre esta acción, Trudy pensaba que como ya lo habían hablado, no quedaba nada por decir al respecto. Sin embargo, tanto ella como Peter estaban dispuestos a responder mis preguntas acerca de esta iniciativa.

En el contexto de la investigación terapéutica que emprendí a continuación, resultó que había mucho más que decir del acto de Peter de abandonar el escenario de la frustración. Su iniciativa cobró mucho sentido. Se saturó de significados y de simbolismo de lo importante para él. Simbolizaba a la vez su aspiración por afectar el curso de su futuro y lo que más atesoraba en la vida: el derecho a llevar su vida y el derecho a tener su propio espacio. Nunca había verbalizado esta aspiración ni enfatizado de este modo lo que valoraba en su propia vida.

LOS DESENLACES EXTRAORDINARIOS

En las conversaciones narrativas, leemos el tipo de acción que Peter emprendió cuando se alejó del problema como "desenlaces extraordinarios" o "excepciones". Retomo el concepto *desenlace extraordinario* de Erving Goffman (1961) que expone en su definición que cuando se estructura una experiencia en "cualquier entramado social del recorrido que hace una persona por la vida [...] los desenlaces extraordinarios se dejan de lado a favor de aquellos cambios en el tiempo que son básicos y comunes para los miembros de una categoría social, aunque ocurran de un modo independiente para cada uno de ellos" (p. 127). El que Peter se alejara del problema corresponde a una categoría particular de desenlace extraordinario que se puede clasificar como "iniciativa". Estas iniciativas, así como otros desenlaces extraordinarios, permean la vida de las personas, pero muchas veces las dejan de lado, las extravían. Tengo la sensación de que podríamos tener una vida buena aun si se estancara 97 por ciento de nuestras iniciativas en la vida; es decir, si el tres por ciento de estas nuestras iniciativas en la vida sobrevive, podemos esperar tener una calidad de vida razonable. Sin embargo, si se estancara el 98 por ciento de estas iniciativas en la vida —y sólo sobreviviera el dos por ciento— nos esperaría una calidad de vida bastante pobre. Eso me lleva a la conclusión de que cuando las personas nos consultan acerca de sus problemas y dificultades, como terapeutas tenemos que jugar un papel para des-estancar estas iniciativas de vida y ayudar a que perdure el uno por ciento de ellas.

Cuando en una consulta se hacen visibles procesos que podrían ser candidatos al estatus de desenlaces extraordinarios, suelo explorar caminos que les den mayor peso y que sirvan de base a una conversación en la que las personas puedan identificar y desarrollar otros relatos de lo que pretenden y valoran en sus vidas. Hay una brecha considerable entre nombrar un desenlace extraordinario y el proceso de descifrar lo que refleja de las intenciones de una persona para su vida, y de lo que valora. Nuestro trabajo consiste en ayudar a las personas a recorrer esta brecha. En mi conversación con Trudy y Peter, la navegación del espacio entre estos dos puntos estuvo moldeada por una segunda versión del mapa de declaración de posición que discutí en el Capítulo 1.

SEGUNDA VERSIÓN DEL MAPA DE DECLARACIÓN DE POSICIÓN

Esta versión del mapa de declaración de posición abarca las mismas categorías básicas de indagación que la primera versión de este mapa. Sin embargo, en vez de generar conversaciones de externalización que se enfoquen en los problemas y dificultades de la vida de las personas, este mapa genera tramas de vida alternas porque se enfoca en los desenlaces extraordinarios y excepciones para las tramas dominantes, frecuentemente saturadas de problemas. La indagación terapéutica que conforma esta versión del mapa de declaración de posición invariablemente brinda una base para introducir el tipo de conversaciones de re-autoría que menciono en el Capítulo 2. Por ejemplo, para responder a los entendimientos acerca de lo que las personas pretenden en su vida y de lo que valoran, podemos elaborar preguntas del paisaje de la acción que las animen a volverse a involucrar con sus historias y a dar voz a los relatos de los procesos que reflejan estos entendimientos.

Las personas que participan en los talleres, clases y seminarios siempre me han dejado saber, en su retroalimentación, que esta versión del mapa de declaración de posición las ayudó a no erigirse en autores de los relatos de las personas que llegaban a consultarlas cuando se esforzaban por significar los desarrollos de vida positivos que las personas habían dejado de lado. Cuando como terapeutas asumimos la autoría, es muy común que adoptemos unos "modos de convencer" que limitan nuestra participación a ofrecer afirmaciones, connotaciones positivas e intentos por volver a plantear lo que nos cuenta la gente. Esta versión del mapa de declaración de posición nos puede ayudar mucho a mantener una participación descentrada pero influyente en estas conversaciones terapéuticas.

Con esta participación descentrada procuramos privilegiar la autoría de las personas que consultan. Es por lo demás una participación influyente en el sentido que estructuramos la indagación de los procesos de vida de la gente que podrían llegar a volverse desenlaces extraordinarios. Esta estructura gira en torno a las siguientes cuatro categorías de investigación.

Primera categoría de investigación: negociar una definición del problema particular y cercana a la experiencia del desenlace extraordinario

En esta primera etapa, orientamos la investigación hacia procesos que se puedan volver significativos como desenlaces extraordinarios. En el contexto de esta investigación, invitamos a las personas a describir estos procesos en detalle y a ahondar en su caracterización en sus propios términos, términos que sean muy cercanos a su experiencia. Enfatizo los términos *propios* y *cercanos a la experiencia* porque ninguna persona percibe o recibe los procesos de forma idéntica, ni los percibe igual en distintos momentos de vida. Ningún proceso es una réplica directa de cualquier otro proceso en la vida o en la historia.

En la primera parte de mi conversación con Peter y Trudy, definimos la iniciativa de abandonar el escenario de la frustración como un "alejarse del problema". También nombramos varios procesos relacionados como "retroceder un paso" y "pensar que [Peter] no lo necesitaba". En esta parte de la entrevista no me apuré sino que le seguí pidiendo a Peter que aclarara el significado de su iniciativa. Y así fue cómo se enriqueció la caracterización de su iniciativa. Por ejemplo, cuando le pedí que nos contara algo más del darse cuenta que "no lo necesitaba", respondió que se trataba de "darse cuenta de las cosas", de cómo él "tuvo las cosas presentes" y "no dejó que se le fueran"; dijo que se trataba de "mirar hacia adelante en el camino". Después Trudy definió esta iniciativa en términos de "manejar su propia vida".

Esta especie de "merodeo intencional" permite una amplia descripción de estos procesos y fomenta el enriquecimiento de su caracterización. Esto es importante a la hora de negociar definiciones de los desenlaces extraordinarios que sean propias, cercanas a la experiencia, sólidas y duraderas.

El proceso que, para Peter y Trudy, se volvió significativo como desenlace extraordinario pertenecía a su historia reciente. Sin embargo, no hace falta que nos restrinjamos en nuestra práctica terapéutica a eventos del pasado cuando nos esforzamos por identificar dichos procesos ya que también se evidencian invariablemente en el presente. Brindo un ejemplo a continuación.

Me reuní con Dillon y su familia para una consulta con algunas "personas invitadas" que participaban de un taller que yo llevaba. Habíamos informado plenamente a la familia del contexto de esta reunión y eligió seguir con el proceso. Dillon era un joven de quince años que tenía problemas en casi todos los ámbitos de su vida. Tras una nueva crisis, la familia estaba a punto de expulsarlo definitivamente. Había aceptado venir a la entrevista, pero desde el inicio no parecía nada entusiasmado en participar. Le volví a preguntar si lo habían informado bien de las circunstancias de la entrevista, lo cual confirmó. Pero luego dijo en un tono de resentimiento: "¿Y toda esta gente quién es?". Lo expresó sobre todo como una afirmación, pero había en sus palabras un dejo de interrogación.

Me lo tomé como una oportunidad para preguntarle a Dillon lo que le gustaría saber de estas personas invitadas. Respondió abruptamente: "Sus pasatiempos". Entonces entrevisté al grupo sobre sus pasatiempos, y le pregunté a Dillon con cuál se sentía relacionado. Lo atrajo lo que escuchó de montar a caballo y del humor. Luego empezamos a investigar juntos el tipo de pasos que había dado al invitar a que estas personas se presentaran: Dillon se involucró, pero le costaba nombrar su iniciativa. Cuando pedí ayuda de otros miembros de la familia, su madre describió esta iniciativa como "construir puentes"; señaló que estaba muy sorprendida ya que no lo había visto desplegar esta habilidad en cinco años. Después, Dillon abrazó esta definición de su iniciativa —definición claramente suya y cercana a su experiencia: fue el punto de entrada para que identificáramos y enriqueciéramos la trama subordinada de su vida.

Segunda categoría de investigación. Mapear los efectos del desenlace extraordinario

Esta segunda etapa muestra cómo indagamos los efectos del desenlace extraordinario que se pueden trazar desde varios ámbitos de las vidas de las personas, como el hogar, las relaciones familiares, el lugar de trabajo, la escuela, la educación, los pares y las amistades, la relación con uno mismo y demás. También podemos investigar los efectos "potenciales" de los desenlaces extraordinarios en estos ámbitos de vida, las posibilidades a futuro y los horizontes de vida en general. Además, en esta etapa suele haber oportunidad para que nos enfoquemos en los procesos que llevarían a desenlaces extraordinarios.

En mis conversaciones con Peter y Trudy, las dos primeras etapas del "mapa de declaración de posición" no se distinguían tan claramente una de otra como pasa en muchas otras conversaciones. Sin embargo, por lo que caracterizamos de los efectos del desenlace extraordinario, supe que, entre otras cosas, Peter pudo preservar sus privilegios, incluso las salidas del fin de semana, las clases de metalistería, los ratos de televisión y de gimnasio, y evitar volverse loco y destrozarlo todo. Más adelante también especulamos sobre cómo le permitía mejorar su vida, mantenerse fuera de los centros de detención, tener espacio para su propia vida y tener mayor margen de movilidad.

Esta indagación tiene el efecto de tejer el desenlace extraordinario en una secuencia de desarrollos que se despliegan en el tiempo —incorporándolo en una nueva trama. Se enfatiza la importancia del desenlace extraordinario y nos aseguramos que se vuelve menos vulnerable a conclusiones tipo "es resultado de la suerte", "fue una anomalía" o "resultó de las acciones de otras personas".

Tercera categoría de investigación. Evaluar el desenlace extraordinario y sus efectos

En esta etapa ayudamos a las personas a evaluar el desenlace extraordinario, sus efectos tangibles y los potenciales. Al igual que con la declaración anterior del mapa de declaración de posición, podemos empezar esta evaluación con preguntas como: ¿Está de acuerdo con estos procesos? ¿Cómo se siente con lo que está pasando? ¿Qué le parecen estos procesos? ¿Dónde se ubica respecto a estos resultados? ¿Cuál es su postura sobre lo que está pasando? ¿Es un proceso positivo o negativo —o ambas cosas, o ninguna, o algo intermedio?

Estas preguntas invitan a las personas a detenerse y a reflexionar sobre los desarrollos específicos de sus vidas. Las invitan a identificarlos, a hablar de su experiencia al respecto y a tener cierto criterio sobre estos procesos. Para muchas personas es una experiencia novedosa, ya que estos procesos contradicen lo que les es más conocido y familiar en sus vidas. También puede ser una experiencia novedosa porque dichos procesos han sido por lo general objeto de los juicios de otras personas. Los siguientes dos extractos de mi conversación con Peter y Trudy ilustran cómo uso estas preguntas acerca de la experiencia y evaluación.

Primer extracto

M: Tengo una lista aquí de lo que entraña todo esto: alejarte del problema, retroceder un paso, pensar las cosas, darte cuenta que no lo necesitas, tener las cosas presentes, no dejar que se te vayan, alejarte del problema y mirar hacia delante en el camino. También tengo otra lista de algunas de las cosas que te está permitiendo, como mantener tus privilegios y evitar volverte loco y destrozar las cosas. ¿Qué te parece? ¿Qué te parece ver que esto esté sucediendo en tu vida?

Peter: Me imagino que es bueno verlo.

M: Es bueno y es bueno y es bueno. Hay muchos tipos de bueno. ¿Qué tipo de bueno es éste? ¿Y para quién es bueno? ¿Te refieres a que es bueno para ti, para tu madre o para el centro de detención?

Peter: Es positivo.

M: ¿Es positivo para quién?

Peter: Positivo para mí.

M: Es positivo para ti. ¿Nos podrías contar un poco en qué es positivo para ti?

Peter: Sí. Sólo me hace sentir bien.

M: ¿Sabes por qué te hace sentir bien?

Peter: Es como bueno sentir que estás llegando a algún lugar.

Segundo extracto

M: ¿Y cómo sería para ti Peter? ¿Si manejar tu propia vida lo permitiera?

Peter: Eso sería realmente positivo.

M: Sé que ya contestaste esta pregunta, pero me gustaría entender mejor lo que "realmente positivo" significa para ti. Te lo pregunto de nuevo porque creo que puede haber algo más en este proceso de manejar tu propia vida.

Peter: No sé. Sólo me daría gusto ver que pude hacer que sucediera lo que tenía que ocurrir. Me daría gusto poder lograr que sucediera lo que quiero.

M: ¿Te daría gusto ver que puedes hacer que suceda lo que tiene que suceder y lo que quieres que suceda?

Trudy: Hay algo seguro. Estaría mucho más a gusto con su vida.

M: ¿Peter?

Peter: Sí, las cosas estarían mucho más cómodas.

Dado que el que nos consulten al respecto puede ser una experiencia bastante novedosa, generalmente es importante que antes de estas preguntas de evaluación, hagamos un breve resumen de los principales efectos de los desenlaces extraordinarios esbozados en la segunda etapa de la conversación. Me refiero a estos resúmenes en términos de "editoriales", pues brindan a las personas un espacio desde el cual reflexionar cuando contestan las preguntas de evaluación. Por ejemplo, en mi conversación con Peter y Trudy, antes de hacer las preguntas de evaluación, resumí brevemente los significados atribuidos a los desenlaces extraordinarios y lo que entendía eran las principales consecuencias de éstos: "Tengo una lista aquí de lo que entraña todo esto: alejarte del problema, retroceder un paso, pensar las cosas, darte cuenta que no lo necesitas, tener las cosas presentes, no dejar que se te vayan, alejarte del problema y mirar hacia delante en el camino. También tengo otra lista de algunas de las cosas que te está permitiendo, como mantener tus privilegios y evitar volverte loco y destrozar las cosas. ¿Qué te parece? ¿Qué te parece ver que esto esté sucediendo en tu vida?

En este momento también nos aseguramos que las personas puedan verbalizar las complejidades de su postura en cuanto a los procesos que son objeto de nuestra indagación: es común que asumamos que las personas evaluarían estas consecuencias como un todo positivo (cuando puede que no sea el caso), cerremos la investigación de forma prematura y sigamos con este supuesto.

Cuarta categoría de investigación: justificar la evaluación

Esta cuarta etapa muestra la investigación del "por qué" de las evaluaciones a las que las personas llegaron en estas conversaciones. Así como con el mapa de declaración de posición anterior, podemos empezar con preguntas como: ¿Por qué está bien para usted? ¿Por qué se siente así con lo que pasa? ¿Por qué toma esta postura sobre este proceso? También podemos empezar la investigación pidiendo que las personas nos compartan un relato que dé cuenta del "por qué": ¿Me podría contar una historia de su vida que me ayude a entender por qué toma esta postura? ¿Cuáles son los relatos de su historia que me podrían compartir su padre, su madre o sus hermanos o hermanas para aclarar por qué le hace tan feliz este proceso? Los siguientes extractos ilustran esta etapa de la investigación terapéutica.

Primer extracto

M: ¿Sabes por qué te hace sentir bien?

Peter: Es bueno sentir que estás llegando a algún lugar.

M: Se trata del sentimiento de llegar a algún lugar. ¿Por qué te importa llegar a algún lugar?

Peter: Porque voy a ser capaz de hacer algo de mi vida, por eso. Voy a poder decir lo que quiero y hacer algo al respecto.

M: Suenas muy claro.

Peter: Sí. Sé que voy a poder hacer que pasen cosas. Si las cosas no funcionan, el solo hecho de saberlo significa que voy a ser capaz de hacer algo al respecto.

M: Llegar a algún lugar en tu vida y tener algo que decir del rumbo que toma tu propia vida ¿ha sido importante para ti desde hace mucho tiempo?

Peter: Creo que sí. Sí, pienso que sí lo ha sido. Al menos por un año, o tal vez más, pienso.

Segundo extracto

M: Bien. Entiendo mejor lo que podría significar para ti este proceso de manejar tu propia vida. Estarías más a gusto y te alegraría ver que puedes hacer que suceda lo que necesitas y lo que quieres que suceda. Tengo una pregunta: ¿Por qué te daría gusto ver esto?

Peter: Mmm… No estoy seguro.

M: ¿Te parece si le hago esta pregunta a tu mamá?

Peter: Sí, con confianza.

M: Trudy, ¿por qué piensas que Peter consideraría que manejar su propio futuro es algo realmente positivo?

Trudy: Podría resolver mejor las cosas por sí mismo. Y además, tiene derecho a esto.

M: ¿Derecho a qué?

Trudy: Tiene derecho a manejar su propia vida. Tiene derecho a tener su propio espacio. Todo el mundo tiene este derecho, pero con frecuencia nos lo arrebatan. Sé que se lo arrebataron a Peter. Sé que no ha tenido esta oportunidad.

M: ¿Qué piensas, Peter? Tu mamá dice que pensó que dijiste que es un proceso realmente positivo porque tienes derecho a manejar tu propia vida y derecho a tener tu propio espacio. ¿Te hace sentido?

Peter: Sí.

M: ¿Por qué dirías que hace sentido?

Peter: Porque no tuve esa oportunidad de niño.

M: ¿Qué pasó?

Peter: Ah, mi padrastro me trató muy mal.
M: ¿Él te arrebató ese derecho?
Peter: Sí. Totalmente.

Al igual que con las preguntas de evaluación, suelo introducir un breve resumen antes de estas preguntas de justificación. Estos resúmenes, o editoriales, brindan un "espacio" desde el cual reflexionar y ayudan a las personas a elaborar respuestas a estas preguntas. Como mencioné en el primer capítulo, creo firmemente en el resurgimiento de las preguntas del "por qué" en nuestras conversaciones terapéuticas. Por ejemplo, fue en respuesta a una pregunta del "por qué" que Peter expresó su aspiración de influir en el curso de su futuro. Las preguntas del "por qué" abren espacios para que las personas verbalicen y desarrollen entendimientos intencionales de vida y de lo que valoran en la vida. También fue en respuesta a estas preguntas del "por qué" que Trudy valoró el concepto del "derecho" que tenemos a manejar nuestras vidas; Peter siguió desarrollando este concepto en la conversación terapéutica. Las personas se definen por sus propósitos en la vida. Cuando definimos estas aspiraciones y cuando Peter y Trudy contaron lo que valoraban, hilamos una conclusión acerca de la identidad de Peter que contradijo las conclusiones negativas conocidas y familiares que se asociaban a la trama de vida dominante.

Los entendimientos intencionales de vida y de lo que se valora en la vida pueden proveer un punto de entrada a las conversaciones de re-autoría que contribuyen al enriquecimiento de los relatos. Por ejemplo, en respuesta a las expresiones de estos entendimientos en esta cuarta etapa de investigación, podemos invitar a las personas a reflexionar y a volver a narrar los eventos de sus vidas que confirmarían la relevancia y pertinencia de estos entendimientos. En el capítulo 2 me referí a este tipo de pregunta como preguntas del "paisaje de la acción".

Quisiera agregar que nunca espero una respuesta inmediata a estas preguntas de justificación. De hecho, las personas suelen contestar que "no saben". Es lo que podemos esperar en un medio cultural donde los entendimientos internos de vida e identidad han desplazado los entendimientos intencionales, y donde se ha vuelto bastante poco común preguntarle a la gente el por qué de sus preferencias en ciertos desarrollos de sus vidas. Por lo mismo, es bastante común que las personas perciban estas consultas del "por qué" como bastante radicales y como retos importantes.

Al encontrarnos con estas respuestas de "no sé", es importante que ayudemos aún más a las personas en sus esfuerzos por contestar. Las podemos ayudar de muchas formas. Además de brindarles resúmenes que introduzcan las preguntas, las podemos invitar a ahondar en la revisión de los principales efectos de los desenlaces extraordinarios, y en la evaluación de estos efectos. Esto contribuye al desarrollo de un espacio más sólido desde el cual reflexionar cuando las personas se ocupan con estas preguntas del "por qué". Otra posibilidad para ayudar a la gente en sus esfuerzos por responder a estas preguntas es ofrecer un relato de cómo otras personas respondieron a preguntas similares: "Hace unas seis semanas me reuní con una pareja que logró una hazaña similar en sus esfuerzos por liberarse del conflicto que imperaba en su relación. Esta pareja también se entusiasmó con el resultado de esta iniciativa y cuando les pregunté por qué, me dijeron que venía de ________________. ¿Concuerda con lo que dirían ustedes de por qué les entusiasma este proceso? ¿O lo ven como algo completamente diferente?". Los relatos de las respuestas de otras personas contribuyen por lo general a que exista una base que permite que la gente conozca los "por qué" de su propia postura en cuanto a los desarrollos de sus vidas; tener un relato del por qué respecto de procesos de vida de otras personas les permite distinguir su propia posición en cuanto a desarrollos similares en sus vidas.

Como mencioné en el primer capítulo, cuando nos reunimos con niños o niñas que responden con un "no sé" a nuestras preguntas del "por qué", podemos facilitar la indagación introduciendo un juego de adivinanzas. Podemos invitar a la familia a adivinar por qué el niño o la niña prefiere ciertos desarrollos. También podemos contribuir a esta suma de hipótesis. Podemos entrevistar a la niña o al niño para saber si alguna de estas hipótesis se acerca a su sentir, y de ser el caso, podemos preguntar las palabras que usaría para desarrollar ese "por qué". Si la persona contesta que estas respuestas no se acercan ni lo más mínimo a su modo de ver las cosas, la podemos entrevistar para entender cómo lo sabe. Esto ayuda muy a menudo al niño o a la niña a poner palabras sobre su propio "por qué".

Las cuatro categorías de indagación de esta versión del mapa de declaración de posición orientan la atención de las personas hacia desarrollos de vida que podrían ser candidatos a desenlaces extraordinarios. Por supuesto, también orientan nuestra atención hacia tales desarrollos. En el contexto de esta indagación negociamos los significados de estos procesos y los cargamos de importancia. Cuando van cobrando más peso, las personas se vuelven más curiosas y a medida que se despliega la indagación, se empiezan a fascinar. Esta fascinación por lo que de otro modo hubieran dejado de lado o considerado como algo trivial contribuye a que las personas se comprometan con la indagación y respondan.

En el análisis de esta versión del mapa de declaración de posición, presenté un recuento lineal de la progresión de estas conversaciones. Sin embargo, en la práctica real, es muy raro que tengamos una progresión estrictamente lineal. Las aclaraciones que hace la gente en un momento dado de la investigación pueden provocar modificaciones o tejerse con nuevas respuestas en otro nivel de la indagación.

Las figuras 5.1 y 5.2 representan el mapeo de mis conversaciones con Peter y Trudy en el mapa de declaración de posición que describí en este capítulo.

CÓMO USAR EL MAPA DE DECLARACIÓN DE POSICIÓN A MEDIO CAMINO

Cuando las personas adoptan iniciativas en el transcurso de la conversación terapéutica, podemos consolidar estas iniciativas en un desenlace extraordinario usando la segunda versión del mapa de declaración de posición a la mitad de la consulta terapéutica.

Fue lo que hice cuando Peter articuló muy claramente que valoraba el derecho a una vida que su padrastro le había arrebatado. Fue lo que hice cuando Trudy usó palabras fuertes para hablar de lo que consideraba era su "complicidad" con esa tiranía y cuando habló de la medida en que la culpa la podría haber paralizado. Detecté en estos comentarios dos desarrollos que eran candidatos al estatus de desenlace extraordinario. Primero, Trudy reconoció ante Peter el papel que creía haber jugado en lo que él había sufrido por parte de su padrastro. Segundo, la culpa no la había paralizado como lo podría haber hecho.

Decidí consultar a Peter acerca de estas iniciativas: lo entrevisté primero sobre las consecuencias de que Trudy se negara a que la culpa la paralizase y sobre lo que pensaba de este rechazo (él lo consideró una contribución benéfica a su vida). Luego le pregunté de la iniciativa de Trudy de reconocer lo que ella creía firmemente era su "complicidad". Las cuatro categorías de indagación moldearon mis preguntas: Peter caracterizó la iniciativa de Trudy —"reconocer las cosas" y "ser honesta"—, hizo un relato de sus consecuencias, las evaluó y justificó esta evaluación con la ayuda de Trudy (si contribuía o

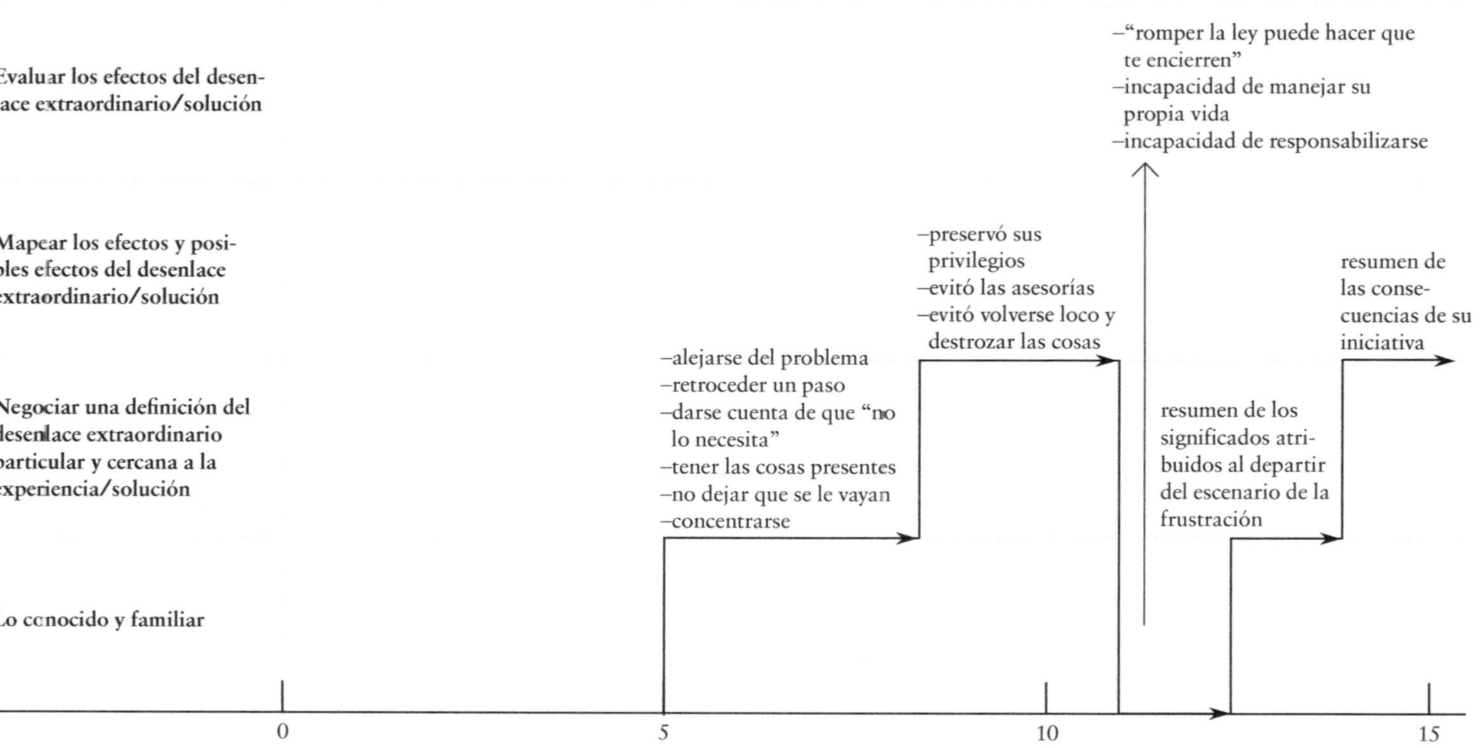

Figura 5.1. Mapeo de las conversaciones que iluminan desenlaces extraordinarios (Peter)

Figura 5.2. Mapeo de las conversaciones que iluminan desenlaces extraordinarios (Peter)

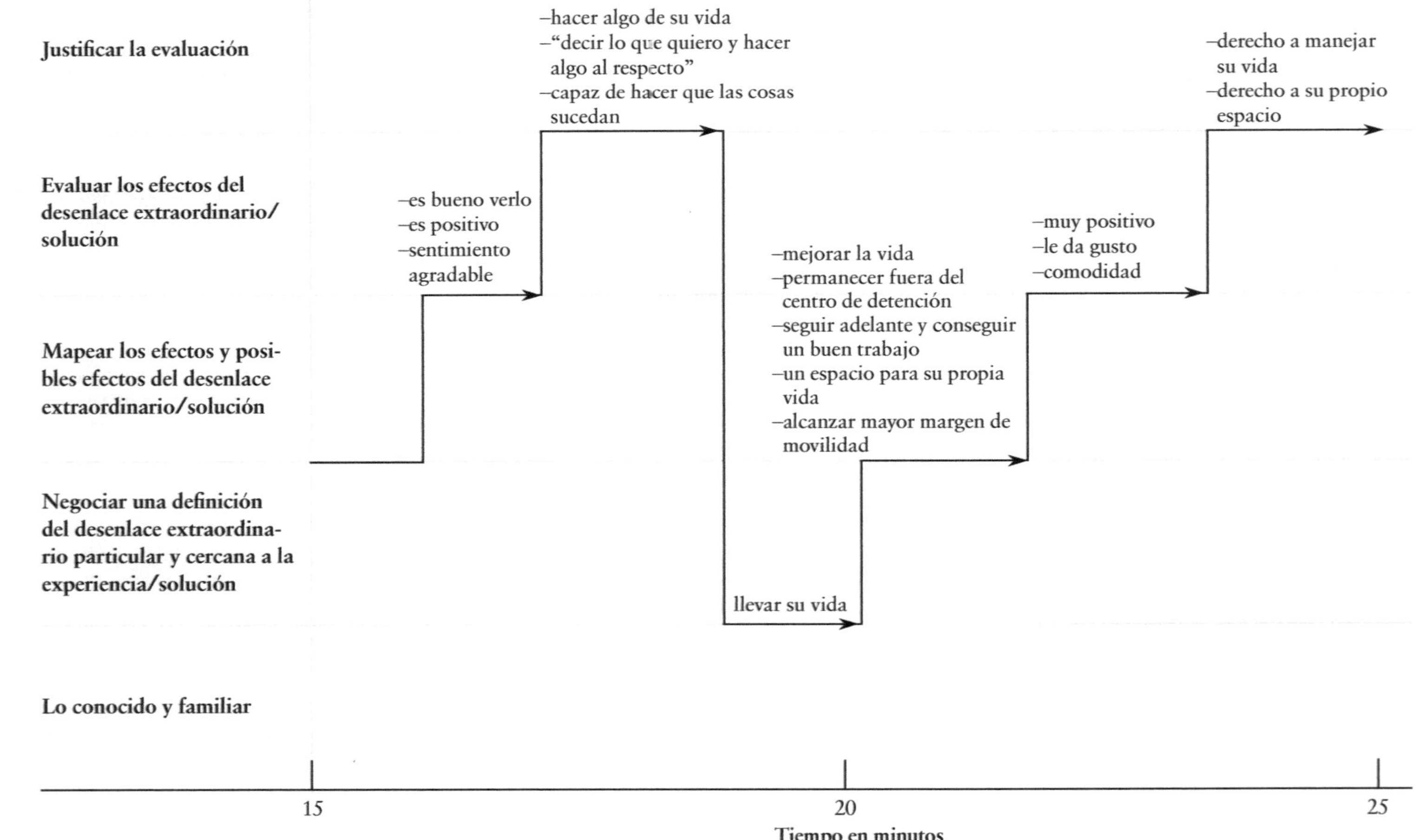

no a una sensación de seguridad que él valoraba mucho). Un resultado significativo de esto fue que al reconocer cierta responsabilidad por lo que Peter había pasado, Trudy sintió que su contribución a la vida de su hijo era muy importante.

Sigue una transcripción de esta parte de mi conversación con ellos. Ilustra el uso que hago de la segunda versión del mapa de declaración de posición cuando lo introduzco a mitad de la conversación terapéutica. La figura 5.3 sigue la transcripción y muestra mi mapeo de esta conversación.

Trudy: Tengo que decirte que me siento muy mal al respecto porque yo lo traje a la vida de Peter. Traje a ese hombre a nuestras vidas y dejé que esto siguiera. Fue complicidad de mi parte. Dios, fue horrible y siempre me sentiré culpable por eso. Sé que la culpa me pudo haber paralizado.

M: Peter, ¿cómo te sientes cuando escuchas a tu mamá hablar de lo mal que se siente por haber traído ese hombre a tu vida? ¿Cómo te sientes al escucharla decir que se siente en parte responsable de lo que pasaste y que le da mucho pesar?

Peter: Es bueno, supongo. Está bien, digo.

M: ¿Por qué bueno?

Peter: Porque es la verdad.

M: ¿Qué es lo importante para ti de esto?

Peter: Que lo reconozca.

M: ¿Qué de "reconocerlo" es importante para ti?

Peter: El ser honesta.

M: ¿"Reconocerlo" y "ser honesta" son buenas formas de nombrar el paso que está dando tu mamá?

Peter: Sí.

M: Trudy, ¿te hacen sentido estas palabras de "reconocerlo" y "ser honesta"?

Trudy: Claro. Ya era hora de que pasara. Ya nos tocaba. Ambos cargamos mucho. Yo con la culpa.

M: ¿Cómo te afecta oír la honestidad de tu mamá?

Peter: Eeh…

M: ¿Afecta tu sentir? ¿Tiene algún efecto en la conexión con tu mamá? Por ejemplo, ¿te hace sentir más cercano a ella, más distante, o ninguna de las dos cosas?

Peter: Más cercano.

M: ¿Nos podrías contar un poco más lo que te parece esta honestidad?

Peter: Me hace sentir un poco mejor con lo que pasó.

M: Un poco mejor con lo que pasó. ¿Algo más?

Peter: Sí. Me puedo relajar.

M: Esta honestidad te acerca a tu mamá, te hace sentir un poco mejor con lo que pasó y te puedes relajar. Y esto está ocurriendo ahora mismo. ¿Cómo es para ti que esté pasando ahora mismo?

Peter: Me hace un poco más feliz.

M: ¿Algo más?

Peter: No se me ocurre nada por el momento.

M: ¿Entiendes por qué te hace un poco más feliz?

Peter: Quizás porque me dice que las cosas son diferentes ahora.

M: Que…

Peter: Que no va a volver a pasar.

M: ¿Tal vez le podría preguntar a tu mamá por qué piensa que esto te hace un poco más feliz?

Peter: Adelante

M: ¿Trudy?

Trudy: Quizás porque hace que Peter se sienta más seguro. Porque le hace sentir, no sé… ¿Cómo dirías? Tal vez más seguro de nuestra conexión. Pienso que siempre hemos querido esta conexión, sin duda la he querido con él. Siempre quise este tipo de conexión con

Figura 5.3. Mapeo de las conversaciones que iluminan desenlaces extraordinarios (Peter)

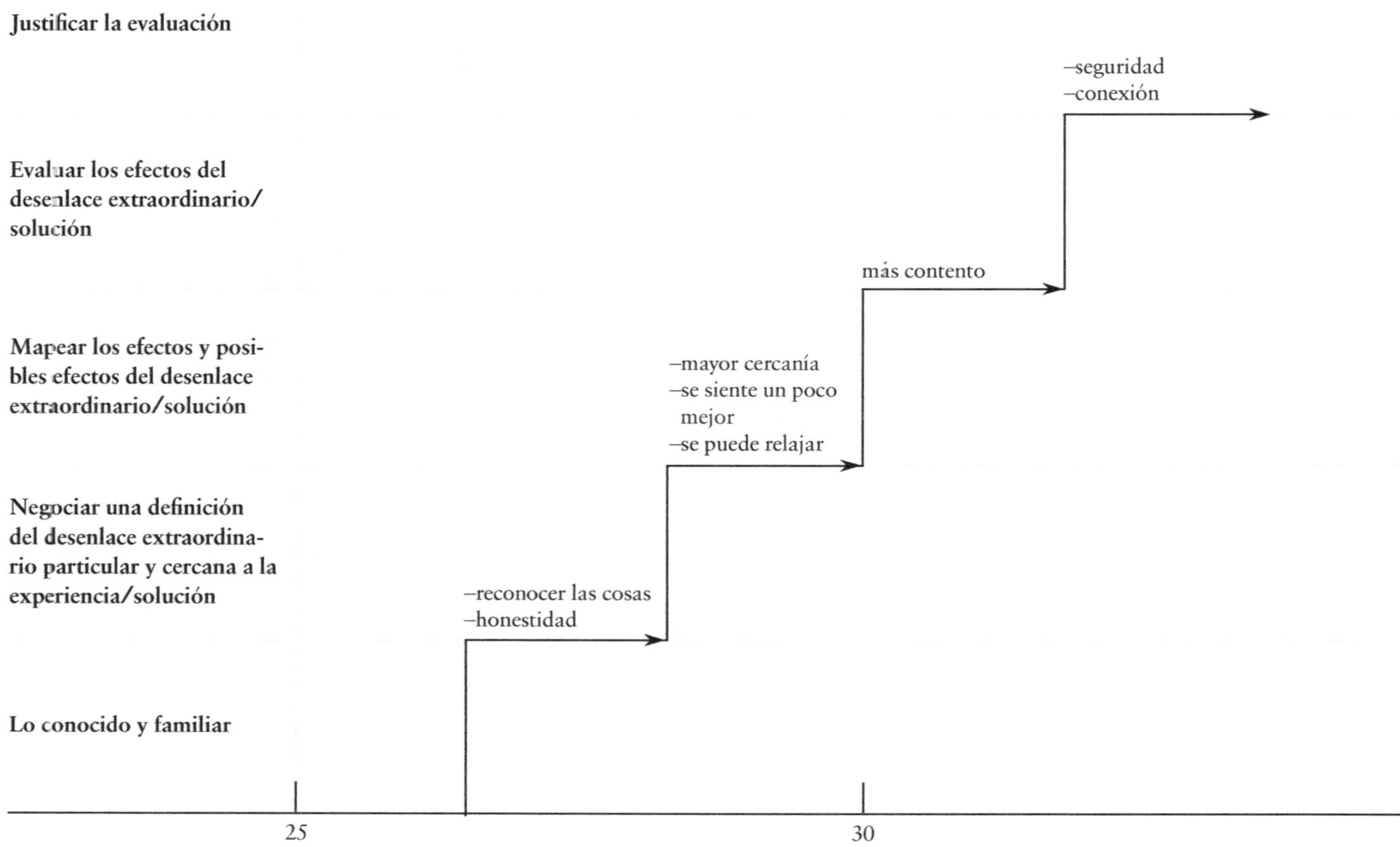

mi hijo pero todo se interpuso en el camino, incluido lo que hice al traer a este hombre a nuestro hogar.

M: Peter ¿te hace sentido lo que dice tu mamá? ¿Qué te hace un poco más feliz porque te sientes más seguro, y más seguro de tu conexión con ella? ¿Y que ambos siempre han querido esta conexión?

Peter: Claro que sí.

LA NATURALEZA DE LAS CONVERSACIONES NARRATIVAS: DEL DESENLACE EXTRAORDINARIO AL ENRIQUECIMIENTO DE LOS RELATOS

La distancia que se puede recorrer en una sola conversación terapéutica, desde el punto de partida de un desenlace extraordinario y hasta nuevos territorios de vida e identidad, es a menudo realmente asombrosa. Nunca podemos prever este destino en el inicio. En mi experiencia con estas conversaciones, la única cosa que podemos prever con toda seguridad es que el resultado desafíe cualquier predicción nuestra. Es uno de los aspectos más fascinantes de involucrarse en estas prácticas narrativas. En el contexto de estas conversaciones permanecemos "en suspenso" en cuanto al resultado. Lo único que sabemos es que cuando terminen, estaremos en territorios de vida y de identidad que no podíamos haber imaginado al principio. La transcripción que incluyo en este apartado ilustra estos dos fenómenos: la distancia que recorren las personas durante estas conversaciones y la imposibilidad de predecir el destino.

La transcripción también ilustra otro punto importante de los mapas de la práctica narrativa: las fronteras entre estos mapas suelen ser borrosas. A lo largo de este libro presenté estos mapas como entidades distintas para poderlos describir con más nitidez. Pero en la práctica, estos mapas se entremezclan. Las conversaciones narrativas no son "disciplinadas". No ocurren al modo ordenado de un libro de recetas, sino que son un tanto desordenadas. Las respuestas de la gente determinan de modo significativo nuestra participación como terapeutas en estas conversaciones. Por ello, rara vez funciona que formulemos una pregunta antes de escuchar la respuesta a una pregunta anterior. Las oportunidades que brindan las respuestas de las personas son las que determinan nuestra participación. En el siguiente extracto aparecen elementos de los mapas de re-autoría, de re-membranza y de ceremonias de definición de la práctica narrativa.

Volví a encauzar la entrevista hacia la declaración de Trudy de no haber permitido que la culpa la paralizara. Estuve abierto, curioso en cuanto a los factores que se lo permitieron —lo que hizo que resistiera a que la culpa la apresara. En respuesta, Trudy narró una crisis en su vida ocurrida unos dieciocho meses antes. Esta crisis precipitó que tomara conciencia de varias cosas y todo resultó en que se encontró a sí misma "en una encrucijada". Podía seguir dejando que la culpa paralizara su vida o "tomar otro camino" desde el cual adoptar una perspectiva "más realista" de algunas de las fuerzas en juego con respecto a las dificultades de su historia —antes no había tenido ningún control sobre estas fuerzas. En aquel momento, había "tomado la decisión correcta" y estaba decidida a que "ya nada se le podía interponer en el camino".

M: Así que para ti fue una encrucijada. De pronto tuviste otra opción para el camino que podías recorrer y elegiste tomar la decisión correcta.

Trudy: Sí, así es, exactamente.

M: Entonces ¿esta actitud de "nada se me puede interponer en el camino ahora" fue algo nuevo?

Trudy: Sí. Tengo que decir que antes, tenía una actitud como si estuviera derrotada. De verdad estaba derrotada. Ay, fue horrible. Era como una sombra que cubría todo.

M: ¿Y en los últimos dieciocho meses te agarraste de esta actitud diferente, incluso en los momentos difíciles?

Trudy: Exactamente. Aunque a veces todavía me seguí tambaleando. Pero ya no voy a dejar que se vaya.

M: Dijiste que siempre quisiste una conexión cercana con tus hijos. ¿Hay otras cosas que siempre hayas querido? ¿Otros anhelos o esperanzas importantes para ti que tus circunstancias de vida hayan frustrado?

Trudy: Sí. Claro que sí.

M: ¿Podrías hablar un poco de estos anhelos y esperanzas?

Trudy: Bueno, para empezar, como Peter, siempre quise algo mejor para mi futuro. Quise tener una vida donde hubiera más comprensión, y al menos algo de consideración. He querido una vida más tranquila, donde pudiera haber algo de respeto.

M: Anhelos y esperanzas por un mejor futuro, por una vida con más comprensión y consideración. Y una vida más tranquila donde pudiera haber algo de respeto.

Trudy: Sí. Y como Peter, quizás poder manejar mi vida. Y también tener un poco de espacio para tener mi propia vida. Es lo que siempre quise, pero no podía hacer que sucediera. Era muy frustrante.

M: ¿Estas intenciones para tu vida vienen de muy lejos?

Trudy: Sí, por supuesto que sí.

M: ¿Qué tan lejos?

Trudy: Bueno, desde niña. Sí, desde muy lejos. Siempre busqué algo diferente. No lo podría haber dicho en el camino como lo hice hoy. En ese entonces no tenía las palabras. Pero es lo que andaba buscando. Tenía mis esperanzas. Pero no tuve la oportunidad de llevarlo a cabo como quería. No tuve la libertad para eso. Ha sido muy frustrante. Por mucho tiempo sentí que me golpeaba la cabeza contra una pared.

M: ¿Hay otras personas de la familia donde creciste que compartían estas intenciones?

Trudy: No. Para nada. No había comprensión alguna. No había paciencia, ni respeto. Cada cual tenía estas opiniones fuertes y anulaba lo que pensaban los demás. Siempre trataban de invalidar al resto. Era muy difícil estar en ese lugar. Yo no quería ser parte de eso para nada. Y estoy segura de que no quería seguir con lo mismo.

M: ¿Entonces cómo te las arreglaste para mantener estas intenciones en tu vida si nadie más en la familia las apoyaba y si era tan difícil estar en ese lugar?

Trudy: Ah, no sé. Me imagino que fue resistencia. Tal vez tenía algo de resistencia.

M: Resistencia. ¿Qué sustentó esta resistencia? ¿Alguna vez alguien validó o reconoció la importancia de esas intenciones y esperanzas? ¿Hay alguien que pudiera haber compartido estas esperanzas para tu vida?

Trudy: De hecho sí hubo alguien. Tuve una abuela con quien era muy cercana. De joven pasaba mucho tiempo con ella. Era la abuela Lillian —la mamá de mi mamá.

M: ¿Cómo sabías que apoyaba estas intenciones y esperanzas de una vida diferente?

Trudy: Son cosas que sabes y ya. Realmente se preocupaba por mí. La Abuela Lillian me ayudó mucho. Le gustaba que fuera yo considerada. Nunca trató de anular lo que decía. Con ella siempre estaba bien que dijera lo que sentía. Era comprensiva y nunca me impuso su opinión.

M: ¿Durante cuánto tiempo tuviste este contacto con tu abuela?

Trudy: Ah, es una historia triste. Tendría unos diez años cuando a mi papá le salió un nuevo trabajo como empleado en una ciudad minera del norte y nos fuimos. Quería regresar con mi abuela durante las vacaciones pero mi padre no me dejaba. Decía cosas muy malas de ella. Pienso que siempre se sintió un poco intimidado por ella. Recuerdo que decía que ella interfería con "su familia". Siempre hablaba de "su familia", como si le perteneciéramos.

M: Ah, entonces nunca llegaste a…

Trudy: Recuerdo que me sentí muy triste porque me separaban de ella. Me solía mandar tarjetas y cartas, pero mi papá las confiscaba. La siguió denigrando y me di cuenta más tarde de que había devuelto casi todo el correo sin abrir, sin decirnos nada a mí ni a nadie más. Ella las guardó y mi prima finalmente me las entregó un día. Me di cuenta de que nunca se rindió. Era maravilloso tener esas cartas y tarjetas, pero también fue doloroso porque la extrañaba mucho.

M: Dijiste que te brindó comprensión y apoyo de su parte.

Trudy: Y mucho amor también.

M: ¿Sabes por qué fuiste ese foco de su comprensión, de su amor y de su ayuda? ¿Sabes lo que apreciaba de ti?

Trudy: Creo que siempre supe que me amó por quien era de pequeña. Ella nunca tuvo grandes planes para mi vida. A ella le gustaba que no fuera prepotente, la manera en que podíamos pasar el rato y no tener siempre toda esta tensión alrededor.

M: Si tu abuela Lillian pudiera estar aquí ahora y si le preguntara qué apreciaba de ti ¿qué crees que diría?

Trudy: Déjame ver… Creo que diría que era una persona más sensible. Una persona más considerada. Vio que no era una de esas personas tercas que llegan y arrasan con todo en su camino. Le gustaba que yo fuera más amable. Juntas podíamos estar relajadas.

M: ¿Sabes cómo fue para ella tenerte como nieta, esa nieta que le respondió así como lo hiciste?

Trudy: ¿Cómo fue para ella? ¿A qué te refieres?

M: Entiendo que había algo especial cuando estaban juntas y sé que esto significaba mucho para ti. Me contaste lo que apreciaba de ti. Y creo que para ella, estar contigo también tocó su vida de algún modo. ¿Cómo crees que pudo haber sido?

Trudy: Bueno, supongo que sentía que también la comprendía. Que también sentía lo que ella.

M: ¿Tienes alguna idea de cómo esto pudo afectar su vida?

Trudy: Sé que esperaba mis visitas. Cuando iba a su casa y llegaba a la puerta de enfrente, podía ver que miraba por la ventada de la cocina, que me esperaba. Así que creo que la hacía feliz de alguna manera.

M: Me gustaría preguntarle a Peter lo que escuchó de lo que hablamos, si te parece.

Trudy: Claro.

M: ¿Cómo ha sido para ti escuchar la historia de la conexión entre tu mamá y su abuela?

Peter: Bien.

M: Hay bien y bien. ¿Qué tipo de bien sería?

Peter: Está bien porque estoy teniendo una mejor imagen de las cosas.

M: ¿Y cuáles son las cosas que ves más claro?

M: Lo que les pasó a mi mamá y a mi abuela.

M: ¿Qué les pasó?

Peter: No tenían el espacio que necesitaban y querían algo mejor.

M: ¿Crees que esto concuerde de alguna manera con lo que decías de alejarte del problema, de tus derechos a manejar tu propia vida y a tener tu propio espacio? ¿O es diferente?

Peter: Sí. Diría que es más o menos lo mismo. Estamos un poco conectados.

M: ¿A qué te refieres cuando dices "estamos un poco conectados"?

Peter: Bueno, los tres tuvimos nuestros problemas y todos seguimos adelante.

M: ¿Cómo te sientes con esta conexión?

Peter: Yo no sabía eso. No sabía de la abuela Lillian.

M: ¿No sabías nada de tu bisabuela?

Peter: No. Ni siquiera sabía que tenía una abuela Lillian.

M: Trudy, ¿si tu abuela pudiera estar aquí ahora, escuchando mi conversación con Peter sobre alejarse del problema y si escuchara mi conversación contigo acerca de cómo te aferraste a lo que ambas atesoraban, ¿qué piensas que le hubiera llamado la atención? ¿Qué piensas que más le hubiese llamado la atención?

Trudy: Bueno, sé que también tuvo momentos difíciles en la familia donde creció. Ahí no había lugar para que tuviera voz en nada. Y aun así no se rindió. Siguió tratando de encontrar formas de sobreponerse a todo esto. Ya sabes, a pesar de todo encontró una manera de sobrellevar todo el desánimo, teniendo presente lo que más le importaba. Estoy segura que le hubiera llamado la atención que Peter hiciera lo mismo.

M: Le hubiera llamado la atención que Peter hiciera lo mismo. Peter ¿lo que estamos escuchando de la abuela Lillian concuerda con lo que decías de tener derecho a tu propia vida, derecho a tu propio espacio?

Peter: Sí. Supongo que aquí también somos un poco iguales. Sí, eso sería verdad.

M: Trudy, dijiste que si la abuela Lillian estuviera aquí le llamaría la atención el que Peter se alejara del problema. ¿Cómo crees que influiría en la opinión que tendría de Peter? ¿Cómo crees que afectaría su imagen de Peter como persona?

Trudy: Creo que lo vería como alguien que puede llevar las cosas hacia una dirección que le convenga más. Alguien que empieza a hallar su propio camino y que se está moviendo cada vez más hacia lo que le importa, aunque el camino sigue bastante escarpado y aunque quede mucho trabajo por hacer. Alguien que no va a dejar que eso lo haga regresar a donde estaba.

M: ¿Por qué crees que tanto le llamarían la atención lo que hace Peter por alejarse del problema?

Trudy: Por su propia lucha para liberar su vida. Ella no tuvo muchas oportunidades para manejar su propia vida y no tuvo mucho poder pero siguió intentando. Siguió tratando de crear un espacio para su propia vida. Y al final lo que cuenta son los recuerdos de ella y lo que hizo.

M: Ahora imagínate que Lillian estuviera aquí y escuchara nuestra conversación sobre tus procesos de vida y los de Peter. ¿Dónde crees que estaría en este momento en cuanto a sus pensamientos, sus sentimientos, sus entendimientos o comprensiones?

Trudy: Bueno, saber que lo que ella defendió fue lo que triunfó, que esto superó todos los esfuerzos vociferantes para controlar su vida. Saber que esto fue lo que le llegó a su bisnieto realmente le significaría mucho.

M: Entonces significaría que todas sus luchas contra lo que le hicieron pasar...

Trudy: Valieron la pena. Sí, eso es. Que todas las cosas pequeñas que hizo para que siguieran estas esperanzas, que hacer lo que quería para su propia vida, realmente valieron la pena. De hecho creo que sentiría mucho alivio.

M: Entonces a pesar de todo...

Trudy: A pesar de todas las ofensivas y atropellos, a pesar de todas las protestas y el griterío, ella logró mucho más que toda esa gente que tenía todo el poder. Sabes, se sentiría muy orgullosa de Peter.

M: ¿Se sentiría orgullosa de Peter?

Trudy: Sí. Y algo más que he pensado es que sé que ella también luchó con la culpa, y esto también le quitaría de encima el peso de la culpa. Sé que pasaría.

M: Peter, ¿cómo te sientes al escuchar esto? ¿Te interesa o no?

Peter: Claro que me interesa.

M: ¿Cuáles son las partes que te interesan?

Peter: Lo difícil que fueron las cosas para mi abuela y cómo ella no permitió que la desalentaran. Y saber que estaría orgullosa de mí.

M: ¿Qué significa para ti que tu bisabuela estuviera orgullosa de ti?

Peter: Mucho.

M: ¿Nos puedes contar un poco más de esto?

Peter: Porque me dice que le daría mucho gusto estar conmigo. Y porque somos un poco iguales. También tuve momentos un poco difíciles. No tenía el espacio que necesitaba pero me empeñé y estoy avanzando un poco. Todavía me queda camino por recorrer, pero puedo ver que estoy yendo adonde quiero estar.

Como lo ilustra esta trascripción, la distancia que pudimos recorrer en estas conversaciones es enorme. Al final, estábamos ya muy lejos de nuestro punto de partida, la acción de Peter de alejarse del problema en un momento de gran frustración. Al final de la entrevista, este acto se había vuelto sumamente simbólico de los temas de lucha y del derecho a manejar la propia vida —Peter se vinculó con las vidas de su mamá y de su bisabuela alrededor de estos temas. Estas conexiones contribuyen al enriquecimiento de los relatos donde los entendimientos intencionales y los entendimientos de lo que las personas valoran se desarrollan y se vuelven a desarrollar hasta llegar a ser temas generales de vida y de identidad. Esto permite que las personas prosigan con sus vidas, que se visibilice y alcance un rango de posibilidades de actuar coherentes con estos temas.

Este extracto también ilustra el carácter imprevisible de nuestras conversaciones. Cuando empezamos a conversar, no pude haber predicho que Peter experimentaría cómo su vida se conectaba con la de su mamá y la de su bisabuela alrededor de estos temas. Jamás pude haber previsto que se sentiría profundamente validado, que atestiguar procesos de su vida reforzaría el sentimiento de su bisabuela de que "sus luchas valieron la pena", que sus acciones le harían sentir a ella "un gran alivio" y que "se sentiría realmente orgullosa de Peter". Este reconocimiento de las contribuciones de Peter a un legado tan valioso fue muy fuerte.

Finalmente, esta conversación también ilustró que las fronteras de los mapas de la práctica narrativa se tornan borrosas. Como mencioné antes, encontramos en esta transcripción elementos de las prácticas de re-autoría, de re-membranza y de las ceremonias de definición. Por ejemplo, en lo que atañe a las conversaciones de re-membranza, enriquecimos la descripción de la contribución de Lillian a la vida de Trudy y de lo que apreciaba de su identidad. A medida que avanzaba la conversación, derivamos conclusiones del modo en que estos desarrollos en las vidas de Trudy y de Peter habrían contribuido a la vida de Lillian y de cómo habrían tocado su sentir en cuanto a su existencia. Determinamos entre otras cosas que las contribuciones de Trudy y Peter habrían validado mucho la lucha de Lillian por liberar su vida y su determinación por crear un espacio para su propia vida. Desarrollamos algunos aspectos de esta conversación de re-membranza en el contexto de una indagación terapéutica estructurada por las prácticas de las ceremonias de definición en las que invocamos la presencia de Lillian como testigo externo.

Peter no volvió a hacer estragos y consiguió liberarse del centro de detención antes de cumplir su sentencia. Muchos de los conflictos que habían caracterizado la relación entre Peter y Trudy se disiparon. Trudy decidió unirse a un grupo de mujeres que habían sufrido un trauma. Peter integró un grupo para gente joven donde, durante varios meses, desempeñó un papel preponderante. Cuando brindo esta información acerca del seguimiento, no quiero tener grandes pretensiones sobre la eficacia de mi única conversación con Peter y Trudy. Peter se reunió conmigo, siguió con Melanie, una terapeuta muy diestra y otras personas le siguieron brindando apoyo y ánimo. Lo que sí creo es que las conversaciones narrativas como las que mantuve con Peter y Trudy pueden tener un papel relevante en este tipo de resultados, aun cuando se limiten a una sola consulta.

CONCLUSIONES

Cuando escribí este capítulo no quise incluir todo lo que se podría decir del concepto de desenlaces extraordinarios o de las prácticas terapéuticas que pueden hacer que cobren mucho sentido. Existen muchas otras fuentes para extensas discusiones acerca de estos asuntos. Quise más bien brindar un recuento de los desarrollos de las conversaciones narrativas que conforman la segunda versión del mapa de declaración de posición. Este mapa orienta la investigación terapéutica que tiene el potencial de identificar en las vidas de las personas, los desarrollos candidatos a desenlaces extraordinarios y los puntos de entrada para el enriquecimiento de relatos.

A veces se asume que el enfocarse en los desenlaces extraordinarios origina un tipo de relatos de vida heroicos que reproducen concepciones de identidad altamente autónomas e independientes que aíslan a las personas y oscurecen el tejido social y relacional de sus vidas. Sin embargo, este supuesto no concuerda con lo que sé de los resultados de estas investigaciones. Al contrario, en mi experiencia esas conversaciones permiten que las personas redefinan sus relaciones con otras en modos en que se reconocen las voces de cada cual en el desarrollo de un sentido de identidad propio. Esta redefinición favorece un sentido de identidad más relacional y creo que esto se evidencia de forma muy clara en mi conversación con Peter y Trudy.

El mapa que presenté en este capítulo, como los demás mapas del libro, es una simple construcción basada en mis exploraciones de la práctica y de las ideas. No es un paso obligatorio para que las conversaciones terapéuticas contribuyan a establecer nuevas posibilidades en las vidas de las personas. Sin embargo, si decidieran usar este mapa en el contexto de su propia práctica, espero que contribuya al placer en su trabajo, como pasa conmigo.

6

Conversaciones de andamiaje

Las personas deciden ir a terapia cuando tienen dificultades para seguir con sus vidas. En estas circunstancias, por lo general ya hicieron lo que conocen, lo que les es familiar en sus esfuerzos por abordar sus problemas y preocupaciones: se involucraron en acciones que alimentan las conclusiones que les son familiares acerca de sus vidas y relaciones y los saberes de vida a los que están acostumbradas. La brecha que existe entre lo conocido y familiar y lo que la gente podría llegar a saber de sus vidas se puede considerar como "zona de desarrollo próximo".

Esta zona se puede recorrer mediante colaboraciones sociales que proporcionan el andamiaje de conversación necesario para lograr esta travesía —el tipo de andamiaje que permite recorrer esta zona con pasos manejables. En el contexto de la práctica terapéutica contribuimos de manera significativa, como terapeutas, a construir los andamios de esta zona de desarrollo próximo. También convocamos a otras personas para que participen de este proceso. Este andamiaje permite que las personas se distancien gradual y progresivamente de lo que conocen y les es familiar para alcanzar lo que podrían saber y hacer.

En esta travesía las personas experimentan una nueva sensación de agencia personal: sienten que son capaces de ordenar su vida, de intervenir para afectar su curso según lo que pretenden, y de hacerlo en armonía con sus saberes de vida y habilidades para vivir.

PETRA

Petra, una mujer joven, llegó a consulta porque su vida estaba "hecha un desastre". Después de que me contara los dilemas, aprietos y problemas con los que estaba "lidiando", empecé a indagar sobre su experiencia.

M: Así que todo esto te ha llevado a un lugar donde…

Petra: Es un lugar de desdicha. Te vine a ver porque me he sentido bastante triste. Verás, mi vida es un desastre, en serio. Ya lleva demasiado tiempo así.

M: ¿Cuánto tiempo?

Petra: Desde siempre, casi. Por lo menos así me siento.

M: ¿Ha sido más o menos una constante?

Petra: Sí, de vez en cuando pienso que empiezo a arreglar las cosas, pero en realidad es sólo una ilusión.

M: ¿Entonces has intentado muchas cosas?

Petra: Sí, bueno, a veces pienso que intento cosas, que tengo una nueva idea. Pero después todo se esfuma.

M: ¿A qué te refieres?

Petra: A veces siento que intento una nueva aproximación, ya sabes, para arreglar las cosas. Pero no funciona y luego me doy cuenta de que no era tan diferente de lo que hice antes. Es como si estuviera dando vueltas y vueltas.

M: ¿Vueltas y vueltas?

Petra: Sí, sólo termino por complicar las cosas. Pensarías que aprendo, ¿verdad? Que me vuelvo más sabia, ¿no? Pero sigo cayendo en la misma trampa una y otra vez. Es tan frustrante.

M: Y esto te deja…

Petra: Me siento totalmente derrotada.

M: ¿Has convocado a otras personas a que cotejen este modo tuyo de aprehender las cosas?

Petra: Un poco. Pero no creo que mucha gente quiera saber. De todos modos, es mi problema y la responsabilidad es mía.

M: Entonces, ¿sí hubo veces en las que conversaste lo que te está pasando con otras personas?

Petra: Un poco, pero no tiene sentido. En realidad es mi problema y sólo me avergüenza el lío en el que se encuentra mi vida.

M: ¿Y tienes que encontrar la salida por tí sola?

Petra: Bueno, sí. Es mi problema y si yo no me puedo hacer ese simple favor, ¿quién lo va a hacer por mí? No les toca a otras personas sacarme de allí. Yo soy la responsable. Si no puedo hacerlo por mí, entonces ¿soy una irresponsable? Debería de ser muy sencillo.

M: ¿Dices "irresponsable" porque tendría que ser muy sencillo hacer algo para…?

Petra: Sí, me lo digo a cada rato. Sigo pensando que tal vez así me pueda motivar.

M: ¿Pero no funciona?

Petra: Bueno, no hay ningún avance, ¿o sí? No tengo muchas esperanzas para el futuro. No llego a ninguna parte en mi vida y no creo que vaya a cambiar. Quiero decir, en el futuro.

M: ¿Miraste hacia el futuro, con la esperanza de hacer algo diferente?

Petra: Sí, eso sí estaría bueno. Pero no debería de ser tan difícil ¿verdad?

AGENCIA PERSONAL Y ACCIÓN RESPONSABLE

Cuando una persona nos consulta acerca de las dificultades y preocupaciones con las que lleva mucho tiempo, expresa a menudo mucha frustración porque sus esfuerzos por encarar estas dificultades y preocupaciones fracasaron. Para algunas personas la frustración es aún más intensa porque creen que los esfuerzos mismos por resolver estos problemas han generado más complicaciones todavía. En estas condiciones, es muy común que se reprendan por carecer de la perspicacia y sabiduría que les permitirían entender que sus iniciativas por resolver problemas no son las adecuadas y prever el modo en que estas complicaciones se desarrollan.

Cuando ocurre esto, las personas se suelen recriminar por lo que perciben como una incapacidad o incompetencia evidentes. El que busquen nuestra ayuda se toma muy a menudo como una corroboración de esta incompetencia o incapacidad; es como si confirmaran aun más que no son capaces de hacer lo que se podría esperar razonablemente de cualquier otra persona —una responsabilidad individual por resolver los problemas que afectan su vida de manera íntima y la capacidad de incidir en el rumbo que toma su vida según lo que valora.

Este tipo de conclusiones estaban muy arraigadas en Petra. Estaba sumida en una sensación de desesperanza y fatalismo. Se había convencido de que su futuro no iba a ser sino una reproducción de la vida que llevaba, tan poco satisfactoria. Y a pesar de todo, seguía expresando el sentimiento de que hacer algo por su vida "tendría que ser muy sencillo".

Y esto nos lleva a la siguiente pregunta: ¿Es tan sencillo? ¿Es sencillo tener la perspicacia y sabiduría que añora Petra? ¿Es sencillo alcanzar un nivel significativo de responsabilidad personal en nuestras vidas? ¿Es sencillo asumir acciones acertadas, autónomas e independientes, para encarar nuestras dificultades en la vida? ¿Es sencillo conformar nuestras vidas según lo que nos importa?

En nuestra cultura profesional, la respuesta a este tipo de preguntas suele ser una variante de: "Si nos basamos en una evolución "normal", podemos esperar tener la capacidad de introspección sobre nuestras circunstancias, hacernos cargo de los asuntos de vida íntimos, ser capaz de emprender acciones acertadas, autónomas e independientes para tratar las dificultades de la vida, e incidir en su configuración según lo que nos importa". Y la respuesta que suele acompañar las preguntas sobre el por qué no parece estar al alcance de muchas personas sería algo como: "La incapacidad de llegar a este punto es una señal de disfunción que se evidencia en la incapacidad de reflexionar y pensar la vida en términos abstractos, la incapacidad por entender las consecuencias de nuestras acciones, la dependencia hacia otras personas para resolver nuestros problemas, y el fracaso a la hora de incidir en la configuración de nuestras vidas. Esta disfunción está por lo general enraizada en lo psicopatológico".

Pero en realidad no es tan sencillo como parece. De hecho, las ideas acerca de disfunciones y psicopatologías oscurecen la complejidad asociada a la acción humana. Gran parte de esta complejidad surge de los contextos en los que se hallan las personas. Por ejemplo, mucha gente piensa que los caminos para expresar la agencia personal y la acción responsable son muy limitados, por estar sujetos a las "relaciones de poder tradicionales" institucionalizadas en la cultura local. Estas relaciones incluyen las relaciones de poder de desventaja, de raza, de género, de heterosexismo, de cultura, de etnicidad y demás.

Tales relaciones de poder suelen ser un factor que incide mucho en la frustración que experimentan las personas en sus esfuerzos por conformar sus vidas según lo que les es importante o cuando generan conclusiones acerca de su incompetencia y de su incapacidad. Cuando se presenta este caso, es importante que puedan reconocer plenamente estas relaciones de poder como el contexto mismo de sus experiencias y conclusiones negativas de identidad y que las ayudemos a encarar estas relaciones de poder. Es importante que puedan cuestionar las definiciones habituales de agencia personal y de acción responsable, pues en el contexto de las relaciones de poder tradicionales, las acciones que se juzgan como reflejo de la agencia personal y de la acción responsable son las que se basan en el acceso a privilegios.

Cada que consideremos las experiencias de incapacidad, de incompetencia y de fracaso, tenemos que entender también las operaciones del "poder moderno"[1] en oposición a las del poder tradicional. En el sistema de poder moderno, el control social se establece mediante la construcción de normas de vida e identidad; se incita a las personas a involucrarse en operaciones —sobre sus propias vidas y sobre las vidas de otras— que armonicen sus acciones y pensamientos con dichas normas. Por este motivo, el poder moderno es considerado como un sistema de "juicio normalizador". El concepto mismo de "acción autónoma e independiente" —y por lo tanto, la idea de una persona "real" y "auténtica"— se basan en estas normas construidas socialmente. Si la persona falla en la reproducción de estas normas, se le categoriza como "fracasada", a sus propios ojos y a los ojos de otras personas.

Muchas de las normas de la cultura occidental contemporánea veneran la idea de una personalidad exitosa, característica de un "yo encapsulado". Este concepto enfatiza una forma de autonomía, de independencia que caracterizan el autocontrol, el que la gente se tenga que auto-contener, confíe en sí misma, se motive sola y logre realizarse por sí sola. A pesar de sus esfuerzos por reproducir estas normas de personalidad exitosa, la gran mayoría de las personas experimenta en secreto la convicción de que no están tan "integradas" como lo dicen a diario ante otras. Para muchas, esta discrepancia sienta las bases para concluir su incompetencia e incapacidad. Cuando sucede esto, es importante que las personas puedan situar

---

1 Para el recuento del surgimiento del poder moderno y un análisis de las operaciones de este sistema de poder como mecanismo de control social, ver Foucault (1973, 1980).

las experiencias de fracaso personal en el contexto del juicio normalizador y encuentren ayuda para subvertir estas operaciones del poder moderno.

LA AGENCIA PERSONAL, LA ACCIÓN RESPONSABLE Y EL CONCEPTO DE DESARROLLO

He tratado hasta ahora tres perspectivas sobre la agencia personal y la acción responsable: las expresiones de agencia personal y acción responsable que resultan de un "desarrollo normal", que son una expresión del núcleo del yo como ocurre en la naturaleza humana; la agencia personal y la acción responsable como expresión de privilegio en el contexto de las relaciones de poder tradicionales, y la agencia personal y acción responsable como un constructo de las normas del poder moderno.

No pretendo ahondar aquí en estas tres perspectivas sobre la agencia personal y la acción responsable, ni en sus repercusiones en la práctica terapéutica. Ya lo hice en otras ocasiones. Más bien quiero presentar una perspectiva alterna a la agencia personal y a la acción responsable: la experiencia de agencia personal y la capacidad de acción responsable se basan en una forma peculiar de colaboración social —una colaboración social que ayuda a las personas a recorrer el espacio entre lo conocido y familiar y lo que podrían llegar a saber de sus vidas e identidades. Esta perspectiva alterna está sobre todo informada por mi propia investigación en el contexto de la práctica terapéutica. Para poder explicarla, voy a reflexionar brevemente sobre mi conversación con Petra. Empiezo por la simple observación de que ella parecía estar sumida en lo conocido y familiar en lo que atañe a su vida y que en sus esfuerzos por tratar sus dificultades en la vida, parecía estar reproduciendo lo conocido y familiar. Petra no sólo sentía que no llegaba a ninguna parte, sino que sus esfuerzos complicaban aún más las cosas. Estaba claro que en su experiencia había muy poco de agencia personal y de acción responsable.

Esta observación nos brinda una base para llegar a algunas conclusiones interrelacionadas respecto de lo que podría necesitar Petra para alcanzar a tratar las dificultades de su vida y sentir que ésta avanza. Para lograrlo, Petra tendría que:

- Apartarse de algunos aspectos de vida e identidad conocidos y familiares.
- Emprender un movimiento hacia lo que podría saber de su vida y de su identidad y hacia lo que podría hacer.
- Alcanzar a recorrer el espacio entre lo conocido y familiar y lo que podría saber y hacer.
- Encontrar el tipo de ayuda que la podría sostener en cualquier iniciativa por navegar este espacio.
- Obtener ayuda en el andamiaje de este espacio para poderlo recorrer en pasos manejables.
- Revisar su viaje por este espacio para ajustar su trayectoria.
- Identificar los aprendizajes en cuanto a lo que le importa y a lo que valora en su vida mientras recorre este espacio.
- Empezar a especular acerca de los pasos que podría dar para incidir en la configuración de su vida en modos que armonicen con los aprendizajes acerca de lo que le importa y de lo que valora.

Si Petra encontrara el tipo de colaboración social que la ayudara y contribuyera al andamiaje del espacio que existe entre lo conocido y familiar y lo que podría saber de su vida, es muy probable que se encontrara en un lugar que le permitiría empezar a dar pasos eficaces para tratar sus problemas y configurar su vida. Este resultado le brindaría un sentido de agencia personal y acción responsable, tan elusivos para ella hasta el momento.

Estos términos —distanciamiento, espacio, andamiaje, colaboración social, agencia personal y acción responsable— invocan el trabajo del psicólogo ruso Lev Vygotsky (1986), un teórico del desarrollo que se interesó mucho en el aprendizaje temprano en la niñez. Aunque en un inicio su pensamiento no guió mi exploración de las prácticas narrativas, en los últimos años muchas de sus ideas me han atraído mucho, sobre todo porque me parece que estas exploraciones de la práctica confirman sus conclusiones acerca del aprendizaje y el desarrollo. También me parece que sus ideas contribuyen a nuevas formas de entender los procesos de cambio terapéutico, destacan lo sustancial de las conversaciones narrativas y fortalecen varias de nuestras prácticas. También me parece que sus ideas contribuyen a un mayor desarrollo de algunas de mis prácticas narrativas. En el siguiente apartado examino brevemente algunas de las ideas de Vygotsky.

La zona de desarrollo próximo

Vygotsky se interesó sobre todo en la exploración del desarrollo infantil temprano. En sus investigaciones, señaló que en la gran mayoría de los casos, el desarrollo se basa en el aprendizaje. Fue un desafío para muchas de las teorías del desarrollo que imperaban en aquella época: afirmaban que el desarrollo precede al aprendizaje y que por lo tanto, el aprendizaje resulta del desarrollo de algunos imperativos genéticos o neurológicos.

Vygotsky también insistió en que el aprendizaje no se lograba desde un esfuerzo independiente, sino desde la colaboración social. Se dio cuenta de que en esta colaboración las personas adultas que cuidan a las niñas y niños y los compañeros más desenvueltos estructuraban el aprendizaje de los niños o niñas, permitiendo un movimiento desde lo conocido y familiar, desde los logros rutinarios, hacia lo que podían saber y lograr. Lo describió como un recorrido a través de una zona de aprendizaje que nombró "zona de desarrollo próximo". Esta zona es la distancia que existe entre lo que la niña o el niño pueden saber y lograr independientemente y lo que pueden saber y lograr en colaboración con otras personas.

Atravesar esta zona es una tarea importante: requiere que el niño o la niña se distancie de la inmediatez de su experiencia. Según Vygotsky, esta tarea no se puede lograr sin desmenuzarla en partes que puedan manejar los niños y las niñas. La persona adulta y los compañeros que recorrieron más camino son los que contribuyen al "andamiaje" de esta zona de desarrollo próximo. Este andamiaje anima al niño, a la niña a "ampliar" su mente y a "ejercitar" su imaginación para lograr estas tareas de aprendizaje, pero jamás en modos que requieran saltos imposibles o improbables que podrían contribuir al agotamiento o a una sensación de fracaso.

Vygotsky propuso que este distanciamiento progresivo y gradual desde lo conocido y familiar y desde la inmediatez de la experiencia es el que permite que el niño o la niña elaboren "cadenas de asociación" que tejan nexos y relaciones entre lo que de otro modo no serían más que objetos y acontecimientos indiferenciados de sus mundos. Se refirió a lo anterior como el desarrollo de un "pensamiento complejo" y mostró que el desarrollo de este pensamiento complejo sienta las bases para elaborar "conceptos" acerca de la vida y la identidad. El desarrollo de conceptos sobre la vida implica que las personas ahonden en el significado de algunas palabras que los escinden de experiencias concretas y específicas. Por ejemplo, en la vida de Amy, la palabra "amiga" significa "Mary, que vive al lado" y Mary no podría hacer gran cosa para alterar esta definición. Con el tiempo y el desarrollo del significado de la palabra "amiga", se abstrajo la amistad y se volvió un concepto: Amy pudo discernir las acciones de Mary que transgredían la amistad y responder en consecuencia.

Este desarrollo conceptual permite que las personas regulen sus vidas: que influyan de modo deliberado en sus propias acciones, intervengan en sus vidas para orientar el curso de los acontecimientos y resuelvan problemas. Según esta forma de entender las cosas, las acciones consideradas como responsables y autónomas se sustentan en la colaboración social. El desarrollo de este auto-regularse refleja lo que Vygotsky refirió como "dominio de uno mismo". Empleaba este término de un modo muy similar al uso que hago del concepto de "agencia personal".

Lo que sigue es un resumen de las principales ideas de Vygotsky sobre la zona de desarrollo próximo y acerca del aprendizaje. La investigación de Vygotsky buscaba develar el génesis del aprendizaje y lo llevó a las siguientes conclusiones:

- El aprendizaje resulta de la colaboración social y no de un esfuerzo individual ni del desenvolvimiento de cualquier proceso biogenético incrustado en la programación física. En esta colaboración social, las personas adultas calificadas que cuidan y los compañeros y compañeras que más camino recorrieron brindan tareas de aprendizaje que están al alcance del niño, de la niña y no le requieren grandes esfuerzos.
- Los niños o niñas tienen la oportunidad de distanciarse de la inmediatez de su experiencia del mundo gracias a estas tareas de aprendizaje. Es un movimiento hacia lo que podrían saber y hacer en colaboración con otras personas.
- Este movimiento recorre la zona de aprendizaje llamada "zona de desarrollo próximo". Esta zona corresponde a la distancia entre lo que el niño o la niña puede saber y lograr por su

cuenta y lo que puede saber y alcanzar en colaboración con otras personas. Según Vygotsky (1986, p. 86), la zona de desarrollo próximo es "la distancia entre el nivel de desarrollo en curso, determinado por la resolución independiente de problemas y el nivel de desarrollo potencial determinado por la resolución de problemas con la orientación de una persona adulta o en colaboración con compañeros y compañeras más experimentadas".

- En el movimiento por recorrer esta zona, ocurre un desplazamiento que parte de la recolección de objetos y sucesos del mundo —se reúnen objetos y sucesos diversos bajo un nombre común— para tejer estos objetos y sucesos del mundo en cadenas de asociación o en complejos que los vinculan y relacionan entre sí.

- Existen varios niveles en el desarrollo de estos complejos y cadenas de asociación, que van de la unificación preliminar de objetos y sucesos desde la mayor semejanza entre estos objetos y eventos hasta su agrupamiento en torno a un atributo único (por ejemplo objetos redondos u objetos planos).

- El desarrollo del pensamiento complejo permite la elaboración de "conceptos". Según Vygotsky (1986, p. 135), el desarrollo conceptual "presupone algo más que la unificación. Para llegar a dicho concepto, también es necesario abstraer algunos elementos, destacarlos y mirar los elementos abstraídos apartados de la totalidad de la experiencia concreta en la que están incrustados".

- El desarrollo del concepto permite que el niño o la niña intervenga en la conformación de sus acciones e incida en la configuración de su propia vida. Según Vygotsky, el niño, la niña, pueden a raíz de este desarrollo operar con estos conceptos a voluntad y según lo requiera la tarea —están conscientes de estas operaciones—, las entienden como procesos específicos. En términos del autor, este desarrollo es el que lleva a la persona a un cierto dominio de sus funciones intelectuales. Vygotsky afirma que este desarrollo conceptual permite que surjan "la atención deliberada, la memoria lógica, la abstracción, la habilidad por comparar y diferenciar". Si nos basamos en los términos que usé en este capítulo, podemos considerar este desarrollo del pensamiento conceptual como la base de la "agencia personal": las niñas o niños empiezan a habitar sus propias vidas gracias al desarrollo del pensamiento conceptual.

• La evolución del lenguaje y del significado de las palabras es crucial para el desarrollo conceptual, el camino hacia la formación de conceptos pasa por el desarrollo del significado de las palabras. Vuelvo a citar a Vygotsky (1986, p. 107):

> Cuando el niño o la niña aprenden una nueva palabra, el desarrollo de ésta apenas empieza; mientras el intelecto se desarrolla, la palabra es sustituida por generalizaciones de un tipo más y más elevado —el proceso termina en la conformación de verdaderos conceptos [...] No se pueden elaborar conceptos reales sin palabras y no se puede pensar en conceptos sin pensamiento verbal. Por lo mismo, el movimiento central y las causas que generan la formación de conceptos radican en un uso específico de las palabras empleadas como herramientas funcionales.

LA ZONA DE DESARROLLO PRÓXIMO Y LA PRÁCTICA TERAPÉUTICA

Aunque la investigación de Vygotsky se haya enfocado en el desarrollo temprano en la niñez, me parece que sus conclusiones acerca del aprendizaje y el desarrollo son relevantes para cualquier etapa o edad.

Además, creo que estas conclusiones son pertinentes para entender y desarrollar prácticas terapéuticas más eficientes.

Como comenté al inicio de este capítulo, la "zona de desarrollo próximo" no se puede recorrer sin que alguien acompañe la conversación y brinde el andamiaje que permita que las personas vayan dando pasos más moderados, más medidos. En el contexto de la práctica terapéutica, contribuimos de modo significativo al andamiaje de la zona de desarrollo próximo, junto con otras personas que convocamos. El distanciamiento gradual y progresivo de lo conocido y familiar no significa que la persona se tenga que deslindar de su vida; sienta las bases para que esta persona desempeñe un papel más significativo a la hora de moldear el curso de su propio desarrollo y habite de este modo su vida de forma más plena.

Influido por las ideas de Vygotsky, desarrollé un mapa de "conversaciones de andamiaje" estructurado en cinco categorías de investigación.[2] Este mapa se puede usar como guía para desarrollar conversaciones terapéuticas que faciliten movimientos graduales y progresivos a través de la zona próxima de aprendizaje. Las categorías de investigación de este mapa establecen tareas de aprendizaje específicas, que defino como sigue:

- *Las tareas de distanciamiento de nivel bajo,* que ayudan a las personas a llegar a distanciarse ligeramente de lo conocido y familiar y de la inmediatez de la experiencia en cuanto a los

---

2 Desarrollé el mapa de conversaciones de andamiaje descrito en este capítulo en la interfaz entre la práctica y las ideas. Aunque las categorías de tareas de distanciamiento representadas en este mapa estén moldeadas por el pensamiento de Vygotsky, las elaboré de un modo relativamente arbitrario. Desarrollé otras versiones de este mapa y algunas tenían más capas. Algunas incluían, por ejemplo "las tareas de nivel de distanciamiento muy bajo" que animan a las personas a discernir sucesos específicos de su mundo que contradigan lo que les es conocido y familiar.

sucesos del mundo que las rodea. Estas preguntas las alientan a significar sucesos de su mundo que no les son familiares o que no habían nombrado. Estas preguntas las invitan a caracterizar estos sucesos.

- *Las tareas de distanciamiento de nivel medio*, que ayudan a las personas a llegar a distanciarse medianamente de lo conocido y familiar y de la inmediatez de su experiencia en cuanto a los sucesos del mundo que las rodea. Estas tareas las animan a relacionar algunos eventos de su mundo y a desarrollarlos en cadenas de asociación que establezcan nexos y relaciones entre esos eventos. Estas tareas también fomentan la comparación y la categorización de los sucesos del mundo de la persona y la animan a establecer distinciones en lo que atañe a similitudes y diferencias.

- *Las tareas de distanciamiento de nivel medio alto*, que ayudan a las personas a distanciarse aún más de lo conocido y familiar y de la inmediatez de su experiencia de los sucesos del mundo que las rodea. Estas tareas animan a las personas a reflexionar, a evaluar, a darse cuenta de ciertas cosas y a aprender de esas cadenas de asociación.

- *Las tareas de distanciamiento de nivel alto*, que ayudan a las personas a distanciarse bastante de lo conocido y familiar y de la inmediatez de su experiencia de los sucesos del mundo que las rodea. Estas tareas las invitan a elaborar conceptos de vida y de identidad abstrayendo lo comprendido y aprendido de sus circunstancias específicas y concretas.

- *Las tareas de distanciamiento de nivel muy alto*, que ayudan a las personas a distanciarse mucho de la inmediatez de su experiencia de los sucesos del mundo que las rodea. Estas tareas las animan a desarrollar propuestas para seguir en armonía con los conceptos de vida y de identidad recién desarrollados, a predecir los resultados de las acciones que se propusieron, a planear dichas acciones y a ponerlas en marcha.

Estas categorías de investigación juegan un papel muy importante en el andamiaje de la zona entre lo conocido y familiar y lo que se puede conocer y hacer. Por ejemplo, para Peter (ver Capítulo 5), lo conocido y familiar era que él era un joven por lo general incapaz de reflexionar sobre su vida, que no podía prever las consecuencias de sus actos ni responsabilizarse. Se entendía que no era capaz de conceptualizar, que carecía de la capacidad de pensar en términos abstractos. En la primera parte de nuestra conversación, configurada por la versión del mapa de declaración de posición dos, Peter y Trudy tuvieron la oportunidad de distanciarse de lo que les era conocido y familiar y de desarrollar un relato de lo que podrían saber de la vida de Peter, de su identidad y lo que podría hacer.

La categoría de exploración "negociar una definición particular y cercana a la experiencia del desenlace extraordinario" establece una "tarea de distanciamiento de nivel bajo" ya que anima a las personas a caracterizar algunos de los sucesos de su mundo que no les son familiares o que no han nombrado. La categoría de exploración "mapeo de los efectos del desenlace extraordinario" establece una "tarea de distanciamiento de nivel medio" ya que anima a la gente a tejer algunos eventos específicos de su mundo en cadenas de asociación que establezcan lazos y relaciones entre estos sucesos. La categoría de investigación "evaluación de los efectos del desenlace extraordinario" establece una "tarea de distanciamiento de nivel medio alto" al alentar a las personas a reflexionar, a evaluar y a sacar conclusiones y aprendizajes de estas cadenas de asociación. En cuanto a la categoría de investigación "justificación de la evaluación", establece una "tarea de distanciamiento de nivel alto" ya que anima a las personas a elaborar conceptos de vida y de identidad, abstrayendo esos saberes y aprendizajes de sus circunstancias concretas y específicas.

Las figuras 6.1 y 6.2 diagraman la conversación con Peter y Trudy (ver Capítulo 5) en el mapa de conversaciones de andamiaje que describo en este capítulo. Fue en el contexto del andamiaje de esta zona entre lo conocido y familiar acerca de su vida y de lo que podría conocer y hacer, que Peter alcanzó a concebir una relación entre algunas acciones específicas y las consecuencias de estas acciones (o sus posibles consecuencias). También pudo verbalizar algunas reflexiones cruciales sobre su existencia y elaborar conceptos de vida y de identidad al abstraer ciertos saberes y aprendizajes de sus circunstancias concretas y específicas. Esto contradijo de un modo muy fuerte lo conocido y familiar acerca de su vida y de su identidad: el que no fuera capaz de prever las consecuencias de sus actos, el que por lo general no fuera capaz de reflexionar sobre su vida y el que fuera incapaz de conceptualizar.

Estos desarrollos no fueron logros independientes sino que resultaron de una colaboración social entre Peter, Trudy, Melanie y yo. Esta colaboración solidaria generó el ambiente propicio para que manejáramos una serie de tareas de aprendizaje. El que logremos la capacidad de prever las consecuencias de nuestras acciones, reflexionar sobre desarrollos específicos de nuestras vidas y desarrollar conceptos de vida e identidad mediante la abstracción de aprendizajes y saberes sobre nuestra vida depende de esa colaboración social y del lenguaje.

En este movimiento hacia el desarrollo del concepto, el lenguaje es esencial. Por ejemplo, Peter conocía la palabra libertad pero no la había desarrollado en un concepto. En mi encuentro con Peter y Trudy, desarrollamos y volvimos a desarrollar el "significado de la palabra" libertad y durante este proceso lo abstrajimos de sus circunstancias concretas y específicas para que se volviera un concepto

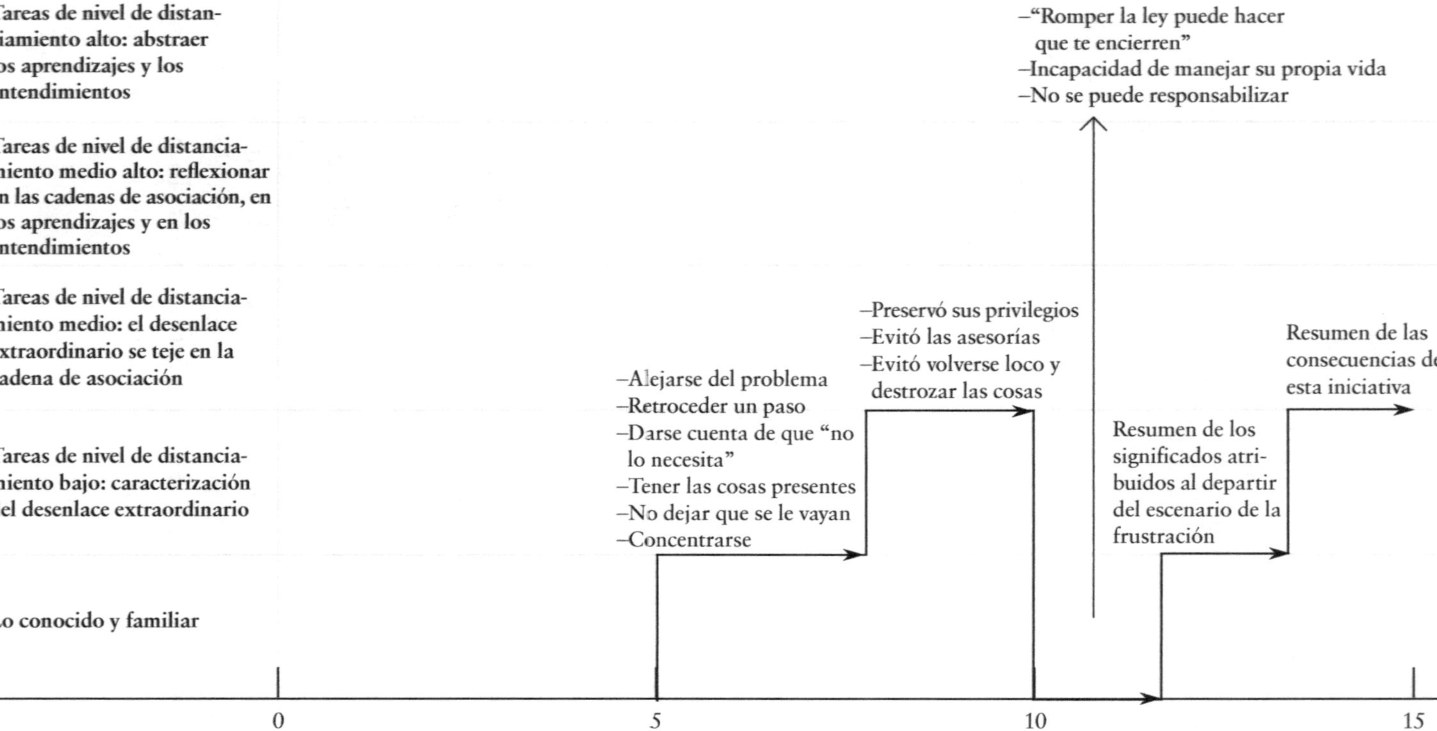

6.1. Conversaciones de andamiaje (Peter)
Lo que puede llegar a conocer
Tareas de nivel de distanciamiento muy alto: planes para actuar
Tareas de nivel de distanciamiento alto: abstraer los aprendizajes y los entendimientos
Tareas de nivel de distanciamiento medio alto: reflexionar en las cadenas de asociación, en los aprendizajes y en los entendimientos
Tareas de nivel de distanciamiento medio: el desenlace extraordinario se teje en la cadena de asociación
Tareas de nivel de distanciamiento bajo: caracterización del desenlace extraordinario
Lo conocido y familiar
–Alejarse del problema
–Retroceder un paso
–Darse cuenta de que "no lo necesita"
–Tener las cosas presentes
–No dejar que se le vayan
–Concentrarse
–Preservó sus privilegios
–Evitó las asesorías
–Evitó volverse loco y destrozar las cosas
–"Romper la ley puede hacer que te encierren"
–Incapacidad de manejar su propia vida
–No se puede responsabilizar
Resumen de los significados atribuidos al departir del escenario de la frustración
Resumen de las consecuencias de esta iniciativa
0
5
10
15
Tiempo en minutos

6.2. Conversaciones de andamiaje (Peter)

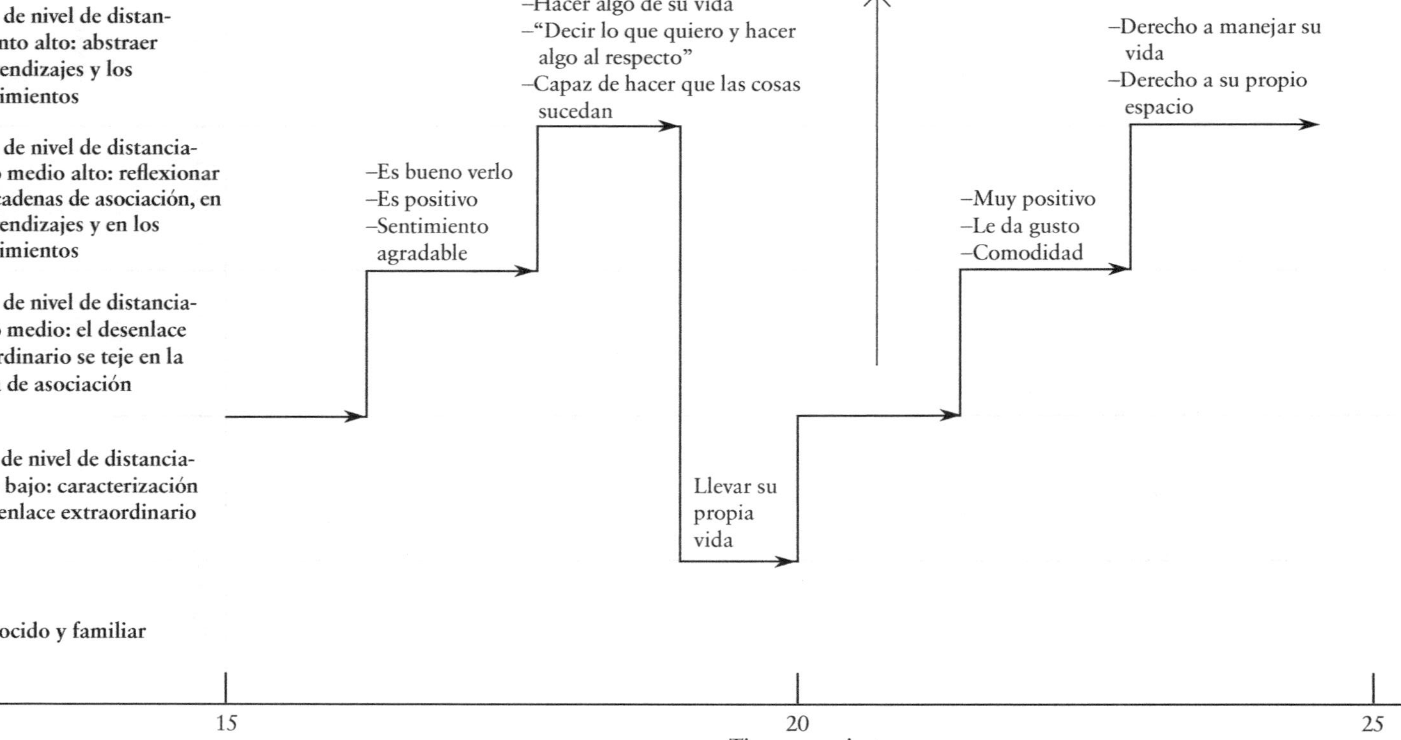

que pudiera orientar su vida. Esta conformación de conceptos es la que establece lo que Vygotsky refirió como el "dominio de las funciones intelectuales". También es el fundamento de lo que llamo agencia personal y acción responsable.

Según esto, la agencia personal no es el mero resultado de la naturaleza humana o del hecho de que se libere esta naturaleza humana. Tampoco es el producto de alguna exigencia del proceso de desarrollo. Lo esencial, para alcanzar la agencia personal y la acción responsable, es la colaboración social en la construcción de significado.

RESPONSABILIDADES DE QUIENES EJERCEMOS LA TERAPIA

He propuesto que las ideas de Vygotsky sobre aprendizaje y desarrollo tienen el potencial de contribuir a modos de entender el cambio terapéutico en general, de aclarar lo que importa en las conversaciones narrativas y de ayudar a desarrollar nuestras prácticas. Expuse además lo que dijo de los orígenes sociales y relacionales del desarrollo conceptual y de este último como fundamento para el "dominio" y el "regularse". Estas consideraciones nos animan a reconocer y a honrar la responsabilidad muy especial que tenemos como terapeutas de brindar las condiciones adecuadas para que las personas que llegan a consulta desarrollen el sentido de agencia personal.

Reconocer que nuestra tarea es la de construir el andamiaje de la zona de desarrollo próximo es algo importante si queremos honrar esta responsabilidad. Desde esta perspectiva, si la persona responde a la exploración terapéutica diciendo que no sabe —"no conozco la respuesta", "no sé cómo responder"—, debemos dirigir nuestra atención hacia nuestra responsabilidad por contribuir al andamiaje de la conversación. Si consideramos esta responsabilidad, podríamos retroceder un nivel en la dimensión vertical de nuestra investigación para que las personas que nos consultan desarrollen un espacio de reflexión que les permita responder al siguiente nivel de investigación. También podríamos ayudarlas a explorar una dimensión horizontal, invitando quizás a otras personas a especular sobre respuestas apropiadas a las preguntas que desencadena esta investigación, o brindando relatos de los modos en que otras personas que lidiaban con dificultades similares respondieron a estas preguntas. Podemos invitar a las personas que nos consultan a reflexionar al respecto.

También tenemos la responsabilidad de no caer en la trampa de concluir que a la persona que acude a consulta "simplemente le falta motivación", que es "irresponsable y ya", que "se resiste", que "no puede prever las consecuencias de sus actos" ni "reflexionar sobre su comportamiento", que "no es capaz de conceptualizar" o que "no logra pensar en términos abstractos". En realidad, que lleguemos a estas conclusiones puede servir para llamarnos la atención: reflejan el grado en que la persona está enredada en lo conocido y familiar y no está experimentando el tipo de colaboración social que podría servir de andamiaje para su zona de desarrollo próximo. Es un aviso de que no hemos estado presentes del todo en cuanto a nuestras habilidades de andamiaje, o que llegamos en nuestra consulta al límite de estas habilidades con algunas personas en particular y en cuanto a temas específicos. Si reconocemos que llegamos a estos límites, tenemos que detenernos para explorar formas de rebasarlos.

LAS CONVERSACIONES DE EXTERNALIZACIÓN DESDE LA PERSPECTIVA DEL MAPA DE CONVERSACIONES DE ANDAMIAJE

En el último apartado de este capítulo, brindo un ejemplo de una conversación de externalización y un recuento de su evolución desde la perspectiva del mapa de andamiaje. Me parece que esta segunda perspectiva amplía mi entendimiento de los procesos asociados a las conversaciones de externalización y sirve como guía para desarrollar estas conversaciones.

Acordé reunirme con Jack, que tenía trece años, con Abby, su madre y con Neil, su padre, a petición de un trabajador social. Esta persona formaba parte de una de las dos agencias que habían estado muy involucradas con Jack y su familia. Jack tenía problemas en casi todos los ámbitos de su vida: con las autoridades de la escuela, con sus pares, con la policía y con su familia. Sus acciones precipitaron una crisis tras otra y sus padres consideraban que el único camino posible era buscarle un hogar de acogida o ingresarlo a alguna institución.

Muchas de las crisis ocurrían por la violencia de Jack, violencia que se solía dirigir hacia su madre y hacia sus hermanos, aunque poco tiempo atrás también había amenazado a su padre. La mayor parte de la gente consideraba que Jack como un niño que no podía reflexionar sobre su comportamiento, incapaz de responsabilizarse por sus actos, con habilidades verbales limitadas y sin motivación alguna por resolver su situación.

Desde el inicio de nuestro encuentro, Jack no parecía estar interesado en absoluto por participar en la conversación. Mientras, Abby y Neil me pusieron al corriente de sus preocupaciones, de las últimas crisis, y de las preguntas que tenían acerca de la permanencia de Jack en el hogar. Abby contó su sensación de fracaso como mamá y expresó estar preocupada por el que los hermanos menores de Jack no tendrían ningún buen recuerdo de esta etapa de vida. También habló de lo mucho que Jack la había herido, tanto física como emocionalmente. Neil expresó estar muy frustrado y habló de lo inútil que se sentía en sus esfuerzos por calmar las acciones negativas de Jack. Creía que Jack rechazaría cualquier intento por desarrollar una buena relación padre/hijo.

Jack permanecía impasible ante los relatos de Abby y de Neil, a pesar de que corroboró algunos detalles de sus comentarios. En respuesta, decidí tratar de involucrarlo en una conversación acerca del modo en que estos actos de violencia afectaban su propia vida: empecé por preguntarle cómo podríamos caracterizar estos actos. Después de explorar un poco este aspecto, escogió definir la violencia como "lo agresivo".

Según el mapa de declaración de posición, esta forma de definir la violencia resultó de "negociar una definición del problema particular y cercana a la experiencia". Según el mapa de conversaciones de andamiaje, era una "tarea de distanciamiento de nivel bajo".

En los veinte minutos que siguieron, Jack determinó con mi ayuda que entre otras cosas "lo agresivo" destruía su educación, lo excluía de su familia, minaba sus fuerzas, dominaba su vida de varios modos y despertaba en su corazón un sentimiento de pérdida. Según el mapa de declaración de posición, establecimos los vínculos entre "lo agresivo" y sus consecuencias al involucrar a Jack en el "mapeo de los efectos del problema" en varios campos de su vida. Según el mapa de conversaciones de andamiaje, establecimos estas conexiones en respuesta a la introducción de "tareas de distanciamiento de nivel medio". Por lo que entiendo, tejer estos actos de violencia con esos otros sucesos de su vida en una cadena de asociación fue, en sí, un logro importante para Jack.

Luego lo alenté a reflexionar sobre estas consecuencias y a evaluarlas. Si seguimos el mapa de conversaciones de andamiaje, establecimos una serie de "tareas de distanciamiento de nivel medio alto". Después invité a Jack a que "justificara estas evaluaciones". Según el mapa de conversaciones de andamiaje, establecimos una serie de "tareas de distanciamiento de nivel alto". Esperaba que este andamiaje lo ayudaría a formular entendimientos intencionales acerca de su vida y de lo que valoraba. Además, esperaba que estos entendimientos se desarrollarían hasta llegar a ser conceptos sobre la vida y la identidad. El siguiente extracto de la transcripción de mi encuentro con Jack y sus padres ilustra mi papel en el andamiaje de esta conversación y el grado al que alenté a Abby y a Neil a participar. El fragmento muestra el andamiaje de las tareas de nivel de distanciamiento medio alto y alto. La figura 6.3 de la página 326 muestra cómo plasmé esta conversación en el mapa de conversaciones de andamiaje.

M: De lo que escuché aquí, entiendo que "lo agresivo" te aleja de tu familia.

Jack: Sí.

M: "Alejar" es una palabra que usó tu mamá. ¿Esta palabra te sirve o hay alguna otra que funcionaría mejor?

Jack: ¿Cómo qué?

M: Como "separarte" de tu familia. O "escindirte" O "destruir tu conexión." O…

Jack: Me escinde.

M: ¿Por qué dices que "te escinde"?

Jack: Porque las cosas sólo se destrozan entre mí y el resto de la gente.

M: "Lo agresivo" destroza las cosas entre tú y el resto y ¿esto te escinde?

Jack: Sí.

M: ¿Y qué te parece todo esto?

Jack: ¿El qué?

M: Escindirte de tu familia. ¿Está bien para ti? ¿Te parece bien que las cosas se destrocen entre ti y tus padres? ¿Y con tus hermanos y hermanas?

Jack: No, no es muy bueno.

M: No es muy bueno. ¿Estás a gusto con que las cosas no estén muy bien?

Jack: Me importa.

M: ¿Por qué? ¿Por qué quieres ser parte de la familia?

Jack se encoge de hombros.

M: Me imagino que tendrás tus razones. Sólo que no sé cuáles son.

Jack: Uno de mis compañeros está sin su familia.

M: ¿Y es un problema para él?

Jack: Ni idea, pero no quisiera estar en su lugar.

M: ¿Por qué?

Jack: Porque está metido en un montón de cosas que lo van a hundir. Yo no quiero eso.

M: Bien. Entiendo que no quieres una vida como la de tu compañero, pero sigo sin entender por qué quisieras ser parte de esta familia. ¿Perderías algo si estuvieras escindido de tu familia? ¿Dejarías atrás algo que es importante para ti? ¿Se alejaría de tu vida algo que quieres o que aprecias?

Jack se encoge de hombros.

M: ¿Te parece si le pregunto a tu mamá y a tu papá lo que piensan de esto?

Jack: Está bien.

M: ¿Ustedes qué creen? ¿Por qué creen que a Jack le preocupa estar escindido de la familia?

Abby: Porque no habría ningún lugar donde encajara de verdad. No hay ningún otro lugar en su vida en el que se podría sentir a gusto siendo él mismo y nada más.

M: ¿Ha sido importante para ustedes en lo personal?

Abby: Claro que sí. Sentir que te necesitan y que te quieren son las cosas más importantes que se me ocurren. Es otra de las razones por las que me pongo tan triste cuando veo lo que pasa con la vida de Jack.

M: Neil, ¿tú qué opinas?

Neil: Estoy de acuerdo con Abby. Si Jack no fuera parte de esta familia, no pertenecería a ningún lugar. Y sería muy triste, creo.

M: Entonces, piensas que si no pertenecemos a lugar alguno podemos sentirnos muy mal. ¿De dónde viene esa idea?

Neil: He tenido momentos muy duros en la vida en los que sentí que pertenecía a ningún lugar y fue el peor sentimiento que he tenido. Sentir que perteneces a algún lugar tiene que ser algo que cualquier persona desea, de un modo u otro aunque sea. Pertenecer a algún lugar debe ser lo primero.

M: Jack, ¿qué piensas de lo que dicen tus papás?

Jack: Lo que papá dijo sobre pertenecer. Es cierto.

M: ¿Sabes por qué la palabra "pertenecer" te hace sentido?

Jack: Supongo que simplemente cuadra. Es como estar conectado con algo.

M: Pertenecer cuadra porque…

Jack: Quiero una buena vida.

M: Podríamos decir que pertenecer es importante para ti porque es importante estar conectado y que te puede dar una buena vida.

Jack: Sí.

M: ¿Y cómo es una buena vida?

Jack: Una vida donde haya buenas cualidades.

El que Jack usara la palabra "pertenecer" para describir lo que valoraba significó un paso hacia adelante en el desarrollo del significado de una palabra con la que estuviera más o menos familiarizado. Regresamos a esta palabra y volvimos a reflexionar sobre ella durante nuestra conversación. Más adelante, cuando invité a Jack a revisar las consecuencias de "lo agresivo", pudimos ver que se expandía este significado. En aquel momento, su respuesta fue que "lo agresivo" estaba "destrozando su pertenencia". Aquí la "pertenencia" se abstrajo claramente —Jack lo había disociado de las circunstancias concretas y específicas de su vida— y estaba llegando a tener un estatus de concepto.

Al final de esta entrevista Jack había contado varios relatos de lo que pretendía para su vida y de lo que apreciaba. En los ocho encuentros que siguieron —en algunos participó toda la familia y en unos cuantos participaron testigos externos—, desarrollamos el significado de estas palabras que definían lo que Jack pretendía para su vida y lo que valoraba para llegar a conceptos acerca de la vida y de la identidad. Estos conceptos se volvieron principios de vida y Jack logró una plataforma para reinterpretar algunos de los sucesos de su historia reciente y para especular sobre posibles acciones —acciones que serían congruentes con estos conceptos y que le permitirían encarar las preocupaciones acerca de su violencia y las dificultades en su vida. Gracias a estos encuentros Jack se volvió más elocuente en cuanto a asuntos que concernían su vida y sus relaciones, desarrolló la capacidad de predecir las consecuencias de sus acciones, se entusiasmó con la idea de conformar su propia vida y desarrolló la capacidad de actuar para lograrlo. Entre otras cosas, se apartó de la violencia y se entusiasmó con la idea de desagravio. A los 18 meses de seguimiento supe que aparte de un par de contratiempos menores, estos logros seguían en pie.

El andamiaje de estas conversaciones terapéuticas brindó una serie de "tareas de aprendizaje" que ayudaron a Jack y a su familia a recorrer la zona entre lo que conocían y lo que les era familiar de la vida de Jack y de su identidad (el que era un niño que, entre otras cosas, carecía de introspección en cuanto a su comportamiento, incapaz de responsabilizarse por sus acciones, que tenía habilidades verbales limitadas y a quien le faltaba la motivación por resolver sus problemas), lo que podían saber de su vida y de su identidad y lo que él podía hacer.

6.3. Conversaciones de andamiaje (Jack)

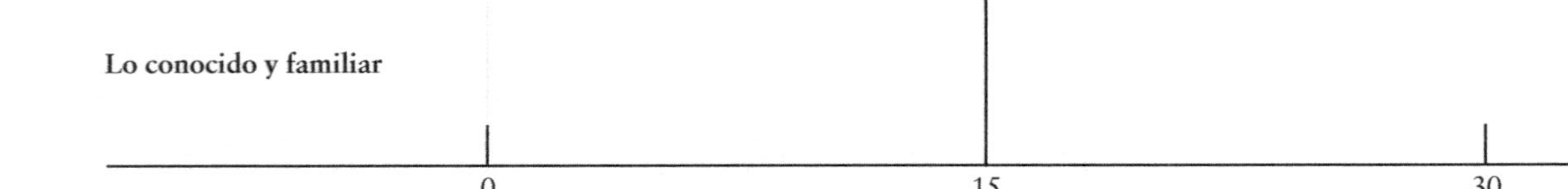

CONCLUSIONES

En este capítulo, me enfoqué en la exploración de la naturaleza de la agencia personal y de la acción responsable. En este contexto presenté brevemente algunas de las ideas de Vygotsky sobre el aprendizaje y el desarrollo. Aunque el sujeto de investigación de Vygotsky fue la niñez temprana, creo que su concepto de "zona de aprendizaje próximo" y la importancia que concede al andamiaje cuidadoso de esta zona son relevantes para nuestras conversaciones terapéuticas, más allá de la edad o de la etapa de desarrollo de las personas que nos consultan.

Analicé algunas de las consecuencias que tienen estas ideas para la práctica terapéutica, esbocé un "mapa de conversaciones de andamiaje" que plasmé en dos versiones del mapa de declaración de posición. También podemos plasmar este mapa de andamiaje en otros mapas de la práctica narrativa que son objeto de este libro, pero que no he ilustrado aquí.

Al inicio de este capítulo, planteé la pregunta del carácter de la agencia personal y de la acción responsable y exploré una vertiente de estas ideas, guiado por el pensamiento de Vygotsky sobre el aprendizaje y el desarrollo. Según esta versión, la experiencia de la agencia personal y de la capacidad de acción responsable se nutre de una forma muy peculiar de colaboración social que contribuye al andamiaje de la zona de aprendizaje próxima. Este modo de entender el desarrollo de la agencia personal y de la acción responsable siempre me mantiene optimista en cuanto a las posibilidades que podemos hallar en las conversaciones terapéuticas con las personas que nos consultan acerca de un rango de problemas y de dificultades para los cuales pareciera no haber solución.

Conclusiones

La escritura de este libro ha sido en sí un viaje. Me propuse reunir en un solo volumen mucho de lo que exploré de la terapia en las últimas dos décadas. Quería alcanzar a representar las particularidades de estas exploraciones, que cobraran vida en el papel. Quise lograrlo de un modo que diera cuenta del espíritu con el que emprendí estas exploraciones, y para que les fueran relevantes a quienes leyeran en su práctica terapéutica cotidiana. También quise presentarles a estas personas algunas de las niñas y niños, mujeres y hombres que conocí en mis consultas e ilustrar un poco las ricas conversaciones que compartimos.

Escribir un libro requiere un gran esfuerzo — y puede resultar bastante desalentador en un inicio. Empecé este viaje con una hoja en blanco, un itinerario más o menos elaborado en mente y muchas esperanzas y aspiraciones. Me di cuenta muy rápido de que mi cabeza estaba atiborrada de ideas que no podía verter nítidamente en el papel y esto me llevó mucho más allá del lugar en que podía estar respecto de la palabra escrita. Para expresar lo que quería, exploré muchos caminos; abandoné algunos y distinguí en otros los destinos preferidos. Hubo momentos en los que me vi en callejones sin salida, rompiéndome la cabeza por hallar la forma de seguir adelante. Otras veces me encontré en carreteras de alta velocidad, acelerando hacia mi meta con una sensación de excitación y regocijo. Algunas veces me tambaleé en el camino. Estuve a punto de concluir que mis objetivos eran demasiado ambiciosos y contemplé seriamente la idea de abandonar partes del itinerario que me había propuesto y de acortar el viaje. Sin embargo, mantuve el rumbo y ahora, de repente, me sorprende un poco ver que he llegado a las últimas páginas del libro.

Esta sensación de llegar a la conclusión de este libro se parece a lo que sentí muchas veces, cuando alcanzaba una meta en mi bicicleta después de una larga carrera por terrenos montañosos. En este momento, cada contorno del territorio recorrido está impreso en mi mente, indeleble. Me alivia lograr los aspectos más desafiantes del recorrido, incluidas las subidas empinadas y las condiciones climáticas que nos retan y aun así, saboreo la euforia de los rápidos descensos por las planicies en compañía de mis amistades. Después de todo, el momento de cruzar la línea final siempre es un momento de alegría muy peculiar, sin importar el destino final.

Antes de cruzar la línea final en la escritura de este libro, quiero hacer unos agradecimientos. Quiero agradecer antes que nada a las personas que decidieron nutrir este proyecto con sus historias y sus palabras. Sin ellas, este texto no sería un libro, sino una mera crónica difusa de ideas sobre la práctica terapéutica. No puedo agradecerles lo suficiente por sus contribuciones. También quiero agradecer a todas las personas que buscaron mi ayuda en años. Para mí, las prácticas terapéuticas descritas en estas páginas se transformaron gracias a nuestra investigación colaborativa. En el transcurso de las consultas terapéuticas, suelo pedir a las personas que me cuenten de los caminos de conversación que les sirvieron, de los que no, y al final, empiezo a revisar lo que nos ayudó —o no— en nuestros esfuerzos por encarar sus problemas y preocupaciones. Esta retroalimentación y estas opiniones han sido fundamentales para conformar mi práctica y para el desarrollo de las ideas y mapas presentados aquí. Cierro este libro agradeciendo de todo corazón a estas personas por sus contribuciones, que siempre me acompañan en mi trabajo y en mi vida.

Referencias bibliográficas

Andersen, T. (1987). The reflecting team: Dialogue and meta-dialogue in clinical work. *Family Process, 26*, 415-428. [trad. *El Equipo Reflexivo: diálogos y diálogos sobre los diálogos*. Gedisa. Barcelona. 1994].

Bachelard, G. (1969). *The poetics of space*. Boston: Beacon. [trad. *La poética del espacio*. Fondo de Cultura Económica. Madrid. 2000].

Bruner, J. (1986). *Actual minds, possible worlds*. Cambridge: Harvard University Press. [trad. *Realidad mental y mundos posibles. Los actos de la imaginación que dan sentido a la experiencia*. Gedisa. Barcelona. 2010].

— (1990). *Acts of Meaning*. Cambridge: Harvard University Press. [trad. *Actos de significado. Más allá de la revolución cognitiva*. Alianza. Madrid. 2009].

Derrida, J. (1973). *Speech and phenomena, and other essays on Husserl's theory of signs*. Evanston: Northwestern University Press.

— (1976). *Of grammatology*. Baltimore: Johns Hopkins University Press. [trad. *De la gramatología*. Siglo XXI. México. 2010].

— (1978). *Writing and difference*. Londres: Routledge y Kegan Paul. [trad. *La escritura y la diferencia*. Anthropos. Barcelona. 1989].

Foucault, M. (1965). *Madness and civilization: A history of insanity in the age of reason*. Nueva York: Random House. [trad. *Historia de la locura en la época clásica*. Fondo de cultura económica. Madrid. 2000].

Foucault, M. (1973). *The birth of the clinic: An archaeology of medical perception*. Londres: Tavistock. [trad. *El nacimiento de la clínica. Una arqueología de la mirada médica*. Siglo XXI. Madrid. 1999].

— (1980). *Power/knowledge: Selected interviews and other writings*. Nueva York: Pantheon.

Goffman, E. (1961). *Asylums: Essays in the social situation of mental patients and other inmates*. Nueva York: Harper. [trad. *Internados. Ensayos sobre la situación social de los enfermos mentales*. Amorrortu. Buenos Aires. 2001].

Greimas, A. y Courtès, J. (1976, Primavera). The cognitive dimension of narrative discourse. *New Literary History, 7*, 433-447.

Iser, W. (1978). *The act of reading*. Baltimore: Johns Hopkins University Press.

Kermode, F. (1980, Otoño). Secrets and narrative sequence. *Critical Inquiry, 7*(1), 83-101.

Myerhoff, B. (1982). Life history among the elderly: Performance, visibility, and remembering. En J. Ruby (Ed.), *A crack in the mirror: Reflexive perspective in anthropology* (pp. 99-117). Filadelfia: University of Pennsylvania Press.

— (1986). Life not death in Venice: Its second life. En V. Turner y E. Bruner (Eds.), *The anthropology of experience* (pp. 261-286). Chicago: University of Illinois Press.

Todorov, T. (1977). *The poetics of prose*. Ithaca: Cornell University Press.

Vygotsky, L. (1986). *Thought and language*. Cambridge: MIT Press.

White, M. (1984). Pseudo-encopresis: From avalanche to victory, from vicious to virtuous cycles. *Family Systems Medicine, 2*(2), 150-160. [trad. *Pseudoencopresis. De la avalancha a la victoria, del círculo vicioso al círculo virtuoso*. Gedisa. Barcelona. 2004].

— (1988, Primavera). Saying hullo again: The incorporation of the lost relationship in the resolution of grief. *Dulwich Centre Newsletter,*

7-11. [trad. *Decir de nuevo: ¡Hola! La incorporación de la relación perdida en la resolución de la aflicción*. Gedisa. Barcelona. 2004].

— (1995). Reflecting teamwork as definitional ceremony. En M. White (Ed.), *Re-authoring lives: Interviews and essays* (pp. 172-198). Adelaida: Dulwich Centre Publications. [trad. *El trabajo con el equipo de reflexión como ceremonia de definición*. Gedisa. Barcelona. 2002].

— (2000). Re-engaging with history: The absent but implicit. En M. White (Ed.), *Reflections on narrative practice: Essays and interviews* (pp. 35-58). Adelaida: Dulwich Centre Publications.

— (2003). Narrative practice and community assignments. *The International Journal of Narrative Therapy and Community Work*, (2), 17-55.

— (2004). Narrative practice, couple therapy and conflict dissolution. En M. White (Ed.), *Narrative practice and exotic lives: Resurrecting diversity in everyday life* (pp. 1-41). Adelaida: Dulwich Centre Publications.

— (2006). Narrative practice with families and children: Externalising conversations revisited. En M. White y A. Morgan (Eds.), *Narrative therapy with children and their families* (pp. 1-56). Adelaida: Dulwich Centre Publications.

Lecturas recomendadas

Otros libros de Michael White acerca de la terapia narrativa

White, M. (1995). *Re-authoring lives: Interviews and essays*. Adelaida: Dulwich Centre Publications. [trad. *Reescribir la vida. Entrevistas y ensayos*. Barcelona. Gedisa. 2002].

— (1997). *Narratives of therapists' lives*. Adelaida: Dulwich Centre Publications. [trad. *El enfoque narrativo en la experiencia de los terapeutas*. Barcelona. Gedisa. 2002].

— (2000). *Reflections on narrative practice*. Adelaida: Dulwich Centre Publications.

— (2004). *Narrative practice and exotic lives: Resurrecting diversity in everyday life*. Adelaida: Dulwich Centre Publications.

White, M. y Epston, D. (1990). *Narrative means to therapeutic ends*. Nueva York: W. W. Norton. [trad. *Medios narrativos para fines terapéuticos*. Barcelona. Paidós. 1993].

— (1992). *Experience, contradiction, narrative, and imagination: Selected papers of David Epston and Michael White, 1989-1991*. Adelaida: Dulwich Centre Publications.

White, M. y Morgan, A. (2006). *Narrative therapy with children and their families*. Adelaida: Dulwich Centre Publications.

Para mayor información, artículos y publicaciones acerca de la terapia narrativa, consulte los sitios web del Dulwich Centre:
www.dulwichcentre.com.au
www.narrativetherapylibrary.com

Libros de otros autores acerca de la terapia narrativa

Actualmente existen muchas publicaciones acerca de la terapia narrativa; la siguiente lista es sólo una muestra:

Denborough, D. (Ed.) (2006). *Trauma: Narrative responses to traumatic experience*. Adelaida: Dulwich Centre Publications.

Freedman, J. y Combs, G. (1996). *Narrative therapy: The social construction of preferred identities*. Nueva York: W. W. Norton.

— (2002). *Narrative therapy with couples... and a whole lot more!* Adelaida: Dulwich Centre Publications.

Freedman, J., Epston, D., y Lobovits, D. (1997). *Playful approaches to serious problems: Narrative therapy with children and their families*. Nueva York: W. W. Norton. [trad. *Terapia narrativa para niños. Aproximación a los conflictos familiares a través del juego*. Barcelona. Paidós. 2001].

Monk, G., Winslade, J., Crocket, K., y Epston, D. (Eds.) (1997). *Narrative therapy in practice: The archaeology of hope*. San Francisco: Jossey Bass.

Morgan, A. (2000). *What is narrative therapy? An easy-to-read introduction*. Adelaida: Dulwich Centre Publications.

Payne, M. (2000). *Narrative therapy: An introduction for counselors*. Londres: Sage. [trad. *Terapia narrativa. Una introducción para profesionales*. Barcelona. Paidós. 2002].

Russell, S. y Carey, M. (2004). *Narrative therapy: Responding to your questions*. Adelaida: Dulwich Centre Publications.

Smith, C. y Nylund, D. (Eds.) (1997). *Narrative therapies with children and adolescents*. Nueva York: Guilford.

Zimmerman, J. y Dickerson, V. (1996). *If problems talked: Narrative therapy in action*. Nueva York: Guilford.

Mapas de la práctica narrativa,
primera edición en castellano publicada en 2016, a nueve años del
lanzamiento oficial de *Maps of Narrative Practice*. En su formación
se emplearon las fuentes *Sabon MT Pro* y *Helvética Neue*.